晚清民國史事與人物

凌霄漢閣筆記

徐彬彬——原著

目次

【導讀】

掌故大家徐彬彬和《凌霄漢閣筆記》

蔡登山

我曾寫過〈最後一位掌故大家〉一文，談的是香港的高伯雨，文章開頭就說：「一般人說起『掌故』，無非是『名流之燕談，稗官之記錄』。但掌故大家瞿兌之對掌故學卻這麼認為：『通掌故之學者是能透徹歷史上各時期之政治內容，與夫政治社會各種制度之原委因果，以及其實際運用情狀。』而一個對掌故深有研究者，『則必須對於各時期之活動人物熟知其世襲淵源師友親族的各族關係與其活動之事實經過，而又有最重要之先決條件，就是對於許多重複參錯之瑣屑資料具有綜核之能力，存真去偽，由偽得真……』。因此能符合這個條件的掌故大家，可說是寥寥無幾，而其中高伯雨卻可當之而無愧。」高伯雨被我認為是最後一個掌故大家，而在他之前當然還有徐彬彬（仁錦，一八八八－一九六一）、徐一士（仁鈺，一八九〇－一九七一）兄弟，黃濬（秋岳，一八九一－一九三七），瞿宣穎（兌之，一八九四－一九四三）等人。

徐彬彬原名仁錦，字雲甫，號簡齋，筆名彬彬，凌霄漢閣主等，他筆名很多，有時用「凌」，有時用「霄」，又有時用「老漢」。江蘇宜興人。高伯雨說：「徐先生名叫什麼，我一向沒大留意，只知他寫新聞通訊稿署名彬彬，寫掌故文字，偶然也用此名或用凌霄漢閣之名，這都是他的字與號，不是名。但提起徐彬彬或徐凌霄，在二十年前（案：高伯雨此文寫於一九六一年冬）稍微留心國內文壇的人是沒有不知道的。他是江蘇宜興縣人，在清朝時代，寄籍順天宛平縣。他的伯父是戊戌新黨，以得罪西太后革職永遠監禁的徐致靖（光緒二年翰林）。致靖二子仁鑄（光緒十五年翰林）、仁鏡（光緒二十年翰林）是他的堂哥哥，一門都是書香人物。彬彬先生一共七兄弟，他排行第四，一士第五（今為北京市文史館館員）。他倆兄弟都是在北洋大學念書的，彬彬學的還是工程，但他從未做他的老本行，為什麼學非所用，我不大清楚。」

徐致靖係同治癸酉科舉人，光緒丙子科進士，授翰林院編修，官至禮部右侍郎。戊戌變法失敗以後，譚嗣同等六人在北京菜市口刑場慷慨就義。然而，很少有人知道，慈禧最初要處斬的不是六個人，而是七個人。那第七位君子，就是當時官至二品的禮部右侍郎徐致靖。七人中他不僅官位最高，而且康有為、梁啟超、譚嗣同等維新黨人都是他保薦給光緒皇帝的，所以慈禧太后對他十分仇視。本來徐致靖必死無疑，後因李鴻章與徐父是密友，又是同年進士，於是積極設法營救，巧妙地通過慈禧身邊的紅人榮祿出面求情，才得以將徐致靖改判為「絞監候」。庚子事變後徐致靖出獄，赴杭州定居，別字「僅叟」，意謂戊戌六君子被害，他是屠刀下僅存的一位老人。

徐彬彬幼時就讀於山東濟南高等學堂，舊學功底很深，為業師宋晉之所激賞。同時是典型的公子哥兒。與袁世凱的二公子袁克文（寒雲）、還有沈南雅與徐半夢四人並稱「京城四大才子」。經常一起，逛戲園子，喝花酒，談談詩，做做賦，搞搞筆會，日子過得甚是嫻雅。後來入京師大學堂（北京大學前身）學土木工程。後以國勢阽危，民生憔悴，乃思以文章報國，於是選擇了報館，進入了新聞界。

徐彬彬於一九一六年任上海《申報》、《時報》的駐北京記者，長期為兩報撰寫北京通訊和隨筆。他長於文學，嫻於經史，熟悉歷史掌故，因而他撰寫的通訊文筆優美而富有情趣，隨筆融時事經史和歷史掌故於一體，頗受讀者歡迎。與黃遠生、邵飄萍一道被稱為「民初三大名記者」。

後來徐彬彬辭去在《時報》的職務。一九二四年邵飄萍革新《京報》，孫伏園脫離《晨報》入《京報》編副刊，徐彬彬主要負責《京報》副刊之一的《戲劇週刊》。他能戲曲，且對於曲律有許多辨正。近代研究中國戲劇史者，頗不乏人，可惜多不精腔調，僅作紙上功夫，徐彬彬的長處，在於自己可以奏唱。

同時邵飄萍主持北京平民大學的新聞系，聘徐彬彬為教授，他講的功課頗多，由文字以至廣告學都有。中國的大學設新聞系，平民大學也是最早的一家。高伯雨說他在一九二五年時極醉心新聞學，立志要從事報業，打算中學畢業後入大學攻讀這一科，其時新任校長是杜國庠先生極力贊成他到平民大學去，為此還寫了公函去給汪大燮校長。只是後來高伯雨沒到北京，而是去了歐洲攻讀西洋文學了。高伯雨說當時他假使進了平民大學，就成了徐彬彬的學生了。

儘管沒當成學生，高伯雨對徐彬彬寫新聞通訊，有極高的評價，他說：「民國六、七年以至二十五、六年間，徐先生不愧是寫北京通訊的好手。它的特點頗多，一、筆致輕鬆趣味，能把北京的新聞寫成像小說戲曲一般，有妙喻，有批評，有時夾議夾敘。二、善於綜合報導。他能把許多不相連的事情，運用他的生花妙筆，像穿珠子一般穿成一串，使得讀者得到整個事情的來龍去脈。三、他精通清末民初掌故，對於政府中人的身世與歷史尤其熟悉。寫起通訊來，對某一人物的性格、立場、背景皆瞭如指掌，能據此而推斷其種種行事。四、善用戲詞。在報導文學中常常用戲詞加入。令人讀了增加興味，能收雅俗共賞之效。」

一九二六年，邵飄萍被殺害之後，徐彬彬不得不離開《京報》。這期間他與弟弟徐一士開始合撰《凌霄一士隨筆》。於一九二九始刊於天津的《國聞週報》六卷二十六期（七月七日出版），直到一九三七年八月九日為止，歷時有八年，實乃古今中外報界極其少有之現象。兄弟倆通過走訪一些清末民初的一些政要和遺老遺少，記錄了很多的掌故。這本巨著涉及到北京的民風民俗，三教九流，範圍甚是廣泛，內容甚是詳盡。有不少專家說，要研究近代史，特別是清末到民國這一段歷史，徐彬彬、徐一士的《凌霄一士隨筆》非看不可。有云：「《清史稿》是官方史，而《凌霄一士隨筆》集清野史之大成，加上他們二人的親身經歷，是最可靠的近代史資料，也是學習清代歷史的必修讀物。」《凌霄一士隨筆》全書近一百二十萬字，為民國年間篇幅最長的掌故著作，與黃秋岳的《花隨人聖庵摭憶》及瞿兌之的《人物風俗制度叢談》號稱為民國中期三大掌故名著之一。

徐彬彬除了精通戲曲之外，另一強項就是歷史了。自三十年代開始，他就一直在天津《大公報》主持副刊。主要在《凌霄隨筆》與《凌霄漢閣筆記》等專欄中寫些文史短文。介紹我國文物、典章制度、歷史掌故，如數家珍，且文筆極其流暢優美。可惜的除了《凌霄一士隨筆》出版外，其他文章都沒有結集出版過。二〇一四年掌故家蘇同炳先生向我提及徐彬彬的《凌霄漢閣筆記》，並提供他從中央研究院歷史語言研究所影印的相關文章，但只有一小部分，大概只有五萬字左右，是來自天津出版的《正風》半月刊的第一至第八期。

說到《正風》半月刊，不能不提到該刊的創辦人吳貫因（1879——1936），他原名吳冠英，別號柳隅，廣東澄海人。一九〇七年，吳貫因赴日留學，就讀於早稻田大學史學系，獲政治學士。一九〇九年他同張君勱等人在東京設立諮議局事務調查會，並負責編輯《憲政新志》。在留日期間，吳貫因還結識了流亡在日本的梁啟超，兩人成為好友。一九一二年學成歸國後，便和梁啟超在天津創辦《庸言日報》和《庸言月刊》，梁任主筆，他當編輯。一九一三年，梁任北洋政府司法總長，他則任北洋政府衛生司司長、幣制廠廠長。一九一六年，袁世凱復辟帝制，他追隨梁啟超南下兩廣，揭起反袁的旗幟。一九一七年起，他開始從政，歷任北京政府內務部參事、內務部衛生司司長。後來，他推崇「教育救國」，一九二七年棄政從學，任東北大學教育、文學院院長，平民大學、燕京大學史學教授、華北大學校長。一九三五年，他返回天津創辦《正風》半月刊。

有關創辦《正風》的經過，據高伯雨說當時在廣東陳濟棠手下做什麼局長的孫某，當年在北京曾強行拜吳貫因為師，當他在南天王陳濟棠駕下發達後，力薦吳貫因為廣東教育廳長，據聞吳貫因予以拒絕，孫某硬要他去廣州見陳濟棠，吳貫因到廣州後，見到那種烏煙瘴氣景象，嚇到不敢承教，決意斷然回絕。傳說陳濟棠問他想做什麼，他回答什麼都不想做，只想回北方以研究學術終老。結果南天王撥出一筆錢請他辦個正風社，出版《正風》半月刊。第一卷第一期於一九三五年一月發行，出版到第四卷第十期停止。高伯雨說，初刊時頗見精彩，他每期必買，過了一年就差了。一九三六年，吳貫因因腦溢血病逝於北平，終年五十七歲。

《正風》半月刊在中央研究院歷史語言研究所只藏有前八期，後來我又從國家圖書館找到十二期，但卻是微縮片，得在機器上逐一尋找到相關的文章，再複製影印出來，需花費半天的時間。該微縮片拍攝時，原雜誌是來自烏拉圭，據判斷是黨國元老李石曾當年捐贈給烏拉圭的藏書。李石曾藏的《正風》半月刊也不齊全，其中第一卷十七期、十八期、十九期、二十三期及第二卷第一期是闕如的，因此我又找到上海的友人張偉先生的協助，在上海圖書館找到這五期。除了《正風》半月刊外，徐彬彬還在其他雜誌發表同一專欄，我又廣加搜尋有《逸經》、《坦途》、《民治》月刊等。因此這書稿能有目前的二十萬字，卻是集合臺灣、烏拉圭、上海收藏的雜誌而成。對於協助的友人，在此深致謝忱。而當時原雜誌校對不精，有諸多錯字，作者都表示要在幾期做一勘誤表，但始終沒做，加上當時只有簡單的斷句，沒有詳細地新式標點符號，因此在編輯上花費相當多的時間在斷句標點及製訂標題上。

我之所以會投入如此大量的時間，在於《凌霄漢閣筆記》一書史料價值極高，瞿兌之嘗謂掌故學者，既必須學識過人，又得深受老輩薰陶，並能夠眼見許多舊時代的產物。而徐彬彬恰好都具足了這三個條件，見聞既富，體會並深，左右逢源，遂能深造自得。他出身於官宦書香世家，為他的掌故史料提供了堅實的背景。而他所交往的人物、所聞的軼事，更絕非尋常百姓所能接觸到的，再加上他有史家風範，不輕易下筆，下筆則無一字不無來歷。這都使得《凌霄漢閣筆記》成為掌故史料叢書的扛鼎之作。它以晚清名宦為軸，輔以名士名流，或言人物軼事，其資料之豐富，遠邁正史之略；或述科舉制度，關乎學問風氣、制度演變，可彌史志之缺；或解析官場故聞，介紹官制變遷、升降例俗，以全官制之貌。至於談狀元、談太監，更是溯河探源，娓娓道來，讀之有味，更增知識。

在抗戰前夕有位筆名「阿蘇」的作者說他在北平來今雨軒的一個婚典中，見到凌霄漢閣主，他那頂破而且舊的氈帽，佈滿汗漬油泥。恐怕在參與婚禮中任何一頂帽子，找不出比它更舊，或者相似的一頂了。似乎這些油漬，可以代表他生活史上的創痕，而且互相輝映。他又說北平人喜歡從平淡裡求奇趣，這種個性，北平人謂之「夠味兒」。閣主的生活便很夠味兒。他每逢廟會，總喜歡到護國寺溜溜。沿著太平倉至護國寺街的甬道旁，不講求什麼周鼎、夏彝、漢瓦、唐磚之類，卻是佛品為多。

阿蘇也談到徐彬彬的文章，也如其人，看來雖似平淡無奇，但細細嚼咀，卻有晚明風韻。詩亦一派清麗，很少堆砌痕蹟。但他談詩，卻推重散原老人，而對樊（樊山）、易（實甫）兩人頗有微詞。

德國宮刑與明清太監

人事有代謝，往來成古今，無往不復，物象如環，有何「倒車」、「奔流」之足論哉。如德意志之現代式文明，可云視中國為先進矣。其國運自歐戰既息，民主制成，迅應潮流，勇往邁進，自希特勒執政，壁壘日新，舉世刮目，可謂時代的英雄矣，乃恢復宮刑，厲行閹割，用科學方法，需時八分而畢一人，若機器屠場，工速而力省，近頃數月中，柏林一地，絕生殖之機能，致雌雄莫辨者，已百十一人之多，嗚乎！吾中國古有肉刑號為慘毒，其肉刑之尤慘，絕人道而污史乘者，非即此「割勢」，又曰「宮」、曰「腐」者乎！

胡適之博士以太監，小腳，鴉片，八股諸禍，胥歸獄於先師孔子。然則今之白面隱君、紅唇浪女、媚力明星、擄人暴客、亦可謂新化卵翼之恩物乎？姑置勿論。於此一述閹人與太監。夫曰寺人、曰宦者、曰中官、曰內使、曰閹、曰璫、曰監、曰豎，若為一物而實有不同。適之曰：「三千年之太監」，沈君（名巖）——著論駁之，曰太監只始於明，明以前有宦寺，而宦寺又非皆閹割，漢以前寺人皆士人也。引證賅洽，辨析明透，讀之可浮一白。以此衡之，適之一語而致三誤，以為歷代宦者皆稱太監其誤一，以為一切寺人皆閹割其誤二，以為太監有三千年之歷史其誤三，而歸罪先師之繆，猶未計焉。且明代之中官，自有等差。「太監」為位分較崇之內侍。非謂淨身入宮充役皆名太監也。據倪元璐所記，共為八級，最低曰火者，其上曰內使，又上曰局丞，又上曰局印，又上曰長隨，又上曰奉御，又上曰左右監丞，又上曰左右少監，最上乃為太監，至此而階位無以復加，更從職掌滋其權勢，極優者曰司禮監秉筆太監，隱操政柄權侔人主，他若兩廠太監提督東西廠，驅策錦衣衛，自理刑名，朝官側目，又有鎮守太監、監軍太監、留守太監，則淵源於唐代之監軍，儼然督師，閫帥元戎仰其鼻息。至陸監生萬齡請祠魏閹於國子監，比之於孔子，則文化、政樞、兵、刑、大事胥入權閹掌握，故自明代為「太監政治」，殆非虛語，又案監為官署之通稱，若國子監、欽天監是外監也。若尚寶監、內官十二監，則內監也。明宣宗乙卯以前，如山壽郭敬雖出鎮，猶只稱中官，至劉瑾、王振掌司禮監始稱太監，以後馮保、魏忠賢皆太監矣，太監者內官監之長，而內官不必皆太監。

滿清入主中原，內外官職，多沿明舊。而制宦寺獨嚴，敢預外事，言政治者死，前代司禮、鎮邊、理刑、監軍諸非分，剗除淨盡。而太監之權大殺，太監之稱亦失其尊嚴。蓋清代視若輩僅厮養卒供奔走。大至奏事太監、總管太監，頂戴不得逾四品，則太監與小內使亦不懸殊。遂一律呼為太監，太監與非太監不可辨矣，有明以前，閹與官近，惟清之閹人，完全奴籍，此其異也。

舊律私自淨身者斬監候，刑禁綦嚴，至乾隆末季，始聽自由，乾隆五十年諭曰：「見有太監王成一名，朕面加詢問，伊係直隸安肅縣民，原報十六歲，實年十三歲，因家中貧苦，父母為之淨身，問擬斬罪，監禁一年，上年始發至熱河當差，因思私自淨身，人犯律擬斬候，雖為慎重傷身起見，然一經閹割，便成廢人，苟非實在窮苦，孰肯甘心出此，今因有此例而致吏胥藉端勒索，甚至加增年歲，故入人罪，況此輩供奔走掃除之役，自古已然，是宮闈在所必需，而反治之罪，從前定例本未允洽，所有私自淨身問擬斬罪一條，意應刪除。嗣後淨身者准投內務府派撥當差，照例驗看，如有他故再行文問之地方官，不得竟拘家屬，其見在問斬並在監羈禁並著省釋。」自此以後，閹人產量日增，殘割無忌，亦乾隆仁政之一也。

德國之厲行閹割，初傳有優生作用，優生者懼以劣種流傳，遺害國家社會，故絕其生殖，斬厥根苗，乃畜牧家選種留良之法，歐洲前已有行之者，若今強健如鐵之日耳曼國民，何需出此，本已疑之，近讀西電乃知旨在懲淫，初無深義。據云因犯不正當之性行為，而照去年十一月二十四日頒行之律處宮刑，各犯均在第比特監院施手術，受刑後由醫生看護五月，在此期內，將攝影以誌其生理之發展，並將灌音以察其喉音之變化。依中國舊事觀之，明魏進忠與客氏通，而客氏先與魏朝私，是閹人無礙於私通。又民國元年清室太監張進波者已有正妻，復買樂戶之女王月貞，相處有年，忽延曹汝霖律師訴請離婚，一時詫為奇事。其離不足異，可異在娶也。不知太監娶妻，固前代之常事，至婚娶之後，將遵何道以符名實，斯非吾人綜核之權所能及，即當日堂上官亦只可以滑稽出之，其判詞有曰：「張本蠶室餘身，祇應雌伏，而鵲橋密誓，竟作雄飛，陳寶得雌固已一之為甚，齊人處室乃欲二者得兼」。對仗工整設詞敏妙，而於此中神祕，亦莫之能詳也。第思防淫如德意志先之以八分鐘之徹底破壞，繼之以五個月之小心防守，隨時攝影，仔細驗音，可謂極科學之技巧，當無死灰復燃之可能矣，真堪一噱也。

中海萬善殿昔為太監學府

舊都西苑門內中海之東北隅有萬善殿者，本年夏始行開放，景物清幽，庭宇壯闊，中塑三大士，韋護、李天王、關壯繆、四海龍王、風伯雨師、雷公電母、諸法身像，金碧交輝，工精色麗，信足游目騁懷，人第知為液池勝地，不知此即舊時太監之學府也。乾隆三十四年諭：「向來萬善殿有年幼太監十餘人在內讀書，派漢教習一員專司其課，該處復係僧徒典守，與學舍雜居既屬非體，且太監職在供給使令，就使讀書不過教之略識字體，何必派選科目人員與之講授，令其通曉文義乎。在前明閹豎擅政，司禮秉筆，惟所欲為，因使若輩通文，便其自利之計，甚至選詞臣課讀交結營私，此等粃政，朕每深非而痛斥之。我朝宮府肅清、太監等，從不令干與政事，即不識字何礙。或伊等間有登記檔冊之處，但能粗辨字畫足矣，可就內務府筆帖式之曾讀字書授之句讀，又何必為之專設漢員教讀。所有萬善殿派用漢教習之例，著永遠停止。」自是內廷諸閹之聰明盡錮，失其譸張之具，是以終清之世，無復有漢唐明宦寺之禍。或謂乾隆此舉，無異精神的宮刑，誠英主之辣腕也。蓋歷代帝王未必有心放縱，而若輩近在肘腋，日伺起居，稍擅逢迎，即成尾大，浸潤膚受，其勢至便，徒嚴禁令，有時而窮。惟有絕其知識之路，如渾沌之七竅盡閉，則所謂干政弄權之弊，無自而生。迄於清季那拉后之世，李蓮英號稱煊赫，然《慈禧外紀》有其致〈王七老爺〉一書，字句支離，無異鄉愚負販。寇連材條陳新政，滿紙荒唐直如囈語。乾隆所云只令粗辨字畫，信為不虛，寇李皆較為優越之倫而愚昧如是，即使授以司禮秉筆之權，聽為劉瑾、王振忠賢之事，亦將何所措手乎。凡觀覽舊都勝蹟，須從此等處著眼，則盛衰之故，得失之林，燦然於心目，庶幾乎不虛此遊矣。

太廟開放後，有白頭老監王姓留守其間，喜對遊客縱談掌故，或以為宮邸之舊人也，亦視若龜年老去尚有開天遺事，可饜聽聞。彼乃指西廡配享之張廷玉而大放厥辭，謂張以漢人蒙此曠典，由於某次戰役，滿兵悉潰，彼乃一馬當先，轉敗為勝，老佛爺龍心大悅，特許與滿蒙開國元勳，並分俎豆之榮。口講指畫，形容廷玉揮戈策馬之神，直與劉寶全演關二爺斬蔡陽無異，聆之解頤。又當民國初年三海尚屬清室管轄，予以友人介引一遊，偶與看守太監問答，所語除「主子」、「佛爺」之外，一無所知，其俚俗視常人厮養尤有過之。萬善殿罷教一舉，所關非細，從可知也。

「洪憲皇帝」籌備大典之前，帝號未頒，忽降一令歷述宦豎之害決不沿用，府內給使，改為女官。讀者大詫，蓋際此時代本無復用刑餘之理也。昔日帝室多妻主義，宮闈深邃，奔走傳宣，又不能悉屏男性專任婦人，於是有「割勢設防」之奇想。然古有宮刑，初非專為製造中官而設，司馬遷以諫諍下蠶室，是其例也。明燕王攘位，得力於建文宮監暗通虛實，得國後寵任無限，釀為一代厲階，遂有專產之地，河間尤多，若常人傭媼之出於三河者然。自清之亡，此種非人職業，漸以絕跡，共和幸福其明驗矣。

《光宣小記》，金梁著，金旗籍甲辰進士，其人嗜金石，喜研國故，官京師久，又曾綰清室內務府，所述足資參證。其記李蓮英一節云：世皆指李為巨奸，而見人卻頗盡禮，在內廷遇士大夫必請安問好，行必讓道，坐必側席。又王小航照亦云，李於光緒起居頗多調護，能識大體。又徐花農（琪）日記：宮監逢年節見南齋翰林必請安道賀，祇答以半揖。李蓮英致書於內府司員亦稱「老爺」惟下款稱愚弟耳。然《官場現形記》寫黑大叔氣燄，直似王振、劉瑾，則亦三家村說子路之類也。清代乾隆裁抑宦豎無微不至，《東華錄》載帝偶見內監與阿哥雜坐即付總管重罰，又從殿中望見太監遇官員不讓道，遂降嚴飭，蓋清宮定制太監胥受內務府管轄，雖給頂戴，仍為奴僕身分，嚴其儀節正以防杜僭越。觀徐琪所記，請安謝賞與尋常茶役正自無別。惟奏事處稍有權，西后之皮小李，隆裕之小德張並以賄聞，屬隸女主，得肆播弄，亦只窺伺逢迎略施小技，不能與古代權閹共論也。

李蓮英的古玩、洪憲瓷

民國以來，古玩商炫其貨品，輒云得自皮小李家。蓮英侍西后久，多賞賚又好貨，司貢品出入，所藏富有自在意中。逝世後由其家出手者偶有之，亦非傾其蓄藏，然市上則無往而非「皮小李家藏品」，於是李蓮英為古玩之紀念名詞，亦足噱噱。又袁項城預備登極之洪憲磁亦極名貴，佳者至與乾嘉品同價，一小花瓶至數百金。眾賈以大利所在，加細仿造，亦可得重值。民十以前多以此發財者。至真贋之辨，磁質、花紋、色澤而外，據云署「居仁堂」者為真，「洪憲年製」為偽，然「居仁堂」豈不可仿造乎。又洪憲金幣一枚小者亦售千元，鑄工極精，得者珍如鴻寶，因洪憲在位為期至短，出品無多，物稀為貴，不在時代之遠近也。古玩，古玩，不古亦玩矣。嘗論項城一生騰踔揚厲胥如過眼煙雲，籌安一幕，身敗名裂，世謂「八十三日皇帝」，滑稽已甚。惟「洪憲瓷」三字，居然美術史不朽之名詞，新華一夢堪以媲美前朝者賴有此耳。斯為可欣亦可慨也。

金君記清末亡國，袁氏入京計逐攝政王事，起於小德張蓄謀隆裕垂簾，窺袁意不慊，載灃乃引之覲太后且為備膳，袁脫手萬金，小德張大喜過望，私計一飯萬金，如事成富貴何可限量，乃力慫太后納袁請，下監國攝政王退歸藩邸之命。事後小德張再詣袁議垂簾，袁拒不見，使人傳諭責之曰：「內監不得出宮招搖，違制者罪無貸。」張歸訴知受欺惟對泣。小德張應為民國首功，比之明末之曹化淳。此節凡談辛亥軼聞者胥未曾道及，寫項城權詐，歷歷如繪。小德張於此時作夢，其病亦在昏蒙。隆裕后本庸闇，幻想垂簾，亦或有之。以吾所聞，載灃歸邸之後，后對袁之奢望固未絕，當袁請下詔遜位時，以暫屈一時，終當匡復為言，如姜維在鍾會營中函慰後主故事。后信以為真，毅然排眾議，即就袁所進稿簽布，傳為洪述祖所擬，親切得體，與樊增祥所草庚子變法一詔，機調圓熟工力悉敵，胥為清室衰亡之關目。袁既獲授權組織臨時政府之命，得挾后旨以安反側，遂不復入宮，年節祇遣官晉賀如外邦禮，漠然相忘。癸丑元旦，廕昌偕舊臣二三人承袁命覲后，鞠躬致祝詞。無復君臣，后不能堪，曰袁世凱反面無情，一至此乎。予不痛失國，獨愧無以見先皇於地下耳。一鬱致病，甫旬日而逝。蓋戊申逐袁，實后出光緒遺墨堅屬載灃行之。民國後，灃慮袁報復，求解於徐世昌。世昌曰，項城豁達大度，決不以小嫌置意。灃果無事，然袁之所以報隆裕者固已酷矣。

清隆裕后哀悼會之佳聯和與祭之伶工

宮中噩耗既傳，政府議院、軍、學、商、民各界組哀悼大會，規模宏闊，設事務處於珠市口商務總會。舉參議院議長吳景濂為總代表。設總務、文牘、庶務、會計、交際五科，總務科以王沼馨為之長，其下段祺瑞、姜桂題、王賡、李純、張勳、曹錕、徐樹錚、靳雲鵬、段芝貴、陳光遠皆為科員，時謂自有「科員」以來，無若此威闊者，後之統率辦事處以陸海軍參謀總長，勳位將軍為「辦事員」庶足濟美。若近年唐紹儀屈尚書總理之尊，學龐士元之理縣事，不尤為破天荒之紀錄乎。

哀悼會祭堂設於太和殿，時為國曆三月十八至二十日。袁氏捐洋二千元，以下部院學校商會及各省軍民長官士庶，各數百元至數元，共得萬八千餘金，殿內外、端門、午門、天安門之四周上下，祭幛輓聯如林之密，素車白馬，若海朝宗，以云儀式，誠周備矣。予就各輓詞，大致瀏覽，莫非泛泛頌揚，讓德也，公天下也，女中堯舜也，千篇一律。惟李烈鈞聯云：「敝屣天下，能順時順命順理順人，開千古未有之奇，我后真女中堯舜；歸賵鄰邦，猶自西自南自東自北，在四裔且深追悼，吾儕況清代子民」，以民黨而出此口吻，頗不猶人。又國民黨交際幹事平江陳邠一聯，全集史記漢書成句，其文曰：「中國有至仁焉（史）改制度（漢）易服章（漢）行政共和（史）群生霑渥（漢）」；「太后為天下計（漢），尊大誼（史）盛揖讓（漢）追思累德（漢）百姓悲哀（史）」，工整熨貼，妙造自然。惟丁卯歲梁任公壽康南海一聯：「述先聖之玄意，整百家之不齊，入此歲來已七十矣」；「奉觴豆於國叟，致觀幸於春酒，親受業者蓋三千焉」，上聯集鄭康成傳，下聯出京都賦，及儒林傳，天衣無縫，足與前作相頡頏，胥傑構也。

白樂天〈長恨歌〉以「梨園子弟」與「椒房阿監」對舉，杜浣花〈江南遇李龜年〉一作，不勝故宮禾黍之思，詩人感懷國運，每於伶工，寓其微旨，斯何故也，其聲音之道有同感歟。而伶人之縈情故主，亦若有其不能自已者。太和之祭，梨園界舉代表十七人，譚鑫培領之，次為田際雲、王琴儂、秦樨芬、遲少峰、姚佩秋、楊小樓、吳藹仙、孫立堂、楊朵仙、路玉珊、張彩林、吳彩霞、焦潤山、向仲岩、吳永明、朱永壽。梅蘭芳雖繼譚後稱大王，彼時行輩猶卑，不得與列也。諸伶多有泣下者。

二等男爵、一代女宗

金記「馮男」一則標題甚趣，所云「馮克漢陽期三日必復武昌，袁世凱連電召之回，馮志在功名快快謂人曰，奈何奪我侯封，爾時朝廷爵祿猶足驅使人也」，亦為實錄。馮直隸河間人，自厠身軍籍即與清貴介相結納，洵濤尤倚任之。歷任副都統軍諮使、貴胄學堂監督，所親近者多旗籍貴族，宮庭之間，尤通聲氣。或云係前明馮保之族。然馮保深州人，國璋則河間，雖同鄉非一邑，殆故為嘲謔耳。漢陽一役，實賴王占元衝鋒，清廷遽畀二等男爵，設武昌繼下，不侯亦伯矣。既遵袁命回師，即接禁衛軍，復督直隸，官銜大書「二等男爵直隸都督」，月日則繫中華民國，不倫不類，見者失笑。又嘗語人曰：「鬼子幾時承認中華民國，我幾時承認司法獨立？」初期態度亦一張勳也。及代勳督蘇，頓易圓融，因淞滬護軍之逼，積不歉於中央，洪憲之役，蓄志倒袁，遂膺副座入正大位。其妻周道如，本袁府教讀，號為才女，卒於新華宮。各機關官員咸致輓詞。或曰此甚易為，上聯「二等男爵」，下聯「一代女宗」，洵天造地設，且幽默可喜。

袁世凱復出時之背景

當鄂事大急，川難未已，清廷起袁於豫督鄂，命岑春煊督川，並加節制各路軍隊崇銜，及張紹曾兵諫，急頒十九信條誓行立憲。慶王奕劻等相率避位，議新閣臣，或主岑或主袁，莫衷一是。時學部侍郎于式枚、寶熙力主拒袁，約唐景崇同入奏，唐謝不能，于大憤，即出京。然是時與岑友善之盛宣懷方以鐵路風潮獲咎，載澤亦噤不能聲，慶黨方振振有詞，楊度、袁克定輩復為之運動於資政院各黨間，袁家大事定矣。岑則行漢皋，旋得京電，以川督一缺需繳四十萬金，岑一怒返滬。《光宣小記》云「廷議以錫良督陝，而樞要索賄八萬金。公作色曰：生平不以一錢買官，況此時乎。或謂：正為此時，不妨破例，庶可救亡。公不顧，竟改授熱河都統。公預保張錫鑾為晉撫，聞致賄四萬，竟先得赴任，值此日此勢，當軸猶忍索金，真全無心肝。是則宛然明崇禎大臣貴戚之行徑，亡國現象依樣葫蘆，何其酷肖耶。

是時予方肄業京師大學堂，初聞武昌警耗，數百同學即皇皇然無心聽課，而閱報室中則滿坑滿谷，翹首駢足以企各省續變之消息。或自揑新聞，朝一人曰江西獨立矣，夕一人曰太原失守矣。甲曰某撫自戕，乙曰某軍兵變，大抵腦筋作用人同此心，心同此理，亦莫知所以然。如九月一日湘省始起革命，而都中則八月念邊即傳長沙陷落。九月十三馮汝騤始自贛出走復自盡，而九月初間即聞江西光復。如此未有事實先有新聞，既有新聞必有事實應之，不兩月間，清室山河十去八九，崩潰於風聲鶴唳之中，及今思之，真奇景也。

大學堂在馬神廟，皇城之東北隅也。一日忽聞陝西旗民多遭殺戮，清廷將閉城盡屠漢人以洩憤，雖經明詔解喻，仍復一夕數驚。時禁衛軍多旗籍，司警權者桂春亦滿人也。予適詣南池子訪友，閒話間，在座有旗員某忽大呼曰：「該！非把他們宰了不可。」予大駭，以為前謠果不謬矣。詎知其下文乃痛恨於當局之親貴，謂我們的飯碗全歸「一大家子」——指皇室——吃了。蓋皇族內閣，旗籍世家亦多被摒，其怨毒視漢人容有甚焉。證以《光宣小記》所云「初慶親王領軍機時，僚屬仰其意旨，及載某等入閣，常攘臂爭呼無復體統，慶親王嘗怫然曰，必不得已甘讓權利於私友，決不任孺子得志也。故慶於袁之再出也頗致其力，至是遂驗。袁世凱組閣盡斥親貴議和遜位，禪讓之局成，皇族尊榮同歸於盡矣。」是親貴與親貴之間，復相水火矣。憶排滿家曾傳剛毅有「寧把江山送給鄰邦，不肯留與奴才」之語，與奕劻所云「甘讓私友，不任孺子」之語調相同，而意義則相反。

是時北京市面淩亂不堪，大清銀行紙幣已不通用，各銀錢店鈔票亦被拒絕，只憑硬貨交易，百物騰貴，金融停滯，岌岌不可終日，乃袁世凱入京如巨魔之從天而降，囂呶之氣，一肅而空，人心定，商旅安，袁之積威可想，清事之不可為亦於此而決。時有《芻言報》者，汪康年主之，日出一小張，有短評，極論自擾之害，鞭辟入裏，文字俊利不凡。民元間黃遠生主《少年中國》勁悍軒昂，堪以嗣響，篇幅亦相類似，是皆以論議擅長，才人之筆也。

唐紹儀與袁世凱

今夏鄭韶覺君（即洪年）自南來，於丁慕韓將軍處聚晤，適聞唐少川被逐於中山縣民，臥病香港，顛沛堪憐，因共談及辛亥壬子間唐袁決裂事近滑稽，於唐之晚景尤不勝太息。唐於甲午以前已從袁世凱於朝鮮，交誼之深，殊非小站練兵諸將所能比，而辛壬之間竟致決裂，終袁之世不相聞問，亦奇談也。唐本名紹儀，仕至郵傳部尚書，以避清帝諱改名紹怡。辛亥冬，銜命詣滬議和，南代表伍廷芳曰，非承認共和不能開議，輿論界尤激昂。有刊其名於報端者，每字皆缺末筆為「唐紹怡」，旁注曰「唐紹怡何必開口」，謔而虐矣。然伍、唐皆清室舊臣、粵籍故友，具知清運已竭同心南向，所謂議和，形式而已。清既退位，唐亦不復為袁用，雖就任國務總理，而所舉措請求者，悉重南而輕北。世凱大恚。唐復力持王芝祥督直隸。袁不許，且嗾北洋將領藉比款事群起攻擊，乃倉皇走津，貽書謝政柄、復南之滬，遂與袁絕。後黎元洪任長外交，又為北系督軍所拒。戊午己未間，為粵政府總代表至滬，會北使朱啟鈐議統一事，如辛亥之伍廷芳然。嗣是回翔港滬間，前歲任中山縣長，猶不失為老當益壯也。近觀其辭職一電，委宛悽悱、又何其憊耶。

定州王鐵珊、通州王鐵珊

王芝祥亦一不可思議之人物也。少年登第，光緒中葉已官中書科中書，外任洊升至廣西市政。壬子督直未成，遂絕迹於宦海；間充府院顧問。徐、黎兩總統時，學潮累起，或遇災變，撫卹慰問之事，必以此公代行，位非要津而常代當局謝罪，遂以好好先生聞於時。後王瑚辭京兆尹，芝祥奉命挽留。予為《時報》寫一通信，標題曰「王鐵珊挽留王鐵珊」，蓋二王同字鐵珊，芝祥籍京東通州，瑚則京南定州人，誠無獨有偶矣。以如是之好人，而民元間北洋派畏之如蛇蠍，督直一公案，且為南北兵爭之裂痕，世事靡常，白雲蒼狗，不信然歟。芝祥亦一度權京兆，三年前逝於通州里第，年七十餘矣。

《國風日報》與人道學校

清民之交，北京有《國風日報》在宣武門大街之東，晉人裴子清、鄂人白楚湘、皖人張秋白主之，與梁任公之《國風報》實風馬牛不相及，讀者多誤會，《國風報》曾登啟事辨其非一，蓋同名而異趣也。予時為《日報》撰小說，與館中人多相識。子清老成，訥於語言，是三晉敦厚本色，秋白則意氣飛揚，楚湘名逾桓，尤雄恣自喜。時共遊宴於名妓金秀卿處。秀卿北人，而健談工計略，有女俠風，偉人多樂就之。一夕正豪飲間，忽聞拍案一聲曰，妓女獨非人乎！奈何淪為隳民，中華民國男女平權之謂何？宜予以教育之機會。眾歡呼曰諾，立號召同志，簽名發起，旋僦屋五道廟，顏曰「人道學校」，教員以發起人及起義健者充任，生徒則以傳單遍歷八埠，家喻戶曉，以招徠焉。然學費一人月需五元，而諸妓倉卒間，莫明所以，多觀望，或嬉笑應之。間有至者，亦譃浪百端，全無儀節，未幾即索然閉幕，是真一現曇花，亦復奇情壯采。

又一日，館中集議，國體既更，人民猶多垂辮，是宜以迅厲之手段，痛加蕩滌。立就同人集款數十元，兌作輔幣，白君首發，右手利剪，左手小洋，眾從其後，布於宣外通衢。見有過者，揮剪直前，或應手而斷，或強制扭結。剪辮一根，酬洋一角。張君大呼「從者賞，拒者罰！」然市井鄉愚，驟睹非常，輒相顧驚竄，有嚇極而號者。喧囂久之，忽復路絕行人，於是諸豪客大笑而入曰，辮豈能盡，聊為震發耳。顧視手中猶燦然盈握也。

章炳麟於張振武案之微辭

民國既立，張振武自負武漢起義元勳，先黎元洪而入京，意驕甚。出入前門，過西交民巷口「振武坊」，客有諛者曰，此似為公而設，亦足以彰偉烈乎。振武益喜，孰意翌晚即就逮，其黨匆遽營救間，已深夜處決矣，諸人譁於總統府，袁世凱出黎元洪電示眾，明非己意。蓋振武方組改進會，以逼黎也。黎有聯輓之云：「為國家保衛治安，功首罪魁，評議質諸後世。有天地鑒臨上下，私交公義，此心不負故人」。章炳麟聯云：「英雄正自粗疎，猶將宥之十世。權首能無受咎，如可贖兮百身。」或云炳麟目空一世，於當時革命元勳、名流要津動加誅伐，嘗為九等人物評，譏訕備至，獨於元洪終身無貶語。惟此聯略致微辭，上聯謂元洪失之已甚，下聯謂世凱不能諉過也。炳麟筆勁氣豪，若不加點，常有奇特之句，難索解人，如輓元洪上聯「繼大明太祖而興，玉步未更，綏寇豈能干正統」之「綏寇」二字，若依《綏寇紀略》釋作「綏靖寇盜」似全無意義，捨此別求，則恐眩洽如考亭，亦難為詮註，必不得已，祇可稱之曰妙人妙語矣。然如輓張一聯，婉而約，隱而顯，又安得謂非佳構耶。

吳祿貞為民族英雄之首出

吳祿貞以山西巡撫被殺於石家莊，時清之疆吏死事者若贛撫馮汝騤、晉撫陸鍾琦、閩督松壽、川督端方，胥獲明詔褒卹，吳獨闕如。諸家記載，多言清廷主使，或云良弼為之，皆臆斷。惟沃丘仲子《近代名人傳》云：「祿貞初避嫌辭兵柄，良弼力言其忠，載濤信之竟不疑，乃潛約張紹曾、藍天蔚謀內應事，為潘榘楹所洩，遂陽授山西巡撫，以奪其兵柄，袁世凱更密屬周符麟殺之。」斯為實錄。袁固蓄意覆清，然諸將士必由彼取進止。祿貞與張紹曾獨先發難，手握重兵，雄視燕薊，及被命撫晉，猶屯據京漢路之衝衢，弗屑承袁意旨，固所忌也。若清室諸親貴已震驚失措，只暫自全，安從施此辣腕。良弼滿人之錚錚，與祿貞交素摯，性行剛方，不為陰謀，夙主重用漢員以弭世變，識量俊卓，似咸豐之肅順，辛亥十二月八日為彭家珍炸斃於紅羅廠，家珍蜀人，排滿家也。民國後名士廉泉募款為良建祠，初欲合祀二人，謂本佛氏寃親一體之意，或曰毋乃故驚世俗乎，乃罷厥議焉。

祿貞在民國肇造諸勳舊中，尤為特出者，具對外之雄心，著折衝之偉績，民族英雄，庶無愧己。任延吉邊防會辦爭間島界，囊手槍負氣而前曰：「今日之事，惟理與勢，汝理已窮，徒恃強耳，顧此咫尺間，兵力無所施，姑以吾身與汝一拼可乎。」日人倉卒莫能當，乃就範，此周秦武士之遺風也。流血五步，伏尸二人，拔劍而起，挺身而鬥，用之於私，則悻悻小丈夫耳，若國與國之間，強弱懸隔，智索力窮，不得已一師曹沫、唐睢之所為，折強梁存國體，固非大勇不能。祿貞兼擅文學，擅吟咏，其〈過澠池觀秦趙會宴紀念碑〉古風云：「秦併六國啟雄圖，虎視關中何逐逐，兵如刺蜚言循環，諸侯無敢不賓服。秦趙爭衡酣戰久，忽報澠池會杯酒，大開函谷置高宴，鞏固邦交是耶否。嗚呼，秦人乃虎狼，豈不知會中衷甲將何為。憶王人關不得歸，遺民三戶楚人悲。相如會上佩長劍，受辱恐為君國玷，忽聞趙王為鼓瑟，怒髮衝冠赤浮面，坐上瑟聲尚未已，相如進缶秦王恥。請為吾君鼓一曲，兩國原來稱敵體。嗚呼趙奪秦缶今何在，土台石碑留故址，愛國須如藺相如，恨未躬逢拔劍起。」有聲有色，可以覘所志矣。昔梁任公著〈中國之武士道〉，首著孔子夾谷卻齊之役，藺相如、荊卿以次及焉，止戈戢暴，斯為真解，按之謚法，剛強直理曰武，刑民克服曰武，克定禍亂曰武，若祿貞者真武人也。吾將別著《中國武人史》，首林文忠，次鄧廷楨、張之洞、彭玉麟、李秉衡、馮子材、羅榮光、聶士成、鄧世昌、韓光第、梁忠甲、馬占山，以風近二十年來所謂武人者。

張紹曾及張宗昌遇刺時風景不殊

張紹曾者，亦士官畢業之一，性敏而識不定，勇事而疏於防。前清時方練新軍，人才多取給於留日學生，紹曾才度若甚恢闊，復嫻文墨，通聲氣，不數年擢至第二十鎮統制駐灤州。辛亥事起，兵逼清廷，為北省遙應武漢之第一人。時談革命者但知南為黎元洪北即張紹曾也。眾意清帝既矢行立憲，罷斥親貴，則新閣首揆捨紹曾其誰屬。袁世凱聞之曰：是將置我於何地乎。未幾資政院推世凱為總理大臣，而紹曾則予侍郎虛銜，命南行宣撫，所部震於袁之威望，已瓦解矣。終袁之世，僅得一綏遠地盤。鬱鬱不自得，然在辛亥八九月間，虎據關內，狼顧燕都，截奉天運京軍械，薰天炙手，後惟民七間張作霖截械秦皇島嚇馮國璋事，能彷彿之。乃疾風暴雨不崇朝而息，及今思之，適為滑稽一幕，而十九信條實為清袁政權遞嬗之關鍵，固袁氏之功臣也。

紹曾與直系諸將多舊交，馮玉祥、吳佩孚並聯姻婭，廬山會議護法運動，多所規畫而鮮實效。民十後，復出任首揆，對客娓娓，詞多而罕有要領，或以「神經總理」目之。戊辰春，張作霖稱大元帥於北京，吳、馮胥敗竄，紹曾在津若有所圖，遽為張宗昌、褚玉璞所偵，遣人誘殺於利津里之妓院。事聞於作霖，下令撫卹緝凶，稿定待發，忽復收回，將「在逃凶犯，嚴緝務獲」數語刪去，欲蓋彌彰，亦趣事也。當利津里事起，忽有一人挺身而出自承殺張。詢其名曰鄭德潤，旋為督署索去，或曰主者預遣此人故設疑陣，又使偽作瘋顛，以淆眾目，所報姓名亦非真實。更越五年，張宗昌遇刺於濟南車站，刺客亦姓鄭，亦自首，後先一轍，若相迴映焉。

山東四子及張宗昌

齊魯聖賢之邦，中華之聲明文物繫焉。民國以後，有山東四子者，皆糾糾桓桓，非顏曾思孟之儔也，曰張子志懷芝、盧子嘉永祥、王子春占元、吳子玉佩孚。或曰是可別立仲由一廟，以武四子配之。

四子中，張子志躬與庚子圍攻使館之役，資格最老，辛亥為天津鎮總兵，捕革黨果於殺戮。新劇家王鐘聲就逮，立處死。民五，薄子明等據周村迫濟南，靳雲鵬不能制，命懷芝代督魯事，立定。性粗躁，文案姚鵬圖偶遲到，遽呼軍棍。又指省長孫發緒曰：「你住藩台衙門，就是藩台。我住撫台衙門，就是撫台。你是屬員，我是上司。」發緒失笑而無如之何，魯人為之起別號曰「張山貓」。王子春辛亥從馮國璋克漢陽，作戰最勇，及督鄂年久，暮氣乘之，遂為吳系所逐。下野後，作津沽寓公，積資三千萬，猶時患不給。蓋其三千萬乃備而不用之定額，謂之「不動產」。「不動產」向指房屋土地而言，此則作「不動用之財帛」解，奇矣。盧子嘉，亦北洋舊部，護軍淞滬，繼楊善德督浙，甲子與蘇督齊燮元戰敗，避於日本，復因段、張得利於北而返國，先後受任直蘇兩督，胥為奉系所逼，不安席而去，擁資居津沽。近三年間，張、盧、王三子以次赴「修武」之召，只餘一吳子玉，寂處舊京，與羽衣為友，不復當年壯概矣。

張宗昌不在四子之列，其怪謬遠出四子之上。常自謂有九五之尊，設無「上將軍」在前，即當建號「效坤元年」，「上將軍」指張作霖，「效坤」則宗昌字也。於其故里掖縣築皇城，庭宇皆仿宮殿。父固清時縣署鼓吹手，貧不能贍家室。及宗昌督魯，遂為一鄉所趨奉，或尊之以日後之太上皇，則謙曰不敢，吾子已為巡撫，我有紅頂子戴於願足矣。然只居鄉不能就養於省，則以督署中有一賈翁在，賈翁者撫宗昌於孩提，使免於凍餒而成立者也。

明末張至發，清末袁世凱，皆「奉旨患病」

清代每一新主即位，恒以除權臣，肅政柄為首務。康熙之懲鰲拜，嘉慶之殛和珅，咸豐之罷穆彰阿，同治初（兩后垂簾）之殺端華、肅順，皆是也。凡所誅逐，必先朝所信任，恃恩跋扈，寃毒中人，遽失冰山，難全末路，比比然矣。至於宣統，則袁世凱當其衝。世凱之貴，以戊戌告密，其戊申被逐，則隆裕、載灃秉光緒遺命行之也。吳永《庚子西狩叢談》云：「德宗好於紙上畫大頭長身各鬼形無數，仍拉雜摧燒之。有時或畫成一龜，於背上填寫項城姓名粘之壁間，以小竹弓向之射擊。既復取下剪碎之，令片片作蝴蝶飛。蓋其蓄恨至深，幾以此為常課。」其他筆記亦多如此說，可信為實事。兩宮既逝，世凱以漢大臣奉命治喪，又以登極加恩晉太子太保，故示優崇，欲擒故縱。逾月而嚴旨下，光景略似和珅，而止於開缺回籍，是所謂虎頭蛇尾者也。蓋初擬置重典，而震於積威，未能出以果斷。張之洞復為緩頰，倉皇改竄，幾不成詞。其文曰：「軍機大臣、外務部尚書袁世凱夙承先朝屢加擢用，朕御極後，復予懋賞，正以其才可用，俾效馳驅，不意袁世凱現患足疾，步履維艱，難勝職任，袁世凱著即開缺回籍養痾，以示體卹。」數行短墨，一片袁世凱、袁世凱之聲，急遽紛紜，為歷來詔令文字所罕覯。至辛亥世凱起任內閣總理，則每降一諭必綴「袁世凱面奏」五字，若「袁世凱面奏請簡署湖廣總督，段祺瑞著署理湖廣總督」、「楊度奏請開缺，據袁世凱面奏准其開缺」、「袁世凱面奏請簡直隸通永鎮總兵員缺，直隸通永鎮總兵著王懷慶補授」「廂白旗奏查明鳳山子嗣，據袁世凱面奏懇加恩鳳山之子鍋縣以郎中補用」事無巨細，悉曰「袁世凱」，「袁世凱」蓋以示權歸內閣，君上無責。然亦何須重沓若此，不成文式矣。與逐袁一諭合觀，尤有「遙遙相對」之妙。

世凱門下所謂《容菴弟子記》者記戊申事，必為之掩飾曰，稱病去官，即諸家紀載如《清史》、《易知錄》等書，亦云以足疾請開缺，然觀當時上諭，乃藉口步履惟艱迫令回籍耳。故事，軍機大臣、即引疾告歸，例得慰留，況足疾非重病，又本未稱病耶。曾覽明史「張至發乞休自引三當去，未嘗稱疾也。忽得旨回籍調理，時人傳笑，以為遵旨患病云。」恆為破涕。以袁事擬之，司謂無獨有偶矣。然張至發尚是自動乞休，袁則未嘗有去意也。

嚴範孫之清風亮節

嚴範孫先生以品學為袁禮重，由編修擢三品京堂署學部右侍郎，後除左侍郎，手訂教育宗旨，曰尚公、曰尚實、曰尚武，頒行全國，切中時病。袁氏被放，匆遽危疑，故交避面，先生獨以一車一馬伴送至蘆溝橋，世凱為之感涕。及再起組織新內閣，不徵同意，即授度支大臣。時先生已掛冠逾年，不樂仕進，具書力辭。後復以教育、內務相屈，則遠遊海外以避之。沃丘仲子《名人傳》稱為「艾叢之芝蘭」，洵不虛也。光緒中與先兄同官翰苑，予方幼稚，初未識荊，於報端見拙著筆記，許為名著，辱荷先施，獎掖備至。己巳春，遽歸道山，年七十。先已自知不起，為詩以貽親友曰：「小時無意逢詹尹，斷我天年可七旬，向道青春難便老，豈知白髮急催人。兩番失馬翻徼倖，廿載懸車得隱淪，從此長辭復何恨，九原相待幾交親。」寧靜安和，宛然居山曳杖風度，「曠達」二字不足以盡之矣。歿前五日，專足自津賚掌故書數冊，以告別留念。今後閱時五稔矣，懷想音容，感深知己，手書盈篋，循誦悽然。

趙秉鈞有功「模範警」

趙秉鈞以道員升三品卿署巡警部侍郎，亦異數也。起自佐雜微員，以幹練受袁特賞，委辦天津警察，成績冠於全國。及為貳卿，益展所抱，務折豪強，靖奸宄。警部之立，由於五大臣之遇炸，清廷震懾，責以盡職，頗假以事權。京師為貴冑所叢，以守法為恥，法不可不行，而勢又不能徑行，草創規模，亦良不易。金梁《光宣小記》云：「親貴或故犯警，趙佯不知，飭警拘罰，而復自往謝釋之，故警令得行。」其後吳炳湘為警監，袁府子弟，有橫行於市者，自往執之，共詣世凱，請處置且謝罪焉，亦趙氏之遺風也。北京警察頗能抑強扶弱，息事寧人，肅立街頭，語言中節，與洋場崗捕之傲慢欹斜者，風格自殊，遂享，「模範警」之榮譽，秉鈞之功不可沒也。

袁世凱被逐後一年，秉鈞以京察休致。及袁再起，任為民政大臣。民國後，為國務總理兼長內務，出為直隸都督，歿於任，明令優卹。設追悼會於農壇，祭堂上額為世凱所題曰：「愴懷良佐」，有李映庚輓聯云：「拔地作公卿，獨任艱鉅，才無涯涘；橫天行甲馬，一朝解脫，死亦權奇」。或云秉鈞暴卒，因宋教仁案出語不慎，世凱賄廚夫，毒斃之。雖無確據，證以王治馨事，亦覺事有可疑。

王治馨片言肇禍

王治馨字琴齋，魯之萊陽人。以中書從世凱於東撫，為軍僚，任執法營務處職，後相從直隸，倚任甚至。趙秉鈞與交尤摯，引佐內部。宋漁父既被狙於滬，民黨大譁，南則緝凶已獲洪述祖與應桂馨同謀鐵證，北則開追悼大會，演說者直斥府院當局主謀。治馨代表秉鈞與祭，被包圍窮詰，窘甚，遽曰：「敢負責聲明總理決無此事，若大總統則非吾所能知。」眾曰：「信是則袁世凱矣！」治馨知失言，踉蹌走去。未幾調京兆尹，旋為人告發受賄，遽按新訂之犯贓條例處死刑；又料北洋袍澤將合詞乞恩，則夤夜召步軍統領江朝宗，命縛至北郊速斃之。以一言而肇大釁，亦可哀矣。莊綸儀《秋水軒筆記》自述任萊陽令在光緒辛丑，有治馨之戚柳鈺者，欺騙劉史氏之本銀在押，治馨自撫署馳函屬為釋放，覆以不能因巨室一言而撓法，君執法，余亦執法。王深然之，遂訂交，後地方有為難事，囑其代稟項城，請無不允，以是相得。是則治馨非不可與為善者。世凱夙以使貪、使詐自雄，以贓滿五百元之罪名，遽置二年相從之故吏於死地，非人情也。至治馨門聯「乾坤奕局，日月彈丸」，謂為飲彈之讖，則偶然闇合，無關宏旨矣。

宋漁父案殺機重疊

宋漁父一案，北京以洪述祖專策畫，滬則應桂馨任指揮，若武士英則受雇犧牲，純然機械，不足數也。士英就逮，旋被毒斃獄中。桂馨脫網，詣北京恃功索賞，世凱大恚，遣衛士伴送出京，即就車中殺之。衛士二人，後派往陝西交陸建章差遣，復假軍法誅之。惟述祖一人匿跡消聲，逍遙事外，至民八，忽為宋氏遺孤所執，鳴捕控諸公廨，移解北京，疊經審檢，卒處死刑。洪於獄中撰日記，自署念難老人，復作遺書，安排家事頗井井。及處絞，司刑者用力猛，首斷，並身而墮，已非全軀矣。

陸建章以民七為徐樹錚所算，樹錚以民十四為陸承武截殺於廊坊，殺機波動，其曲如環，巨煞凶神，歷十餘年而一一食報以盡，此釋氏所謂因果者歟。

辛亥三月清諭中之將星，即民國後武劇之各主角

檢閱辛亥三月日記，有錄存陸軍部懇恩將各鎮協統制將領加銜一摺。得旨「何宗蓮、馬龍標、曹錕、吳鳳嶺、張永貞、張彪、徐紹楨、孫道仁、張紹曾、呂本元、孟恩遠，均加陸軍副都統銜，王占元、鮑貴卿、盧永祥、李奎元、朱泮藻、陳光遠、王遇甲、洪自成、賈賓卿、李純、周符麟、王得勝、鄧承拔、孫銘、杜滙川、王麒、許崇智、黎元洪、田中玉、楊晉、吳介璋、馬增福、趙理泰、施承志、易盛富、伍祥禎、潘榘楹、楊善德、蕭星垣、姚鴻法、高鳳城、張春霆、毛繼成、藍天蔚、張行志、陳甲福，均賞陸軍協都統銜。欽此。」當時視之，不過例行文件，加級進資官場保案一類。及今循覽，陡覺滄桑無限。金鼓異鳴，萬戶千門長鎗大戟，二十餘年之武劇，主角大名，備於此矣。姜子牙封神之榜，水滸傳天文之碣，其庶幾乎。舉義元勳兩任總統之黃陂公，方在龍潛，與絳灌為伍，武漢一呼遂膺景運。張彪以提督與瑞澂同竄，則玉成黎氏者也。張紹曾灤州兵諫，威揚全國，極盛莫繼，末路堪悲。曹錕統三鎮駐京師，所部大掠九門，俾袁免於南下。自是以後，師長、督軍、經略而元首矣。甲子困於馮君，延慶樓中自寫梅花，嚼大米，可稱高隱。綜厥生平，奇蹟異聞，突梯已甚。若段黨所攻之賄選，則曹氏以前，亦安有選而不賄者，作俑有人，曹特技術不精耳。徐紹楨戰張勳於金陵，孫道仁稱都督於福建。賈賓卿於山東獨立，被舉為副統領，即副總統也，在黎元洪之先。是可大書曰：中國之有大總統自唐景崧始，副總統自賈賓卿始。孟恩遠善書一筆虎，號虎字將軍，民十以前久據鷄林，獨不

為作霖屈，亦北方之強矣。王占元、李紳、陳光遠，丁戊間之長江三督，連鷄作障，權衡南北，為大樹總統之外衛，段派瞠目，無如之何，豪哉。鮑貴卿，關東大漢之老成人，壬戌梁士詒組閣，鮑為居間於作霖，曹錕妒焉，以有奉直之戰。盧永祥負嵎三竺，抗曹助段，迄於江浙弄兵，蘇杭間天堂錦市倏為邱墟，此永祥之所以為祥歟。許崇智、吳介璋、藍天蔚、楊善德、田中玉、潘榘楹，南朝北地盡致窮妍，此數十人者或以陣為戲，或我武維揚，角逐循環，所繫於民生國脈至巨。要皆命世之英雄，錄其姓名榜之戶牖，以代桃符，可以祛祟。皆天上武曲星也。

前一乙亥，光緒繼統——清運終於道光

今民國二十四年於舊曆為乙亥，清光緒帝建元於此歲，西太后那拉氏利用幼主，再舉垂簾。己丑大婚始得親政，戊戌被幽，戊申絕食，清代十帝身世之悲涼，無逾此君矣。金梁《光宣小記》云：「德宗即位時久泣，近侍奉白棉一撮，即持玩泣止」，謂為一生受人愚弄如棉之微。又云：「宣統登極，攝政王擁上座，上泣啼不止。左右頗惶窘，王招近侍進一物，上玩弄始止哭。眾既訝為不祥，而又疑不知所進何物。私問之，則廟會所售玩物曰虎小兒者也。」予意同、光、宣三帝皆以幼齡驟登大位，如挾襁褓兒以臨廣場，面生者眾，神經受震，遂有啼聲，玩物止哭，亦看護之常事，無與休咎。惟咸豐以後，清運日頹，國賴長君，而三次皆以童稚擁抱升座，是何景象。且光、宣皆以旁支入嗣，曰光緒，道光之緒也。曰宣統，宣宗之統也。是不啻一再聲明咸豐無後，惟有道光。夫咸豐以辛亥始，宣統於辛亥終，兩辛亥間，四帝六十年之久，而曰惟道光統緒之是承，似愛新之祚，已決於前一辛亥之前。咸、同以降，本祇苟延喘息，斯真堪詫異者矣。又觀諸帝圖像康、雍、乾、嘉，胥豐頤隆準。道光以次，轉為清削，光緒尤弱不勝衣，詎非氣運遞衰之象徵乎。

光緒身後，禍猶未已——惡謚！

《西巡紀事》、《蕁鄉漫筆》、《光宣小記》，或載光緒輕躁無威儀，或曰顛倒若有心疾。所舉大都戊戌、戊申間事。此十年中，名為天子實已纍囚，佯狂免禍，殆非得已。恰先西后一日而逝，於是皇帝遺詔、太后遺詔、溥儀入宮撫養詔、繼承大統詔、載灃攝政詔，兩三日間，詔書雨下，日不暇給，舉國驚疑，上海《時報》與《神州日報》為此爭辯，累數月不休。民國各家私乘證以宮監口述，光緒實於病中饑死，自古帝王身世慘若此者，殆無幾人。及擬謚號，或云當稱孝宗者，格於張之洞，不果行。而有所謂「德宗景皇帝」焉，則援漢景帝、唐德宗，明景泰，以譏變法之操切，尊位之可疑，苛刻深文，施之薄命君王，獨何心哉。先伯父嘗語子弟曰：「寧依俗稱光緒，勿曰德宗景帝，此張香濤故弄聰明，罪不在袁世凱下也。」民國元年有射九君，工為樂府體，其〈崇陵哀〉一首有句云：「匆匆歲月交庚子，無端道籙神兵起，凶燄宵騰端午門，血光暮照長安市。景皇痛哭問諸臣，朕有何方救萬民。敗軍斗釋東城仗，輦道遂脂西狩輪」，寫拳亂叫大起，帝執許景澄手而泣，神情如繪。「愁深病篤詔徵醫，朵殿無人月在帷，侍中多半如王業，同輩何曾得寶兒。」則戊申垂絕時光景也。著墨無多，而應有盡有，可資傳信。

西后尊諡之奇特——「配天」！

向例皇帝大行，上尊諡長至二十餘字，以「某天某運」四字冠首，皇太后或皇后則用「某天某聖」開端。如順治為「體天隆運」，其二后則一為「順天翼聖」，一為「崇天育聖」。唐熙為「合天弘運」，其三后則一為「儷天襄聖」，一為「欽天順聖」，一為「奉天佐聖」，一為「贊天承聖」。由是而下，至於同治之「繼天開運」，同治后之「憲天彰聖」，皆從此式。至西太后之諡，則為「配天興聖」。《國風報》記于式枚為此摺參禮部云，考古今史鑑掌故，自來后號無上「配天」者，二字惟帝號能用之。今事已定，自不能反覆，但臣如不言，恐天下後世謂今日中朝大夫無知典例者。禮部尚書溥良遂左遷察哈爾都統。此說當非無因。案后諡中之「天」、「聖」皆指皇帝而言，曰「翼聖」、「佐聖」，謂輔佐老皇也。曰「育聖」，「興聖」，言撫育小皇也。「天」字亦以皇帝為近，故可用「儷天」，若「配天」則皇帝去世，「配享上帝」之詞，而后則女性，與上帝不能有何牽涉。故皇帝遺詔例云：「遂致彌留，豈非天乎」，而后之遺詔則止於：「遂致彌留」。截去「豈非天乎」，天固不必歡迎皇后也。有史以來，后之配天者，西后一人而已。

吳可讀之輓章——清代之楊椒山

光緒即位，首有廣安請頒鐵券，為同治爭未來之統，獲嚴旨申斥。越數年又有吳可讀之尸諫，遺疏自言以一死乞數行懿旨，預定大統之歸。謂光緒以弟繼兄，同治將永無嗣，故爭之。又詎知咸豐之統亦虛有其名，已亥以後至辛亥，直以宣宗之幼子醇邸一支延道光之統緒耳。可讀曰：「本朝祖宗，子以傳子之家法」，不知清代家法先無垂簾。歷代女主、宦官之禍，防遏甚周。乃至咸、同之交，忽有兩宮聽政，敗徵已見，寡婦孤兒，視如常例，而清室遂墟。

可讀既死，得褒卹，公卿、士庶爭先弔祭，備致敬崇，有傅巖霖輯錄輓章成一小冊，予於新春廠甸購得之。聯語有可記者。王仁堪云：「此古之社稷臣，七尺能捐，執簡終安天下計；許我為忘年友，一緘猶濕，蓋棺猶望眼中人。」張之洞云：「殲良終痛秦皇鳥；授命能卑衛史魚。」高賡恩云：「考生前立言立品立教，志節彰彰，知此事斷非矯激；看身後遺疏遺書遺詩，情詞落落，雖古人何以加茲。」張人駿云：「抗疏息群疑，九鼎一言，豈獨攀髯為先帝；結鄰追昔款，隻鷄斗酒，依然埋骨近吾鄉。」李端遇云：「死傍山陵，常對薊門風雨；光爭日月，又看吏部文章。」吳官吏部主事，用「吏部文章日月光」句，自然典切。安維峻為吳之弟子，甲午劾李鴻章，詞連西太后，千重譴，戍軍台。所舉鴻章賣國諸事，荒誕不經，讀之失笑，而敢於西后批鱗發隱，亦北方之強，克傳師門衣鉢者。其輓可讀曰：「朝廷亦憫孤忠，先生乃獨留千古；天壤自多公論，弟子終莫贊一詞」，質樸而有勁氣，是關西本色。又袁保齡云：「宗社億萬年大計所關，豈為沽名拚一死；國家二百年養士之報，莫將直諫盡先生」，亦大氣盤旋，不同凡響。

可讀一疏，朝野震撼，特旨交大學士九卿翰詹科道會議。寶廷、李端棻、張之洞等又各具疏，諭以前降旨時，即是此意。於是嗣光緒而帝者，為同治之嗣，泰山可移，此案不可易，可讀大名亦永垂宇宙矣。及光緒逝世，以西后旨命溥儀入承同治兼祧光緒，輕輕一筆兩面俱圓，原非甚費解決之事，可讀當日未免小題大做。而已亥建儲，則於此伏脈，適以便西后之私耳。溥儁之立，以光緒名義降旨曰：「追維入繼之初，恭奉皇太后懿旨，俟朕生有皇子」，即承繼穆宗毅皇帝為嗣，曰：「於近支宗室中，慎選元良，為穆宗毅皇帝後，以為將來大統之歸」，即可讀當日所死爭者也。清代自康熙廢太子後，永不建儲，垂為家法。而末造乃有「大阿哥」突如其來，為之師傅者高賡恩也。寧河人，丙子翰林，頗自負正學，於可讀之死，輓聯之外，又有輓詩歌誦百端，傾仰備至，其末首云：「舊宅歸魂賦大招，松筠近擬值煙寮，古人若例楊忠愍，一疏衰朝一盛朝。」秦霖熙註：「先生宅有人仿松筠菴規模，興建堂屋奉祀，踵楊椒山故事」。又馬人龍一章云：「取義成仁本性天，讀公遺表一潸然。西曹模範椒山節，卜第功名弱水船。風骨曾傳黃海外，星精尚說紫薇前。繫懷大統情何極，非死無由達御筵。」西曹句下自注云：「先生提牢時，見楊公手植柏樹每為流連」，又陳文焯作云：「惠陵風雨晦明中，尚有孤臣泣語忠。白骨不歸依紫塞，丹心惟默祝青宮。文章吏部分光久，志節椒山大略同。願借先生隻手力，狂瀾迴障百川東。」亦以楊喻吳。案松筠菴在舊京宣武門達智橋路南，稱楊椒山先生故宅。正殿三楹塑像頗精緻，後有花園亦雅靜。殿後有台官會期公約泐石，蓋以椒山為諍諫之楷模。然楊於明代實未嘗為諫官，惟明之司官地位較優於清，得自言事耳。以忤嚴嵩死事甚烈，為世誦仰，遂奉為中心人物。可讀於椒山印象極深，乃有以死建言之舉。《慈禧外紀》、《德宗繼統私記》，於可讀事雖詳，而於以上各節則闕焉未備，故特記之。

吳事距今五十餘年，與祭諸人在當時為後學，在今日則古人多矣。推陳寶琛尚健在。昨於熊佛西處見其所貽楹帖，款署八十七叟。字體清婉，猶如少年作，誠異人也。其輓可讀聯云：「舊雨半傳人，天語同褒，忍使睢陽無別傳；清時多直諫，鄰春忍斷，何堪陸九更居廬。」諸聯多實寫，此獨空靈，乃文格使然。案可讀摺尾更附陳國是數語曰：「調劑寬猛，養忠厚和平之福，任用老成。毋爭外國之所獨爭，為中華留不盡；毋創祖宗之所未創，為子孫留有餘。」彼時人多矚目其爭統正文，於此未嘗留意。使今日陳氏讀之，撫今思昔，當不勝其感慨也。

佛西室懸陳寶琛、陳三立聯各一，三立又書「雙照堂」橫額。熊夫人朱君允女士，以名閨留學新大陸，中西文學並擅勝場，兼工書畫填詞，故曰「雙照」。二陳年皆八十餘，並為詩壇泰斗。一弢菴老人，一散原老人，一字伯潛，一字伯嚴，若兄弟然，實則師生。光緒八年寶琛放江西正考官，三立以是科中式，又八年己丑乃成進士，為吏部主事，故詩人又稱之為散原吏部。尊公右銘中丞，戊戌時之湖南巡撫，因新政罷官，名寶箴又與寶琛名相類，記前歲民國元老吳稚暉為清宮事，通電痛詈溥儀師傅陳寶箴，不知為溥師者乃寶琛也。一江西，一福建；一舉人、一翰林，履歷各殊，第以姓名字同音近，遂致李代桃僵，亦韻事矣。

壽山福海之陳寶琛——養壽得法

寶琛甲子膺鄉薦年十七，戊辰成進士入翰林，癸酉順天鄉闈分校，乙亥大考二等候升。至庚辰年，其前輩張之洞尚止洗馬，寶琛已侍講矣。後之洞升閣學簡晉撫，又越陳而前，然寶琛亦即踵升閣學會辦南洋軍務，為曾國荃所論降調，家居二十餘年，光宣間之洞已以大學士入樞府薦諶記憶閣學，辛亥五月授山西巡撫，故寶琛輓之洞詩有：「太行蜿蜒送公處，卅載豈意重隨肩」之句，二人科名宦蹟，始終相依倚，可稱巧合。然寶琛旋共陸潤庠被命授讀開缺，以侍郎候補，得免於革命之難。而陸鍾琦乃當其殃。寶琛之壽已高，其福亦非常人所及。

近頃平市有敬老之典，五機剪繩，則有五老。第一老人徐福海八十五，第五老江瀚字叔海亦閩人，由學部參事官膺人才之洊，授開歸陳許道，前司法總長江庸父也。而年甫古稀，去寶琛尚遠。即徐福海猶少兩歲。諸老所述養壽之法不外節勞制慾，惜寶琛不與老人之選，亦無以攝生術叩之者。第觀所為詩文，落筆清儁，胸次曠如，萬物靜觀，天君自泰，外不為諸魔所誘，內有以培其方寸，真制物而不制於物者。曾見其書門對曰：「大鈞無私力；靈府有餘閒」，友人但賞其句法書法。予曰不但此也，彼之「長生不老方」，盡此十字矣。又嘗於友人齋中見所書聯曰：「佛桑解吐四時豔」，「老鶴猶堪萬里風」，「老去詩篇渾漫興，天涯風俗自相親」並敏妙，所謂有詞必雋，無意不超。沃丘仲子謂時有清氣拂其筆端，良不謬也。眼底滄桑，當以此老所收為最富，自洪楊而日偽，前後辛亥之外，又二十餘年矣。

自來學人多壽，書味盎然，有精神修養而無塵俗之累。俞曲園、王湘綺並臻大耋。若張英麟、樊增祥，怡情聲色，以娛晚景，娛之即所以養之，亦一法也。頃者各處敬老會多鄉村耆碩，少壯時，勞力不勞心，作息以時，四體以勤而益健，城市之宴安酖毒，彼則無與，天年坐享，有其道焉。文人之習練書法亦於養心有益，陳寶琛之書輕側婉媚，有天寒翠袖之姿，實大不易。昔趙世駿以學褚得名，寶琛贈聯曰：「顧王卻聘完高節；文董工書並大年。」可知陳氏以老叟而作簪花格，亦壽徵也。

孫詒經與子寶琦

乙亥光緒登極後，以「二同」為師傅，翁同龢，夏同善也。辛亥宣統遜位前，以「二世」為太保，世續、徐世昌也。世昌具摺力辭，旋去青島，同善以南音不便授讀辭，又旋去世。其後有二孫，一孫家鼐，一孫詒經。詒經即孫寶琦父，庚申翰林，文名藉甚，乙亥大考，與吳寶恕、瞿鴻禨、鈕玉庚同列一等，疊晉至侍郎。授光緒讀，甫兩年忽又退出，終於少農之位，其門人王頌蔚輓聯有「直道難行，往事不須慚醴酒」句。民國十五年寶琦為父遺墨徵題小啟，亦云：「乙酉入值毓慶宮，偕翁同龢、孫家鼐侍德宗講幄，眷顧方隆。駸將柄政，旋為同列所忌，蜚語中傷，丁亥年春，遂罷入值，時論惜之。」所云同列忌者，當指同龢，與詒經同為戶部堂官時，有失察書吏案，或云詒經因此罷值，而同龢無恙，故有中傷之嫌。及清室既亡，寶琦於民國復歷顯要，乃為父乞謚清宮，得「文愨」。

謚法中之「愨」、「愍」、「正」

清自遜位後予謚，多用愨、厚、敬、慎等字。謚「愨」者孫之「文愨」而外，如周馥之「愨慎」，王國維之「忠愨」皆是。案與愨同音者尚有「恪」、「確」，義亦相近。〈謚法考〉：「行見中外曰愨」，誠之至也。〈東京賦〉，「民去末而反本，感懷忠而抱愨」，與「忠」相亞，原亦不惡，而人多不樂有此，則以字通於「殼」，有類甲蟲耳。又死事之臣，每謚「愍」與「閔」通，與「敏」則風馬牛不相及。然得「愍」者輒改寫「敏」，如端方被殺於夔州，清廷所賜者「忠愍」，端之家族友輩聽詭升閣「忠敏」也。庚子闔門殉國之祭酒王懿榮，其故宅今為王文敏家祠。當時是否文愍今不甚記憶，但以慘死易名則「愍」為較合矣。或曰「愍」與「慜」通，「慜」省「心」則「敏」，愍敏實一字，此乃曲解。至「愍」字何以為人所厭，則「使民悲傷」，原自陳義不高。況「愍不畏死」之「愍」又作強悍解，印象自不能良。因憶甲子曹錕被囚，段氏告國人曰「大憝就捕」，乙丑馮氏逐段，通電曰「巨憝已去」，予嘗戲語友人曰謚法中大可增一「憝」字，段、曹千秋以後，並謚「武憝」，同垂不朽矣。

謚法有特謚四字，「成、正、忠、襄」是也。先聖稱「大成至聖」，功德咸備，文武兼資，庶足當之。《雙濤園隨筆》云，湘鄉豐功，本應謚文成，以敬避宣宗尊謚乃改作正。說當有因。文正功業略與明代王守仁相當，視阿桂則有過之。按清太宗曰文皇帝，咸豐廟號文宗，翰林官仍得謚文，未嘗避也。獨使文正避道光，未為合理。惟依乾、嘉諸朝所宣示者，則以「正」為最優。嘉慶十一年諭賜大學士朱珪謚曰：「乾隆年間，惟故大學士劉統勳蒙皇考高宗純皇帝鑒其品節，賜謚文正。易名之典，備極優隆。顧劉統勳於署總督任內曾經獲咎褫職，至朱珪立朝五十餘年，身躋崇要，從未稍蹈愆尤，絕無瑕玷，靖恭正直，歷久不渝。揆諸謚法，實足以當正字而無愧，無庸俟內閣擬請，著即賜謚文正。」此諭發揮「正」字之意，鄭重裁量，足徵優越。其後曹振鏞、杜受田予謚，亦各以特旨申明此意，則湘鄉得此，亦不為薄。又「正」有正學之意，得者皆漢人，旗籍名儒帝師如倭仁，亦只得文端。此漢族居文化正統之一徵也。漢人謚文正者八，惟湯斌係追謚。乾隆以降，每朝一人。乾隆劉統勳、嘉慶朱珪、道光曹振鏞、咸豐杜受田、同治曾國藩、光緒李鴻藻、宣統孫家鼐也。若預為匀配者。

翁同龢不恭而恭，瞿鴻禨不慎而慎

「恭」、「慎」等，不甚重視，凡以資格或舊恩，姑予一謚者，則以此等字當之，恰與卹旨中之「宣力有年，克勤厥職」八字例褒相類，無事功才德可言，謹慎無過云耳。裕德以大學士，徐郙、陸寶忠以書房舊人，皆光緒末予諡文慎。瞿鴻禨於民國後歿於滬，亦諡文慎，翁同龢於宣統時諡文恭。雖皆平常字樣，而抱舊案則有昭雪之意。翁、瞿皆以樞相開缺回籍，戊戌逐翁之諭曰：「屢經有人參劾，每於召對諮詢之事，任意可否，喜怒無常，詞色漸露，實屬狂妄任性，難勝樞機之任。」既曰狂妄，則不恭甚矣，而諡曰恭。丁未惲毓鼎劾瞿暗通報館，授意言官，陰結外援，分布黨羽，得旨：「久任樞垣，應如何竭忠報稱，頻年屢被參劾，朝廷曲予寬容，猶復不知戒慎。」云云。是不慎者鴻禨由被放也，而諡曰慎。此皆不啻特為翻案，視袁許等庚子五臣之「忠」、「節」、「愍」、「肅」為有力矣。故名流具識解者，輓詞多從此著筆。陳寶琛云：「忍死望中興，回首金鑾餘密記；易名昭素履，感恩羽扇本孤忠。」朱祖謀云：「十載退閒身，賫志擊奸餘老淚；九天思舊感，飾終應美諒臣心。」鄒嘉來云：「左徒草稿，孰蔽聰明，十載感遷流，憂國何堪餘涕淚；丞相車茵，夙欽風度，九重知謹慎，易名猶足概生平。」吳慶坻云：「遺恨鬱千秋，靈武畫圖留句在；易名褒一字，葛侯心事荷天知。」用諸葛一生謹慎故實，恰合身分。翁同龢逝於甲辰，尚未復官予諡，及民國己未，孫雄設位於陶然亭為翁作九十生日，則距得諡文恭已十年矣。而與祭詩人哀詠百章，鮮有及易名之事者，王式通之「削籍生前書柏墓，易名地下痛桑田」，周紹昌之「人間那得憐才報，地下猶承賜諡恩」，稍一涉及，亦無深意。惟孫氏自作「易名兩字榮華袞，前有陳稽後李潘。翼翼小心無亢厲，一生正色立朝端。」尚有闕合耳。

萊海之變，可證縣區非鋪張建設之地

頃於樓辛木兄席上晤萊陽王君葵若，（即丕煦，癸卯進士）知王覺生埒癸酉十月在青島作古矣。覺生己丑進士，改庶吉士，授翰林檢討，先研甫兄同年生也。甲午大考開坊，洊升侍郎，一度為河南學政。辛亥後隱居不出。其在京時，嘗為慶王奕劻西賓，授載振之兩弟讀，喜為商家書招額，飯莊酒舍多其手筆，業此者多登州人，以鄉里之誼，求無不應，故都下為之語曰：「有匾皆書埒，無腔不學譚。」譚謂譚鑫培名優也。庚戌秋七月山東有萊海之變，魯省大小官吏總兵，道府知縣罷黜多人，匪首曲士文亦通令嚴緝。時有人宴客萬福居，覺生即席對眾大聲曰：「明人不做暗事！孫慕韓那裏是我寫信去的，非嚴辦不可。」時魯省京官如柯劭忞、王寶田於魯之官府多所抨擊，王則不為左右袒惟主嚴為查辦。故武昌事起，清廷派各省宣慰使，即以柯、王充山東宣慰，因其接近人民也。實則當日之事，僅為加重民間負擔而起。地方官迫於上峰之令限，而大吏則莫抗新政之潮流。魯東本瘠區，萊陽奉令辦自治募捐，海陽以銅元價賤，錢糧不敷徵解，搭收制錢，刁生挑撥，多布流言聳聽，致鄉民聚眾逼官，大吏用兵彈壓，各趨極端，遂成大釁。莫非地方捐稅問題，初無政治背景，上海《民呼》等報遽作革命宣傳，而真相不若是也。其時，銅元充斥，幣制混亂，官民交困，益以新政朋興，經費無出。一縣之政，向賴科房書吏而舉者，遽然有局、有所、有會、有堂，機關林立，則人員薪俸雜費，蔚為大宗。不知中國之縣，荒蕪滿目，尚不及外國一小村，在身居都市者罔識民間疾苦，以為建設多則黃金世界立現，不知籌一款加一捐，已非辛苦小民所能堪命，不求造福，先蘄免禍，亦人情、亦天理也。善夫胡適之唱「無為政治」也。吳可讀曰「無爭外國所獨爭，為中華留不盡。」當時覺其語之過腐，今乃信為良言。嗚呼！民亦勞止，汔可小康，知此情者，其惟平凡之英雄乎！

辛亥山東獨立軼聞

辛亥各省獨立，惟魯省奇趣特豐，他省只舉都督民政長，魯則有正副統領，即「伯里璽天德」。孫寶琦既組臨時政府，又奏請取消獨立，似其獨立亦先經奏准者，矛盾滑稽，可資嘔噱。寶琦為光緒中名撫臣張勤果公曜之婿。勤果以出身異途為御史劉毓楠劾其目不識丁，乃發憤研習文學，結納詞流以自振。孫貽經為其鄉名翰林，遂締姻好。寶琦女又以陳夔龍之撮合為奕劻子婦。宣統初遂以三品卿權魯撫，自云當效法其岳丈，勉為賢良。劾罷曹州鎮陸建章，登萊道徐撫辰，曹州府王賡廷。似風厲實徇當地紳士意旨。濮州牧蔣茲，固賢有司也，捕治蒸亂孀氏之土劣蕭某，民大稱快。寶琦遽聽豪紳及奸吏危詞，奏革蔣職遣戍。時謂之「察吏安紳」，是確評矣。武昌消息至，省中諮議局員有唱獨立者，寶琦倉皇無主，遽應之而又甚畏北京，時以私函達其戚奕劻述委曲。未幾，袁世凱入主中樞，遣張廣建、吳炳湘齎手書詣孫，有曰：「共和若成，吾輩皆無噍類，願弟熟思而審處之，茲遣張道、吳令詣轅聽候驅遣。」張、吳至，即被命署布政司巡警道，結鎮兵統制吳鼎元共約聽命中央，魯局驟變，寶琦復稱巡撫，袁請開缺，狼狽以去。至京則袁世凱已共和之臨時總統矣。覥面拱手曰：「我對不起老弟」，饋以五千金暫供日用，以其常患貧也。故入民國後畀外交總長，稅務督辦，皆膴仕而仍虞不給。至洪憲垂盡，授財政總長，因段、梁紙幣政策不經同意，怫然而去，足知其人尚能有所不為。蓋儒臣門第，風範猶存，第貴介子，少不更事，四十華年，遞膺使節，任封疆，陳請立憲一事享名泰早，欲有所為而終不能為，才力限之也。段、曹時任為總揆，簡淞滬督辦，駐俄大臣，或受排擠而去，或未能實任，要皆浮榮不能濟貧，丁卯至為文乞舊友合助，以五百元為一會，期四十人可得二萬元。前歲疾歿滬濱，甫逾花甲。生平嘗自言為三大親翁破家，奕劻、袁世凱、盛宣懷也。三人富皆敵國，寶琦一身周旋其間，妝奩極全力，猶不足當一盼。又平民大學汪伯唐校長語人曰：「慕韓家一孺子需傭媪八人伺應，亦何必哉。」不知此奕劻府中制度也。既為親家，必期相稱，齊大非偶，古垂明戒，良有以哉。

張謇之解析「宣慰」、「威信」

辛亥九月，清廷所派宣慰使，江蘇張謇居首、浙江湯壽潛、福建江春霖、湖南譚延闓、廣東梁鼎芬、廣西趙炳麟、四川喬樹枬、江西謝遠涵、山東柯劭忞、山西渠本翹、雲南王人文、陝西高增爵，諭云名望素著人員，可宣上德，通下情。而張謇回電直言：「時勢至此，尚有何詞可宣，何情可慰」，分析「宣」、「慰」二字，融洽分明，有「胸中雪亮，腕底風生」之概。時梁士詒在袁幕見之曰，的是「稿子」非「墨卷」，皆八股文之術語。張、梁甲午同榜進士，張之時文，為全榜之冠，眾皆自愧不如也。及袁洪憲時，全國鼎沸，一如晚清末路光景，徐世昌手書致張，屬以疏解。張復書曰：「自帝制告成，而洹上之信用落，帝制取消，而洹上之威望墜，無威無信，憑何自立。考中國往事，國事搶攘之會，皇帝下罪己之詔則父老感泣，人民鼓舞，史冊載之，以為美談。若總統則非皇帝比也。今取消帝制之申令已自承為有罪，而人民之感想愈惡，甚且號舉義旗者，即茂膺勳爵之人，此無他，不信故不威，不信先伏於人心，故不威乃見於軍事。」析「威」、「信」二字，筆如分水犀，層序又極清明，所謂「天梯石棧相勾連」者是矣。張氏夙以才名雄視江左，而科名晚遇。乙酉中順天榜，年三十餘，首題為「若有一個臣」，文極宏肆，主試者潘祖蔭、翁同龢本擬解元，格於成例，元必北人，乃置第二，所謂南元也。壬辰會試，同龢為正考官，必欲以會元畀謇。屬各房細為物色。時先研甫兄為同考官，施鶴笙太史紀云為研甫戊子房師，亦與分校，研兄闈中日記云：「鶴師得一卷，甚似張孝廉，已呈薦。」翁亦以為張謇，逐中第一，及拆彌縫，則武進劉可毅也。劉亦才士，電傳吉報，誤「可毅」為「可殺」，庚子死於拳禍，迷信者遂指為惡讖云。張謇中狀元事，亦由翁氏力爭，吾弟一士曾詳記之，今不複述。又一士言，清降裕退位詔出謇手擬，袁世凱屬幕客修正之，係據張子孝若所為家傳，或不虛也。

梁士詒號為「財神」之由來

梁士詒甲午翰林，己丑舉人。與梁任公同年。其尊翁則後四年癸巳始登賢書。與康南海同年。錢能訓戊戌進士，後於士詒。而鄉舉在癸巳，故士詒以年伯稱之。南海丁卯逝於青島，任公設位故都先哲祠，士詒輓聯亦稱年丈，聯云：「述過庭詩禮所聞，習知雪立程門，早日嚴君同學久；為當代文章之伯，太息雲頹魯殿，暮年烈士壯心孤。」是知梁父與南海不止同年且同學也。先瑩甫兄甲午與士詒同榜進士，癸巳與士詒之父鄉舉同年，但士詒只認同年不認年伯。瑩兄於乙卯七月歿於北京，距先嫂逝甫半月，士詒輓云：「梧葉墮新秋，彈指兼旬，秦樓跨鳳俱千古；蕊宮成幻影，愴懷同歲，唐殿登龍少一人。」詞意均佳。士詒以殿試前十本入翰林，而不得志。與徐世昌同為詞曹中之黯淡者，乃各以他途自奮。初從唐紹儀議約於西藏，後入郵部洊升丞參，管鐵路總局。鐵路總局者，總轄國營五大鐵路，極優之差也。時稱「五路財神」，梁財神之名由此而起。或以民國長交行辦公債始得此號，非也。御史台交章彈劾，盛宣懷查覆，撤其局長及交通銀行差使，仍稱其有才。及袁為總統，又有肅政史發難五路參案，肅政史者袁氏之御史也。故士詒語及御史輒蹙額。民十四年章士釗撰《甲寅雜誌》，主復都察院，梁著論痛駁，以甲午一役御史與李文忠為難，致僨國事為言。不知甲午彈李者，御史固亦有之，而翰林尤眾。張謇一摺最著，張豈御史哉。

梁於辛壬轉變，居袁幕多從策畫，得越北洋舊系，獨為府秘長。周旋皖、直、豫各派之間，已不大易。袁世凱亦雄猜，士詒事之無間，時人比之紅樓夢王熙鳳，謔矣。然以地居樞要，復綰財權，爭者終不能已。濮阿嚴打油詩曰：「粵匪淮軍擺戰場，兩家旗鼓勢相當。便宜最是醒華報，銷路新添幾百張。」、「交通總長競爭忙，擬議無端到老汪。黑幕牽絲提傀儡，杏城活動燕孫僵。」、「上場容易下場難，多少旁人拍手看。最是閒情梁燕老，三年兩度逛西山。」體則滑稽，事皆實錄。士詒功名中人，歷袁、徐、段、張各政府，屢躓屢起，意興不衰，「九一八」後自港遊滬。或云於財政上有所展布，遽謝人間，年六十五。戊午在故都，予以年誼，屢承招邀於甘石橋宅，導觀東闢小園，江橋曲榭，布置井井。客室中懸李文忠與當時要津合影，語及文忠，極致推崇，稱「合肥」。後語及段祺瑞亦稱「合肥」。聆之驟然莫辨其誰指。謙謹和藹，若恐傷人。惟於周樹模則故作不解曰：「是那個做過平政院的周姓乎」。樹模己丑翰林，甲午與李盛鐸，同襄校禮闈，士詒出盛鐸門下，一生不忘師門，民十間嘗於花之寺設宴款名流，追隨盛鐸左右，執禮甚恭，視張季直之厭談科第，誠偽有間矣。金梁《光宣小記》有星相家言，光緒帝當餓死，肅王當有亡國破家之禍，皆驗。予憶民三四間，北京相士言士詒今號財神，於相，當終於餓殍，有他相士和之，宣諸報章，若甚可恃，而士詒絕祿於滬，固未嘗踵跡首陽也。

清初清末兩攝政王之異同

金記載灃為攝政王並為監國，清初睿親王稱攝政而不監國，體制較昔尤尊嚴。按今談清末掌故者，多云清代以攝政王始，以攝政王終。案此兩攝政王尚有幾微之不同。戊申十月二十日懿旨授載灃攝政王，時光緒未逝，宣統未立，所攝者猶是光緒之政。次日光緒遺詔下，旋以太后旨定嗣皇帝乃復命為「監國」，依此層序則載灃者由光緒之攝政，重為宣統之攝政而監國者。然猶云政事秉承后意施行，是仍西后訓政下之一王耳。二十二日太皇太后旨復自言病將不起，一切均由攝政專裁，遇有重大事件必須請示皇太后者，由攝政王面請施行。是西后握此太阿至一息僅延，未嘗須臾撒手，獨不許後之太后踵行故事，是垂簾之不可行，彼亦知之。所許與隆裕者為重大事件。夫重大有過於「退位」者乎，此可悲矣。

中國之攝政多以長攝幼，周公、成王，以至多爾袞、載灃皆是也。日本則以幼攝長為常。其皇室典範二十一條攝政以已達成年之皇太子或皇太孫任之，無太子太孫則依左之順序（一）親王及王（二）皇后（三）

皇太后（四）太皇太后（五）內親王及女王——皇子至元孫男為王，女為內親王，五世以外，男為王，女為女王。是太后雖可攝政，須先儘幼男，且須先儘皇后。清代則皇后不能與太后比，又其異也。

李慈銘之房師林紹年

李慈銘炁伯，會稽人，清同光間朝大士夫無不知越縵堂者。驚才絕豔，而科名晚遇，庚辰成進士年五十二矣。會試出林紹年房。紹年閩人，甲戌庶吉士，丁丑授編修，仕至民政部侍郎，以國變後五年丙辰之冬歿。清廷賜諡文直，子葆恒為行述云：「官翰林十年，僅分校鄉會闈各一次，而得士稱盛，如吳篛香會元、黃慎之修撰、戴愚卿傳臚、李炁伯農部、黃星翘解元、張巽之朝元，其尤著也。」案吳篛香名樹棻，歷城人，庚辰會元。黃慎之名思永，江寧人，庚辰狀元。合之壬午之黃解元，共為三元。兩科有三元出於一門，自為佳話。視《郎潛紀聞》，揚能格一房得覆試殿試，朝考三第一，尤有過之。戴愚卿名彬元，傳臚為二甲第一，亦世所豔稱者。慈銘非名元，又非翰林，其為師門之光，以名士故。嗜文學，研掌故，所署齋名，曰桃花聖解菴，曰綠蘿菴，曰白華絳跗閣，並清麗絕塵。「越縵」二字戲譯俗語，則「浙江之錦繡才人」也。先以諸生納粟為京曹郎，及膺鄉薦，仍官戶部，聲名藉甚，多士傾心。馳騁文壇，儼然盟主。京師為學人淵藪，重詞林，論甲第。慈銘以乙榜冷官，殫心文史，抗手公卿，獨見禮重，可謂難矣。

李慈銘菲薄翰林

王先謙乙丑翰林，甲戌分校禮闈，慈銘薦卷師也。丁丑官中允，記中以中允稱之。為述浙贛巡撫停止刻書事，慈銘曰：「梅、劉皆翰林出身，何以其舉動，不及前任楊、劉兩秀才，足見貴衙門，皆讀書種子也。」下註云：「近有翰林無恥之徒，不識一字而妄自尊大，每告後進，以多讀經史及文章體裁，此類是也。」所云梅、劉，為梅啟照、劉秉璋，楊、劉，為楊昌濬、劉坤一。此數語於翰林，甚致菲薄。其門人樊增祥則以是年成進士入翰林，慈銘特筆記之，已則舉人而有翰林門生，固所喜也，有所酬唱，稱為「雲門庶常」。其送樊還夷陵省親長歌云：「余也臥病長安中，蓬蒿塞戶無人通。君獨嗜痂自傾倒，翻屈綠耳師跛卬，自古詩生論資格，執贄唁唁較階級，此事自足風千秋，祇愧涓埃乏相及。黃金榜上春風開，簪花直上陵雲台。家聲亦藉玉堂重，國事正急連城才。」欣幸之意溢於言表。若易「家聲」句為「師門亦藉玉堂重」，亦妙語也。光緒壬辰，常熟言有章謇博，從通州范當世肯堂學詩稱弟子，范困於秋試，一第未成，言則辛卯優貢，亦擅文名。謁師禮成之次日，范致言書曰：「昨日非常之舉，實非愚分所敢承，而足下隆古之心，又不得引世法以相溷。退而權此，五中不安。惟有仰體拳拳之衷，正其兄弟之分。而吾黨二三子之論齒，與城南士大夫之抗顏，雖則殊絕，而形迹不分，此亦冀知其所以然者，故先行呈明，而後函改焉。」

慈銘甚惡「論資格」、「較階級」，當世善解於「論齒」、「正兄弟之分」，其說略同。兩者皆師齡加於弟也。惟科第之師生，則絕無齒之可論。慈銘庚辰年五十二，房師林紹年三十二。若援「二十年又是一好漢」之例，相差一代矣。昔有少年考官得白首門生者，公宴之日或為祝詞曰：「門生鄉舉之年，是老師降生之歲」，傳為佳話。若林、李之事，亦可曰：「門生入泮之年，是老生抓週之歲。」慈銘道光庚戌秀才，紹年則前一年己酉生也。

李慈銘醉心科舉

慈銘日記臧否時流，罕所當意，上下古今，文學政事，靡所不談，目空一世，志豪名重，自負亦可謂至高，而獨不能忘情於科甲。丁丑春試闈中，初場「夜臥有大風數過」、「冒大雨出闈」。次場復困於風雨，三場則「竟日不食，夜不能寐，五更痰動」，雖困苦顛連，而壯心未已。榜發前洗沐素食，禱於前門關帝廟觀音堂，復至陶然亭文昌閣占籤乞兆，僕僕道途，皇皇終日，以文昌籤「桃李雖春未有花」句，道光癸未探花周開麒曾占得之，稱為奇驗，特筆考據，若可以自信者。翌日揭曉，其弟子樊雲門已高騫矣，浙江中二十五人，己獨向隅。杭人蔣某，夙所輕鄙，亦復飛鳴，乃痛嘆「國家取士至於如此，使我猶與此曹角逐，尚得謂靦然人面哉。」又云：「余老矣，應試之事，自此遂絕。」心灰氣沮，似決不復進取矣。及至次科，則餘情又熱，舊夢重溫，蹀躞名場，依然故態，朱衣默佑，始願克償。乃與《兒女英雄傳》所寫之安學海如出一轍。安學海語其妻曰：「你還指望我去會試不成，你算我自二十歲上中舉，如今將五十歲，考也考了三十年，頭髮都考白了，功名有福，文字無緣，也可不必再作此癡想。」其子安驥則曰：「功名遲早自有一定，天生應吃的苦也要吃的。就算父親無意功名，也要把這進士中了，才算作完了讀書一件大事。」著者文鐵仙氏復加以說明曰：「這科甲功名一途與異路功名卻大不相同，這是合天下人較學問、見輕濟的勾當。從古至今也不知牢籠了多少英雄，埋沒了多少才學。所以這些人寧可考到老，不得這個中字，此心不死。」此數語不啻為慈銘述懷，而亦不止一慈銘也。惟晚年通籍如庚寅吳魯、丙戌馮煦、甲午張謇、己丑錢駿祥，皆止四旬左右，若以半百衰齡，始行釋褐，仍不得翰林，則慈銘與說部中之安水心先生誠相憐同病已。

監生與秀才、舉人、貢生

昔時仕宦必有出身，出身之最不理人口者為監生，以其可以金錢易取也。若秀才出仕，雖同為異途，而已免於「銅臭」。舉貢則科目中人，以正途論矣。進士者，科名之最後一階也，必經殿試始成進士。一甲三名，曰進士及第，二甲曰進士出身，三甲曰同進士出身，「同」之云者，略似日名詞「準皇族」之「準」，謂「比照進士」或「進士待遇」。故曾文正引以為恨。然殿試之後，有朝考，舉世所歆之翰林，須於朝考決之。朝考前列，則三甲亦可得庶吉士，入翰林院庶常館學習，是曰「館選」。不入選者，則或主事或中書或知縣，咸登仕版，而讀書之事終。

庶吉士而不得翰林

庶吉士，雖登翰苑，猶學生也，必俟次科有新進士登朝乃散館。散館又須考試，優者授編修檢討，即太史公也。是曰留館。不獲留者以主事知縣用，仍不為翰林。同治元年，有浙人嚴辰者，朝考得元，散館又得元，以文中用「女中堯舜」，廷旨嚴斥，降一等末名，改主事。殊抑鬱，賦詩自遣，有「兩冠蓬山了不奇，如何薄命尚難支」之句，乞假南歸，頹然自放，詩歌酬答，輒引無端謫降，為畢生之恨。蓋翰苑夙號瀛洲，一經改官，無異仙凡之隔。昔王頌蔚輓孫詒經云：「公以枚乘給扎，兼浮丘授詩，直道難行，往事不須慚醴酒。我以詞館門人，備司農椽屬，文章無命，逢人猶自惜焦桐。」又前歲見曹經沅輓樊增祥詩：「流傳判牘非初意，早出承明已自傷。」王、樊皆以散館失翰林，故曰惜，曰傷，此皆足徵翰林之可貴而難能，得而復失者悲惋之懷，更難自已矣。經沅字纕蘅，己酉拔貢，工詩，與吾家雲石先生同年，廷試一等，均用小京官。

翰林之難得而可貴

殿試一甲三名，狀元、榜眼、探花，不待朝考，不經庶常，即授職修撰編修，仍須入館學習，期滿一律考試，非有大謬，不致動搖。庶吉士之留館授編檢者，亦可玉堂金馬，穩列仙班矣，而又有大考以臨其後。大考者，蓋起於乾隆即位之次年五月。諭云：「翰林乃文學侍從之臣，所以備制誥文學之選。朕看近日翰詹等官，詞采可觀者，固不乏人。而淺陋荒疏者亦不少。非朕親加考試，無以鼓勵其讀書向學之心。自少詹讀講學士以下，編修檢討以上，滿漢各官著於本月初七日齊赴乾清宮，候朕出題親試。儻有稱病托詞者，另行具奏，朕必加以處分。」旋擢陳大受等三員為一等，其餘升黜留館有差。自是以後，代有舉行，隔數年或一二十年一考。優者有不次之遷擢，劣者罰俸降級，最難堪者為對品改部，或降入他衙門。姚伯昂《竹葉亭雜記》言之歷歷，有以庶子而改郎員者，中贊修撰則只能得主事。一去蓬瀛，復成天上矣。道光時，有學士周某，為規避獲嚴譴。故有嘲翰林詩曰：「金頂朝珠掛紫貂，群仙終日樂逍遙。一聞大考魂皆落，告退神仙也不饒」，可謂窮極形容。同治以後，女主當朝，又值喪亂之餘，政從寬大，丙寅大考，庶子二人列三等降侍講，中贊各一人降編修檢討，仍不失翰林。其編檢罰止於俸，即四等之編修邊寶泉亦止罰俸三年。《郎潛紀聞》云，國初大考至四等，無不降斥者。全榜百餘人，只旗人贊善佈彥改主事，編修蔣惟垣改中書耳。又革職一人王澎，則不列等者。光緒甲午大考，先研甫兄寫題違式，自分當降黜，亦止罰俸，以視清初，寬嚴迴別。且帝后生辰恩科稠疊，翰林官多難於升轉，資淺者或畢生無開坊之望，故大考不足畏，且甚可喜焉。

考試制度之酣暢淋漓

大考以外，若試差、學差無不有考。其不限於翰林資格之考御史、考中書、考軍機，亦無所不用其考。漢人不經考試，可得御史，遂不為人所重矣。故當日讀書人，科名、官、差，多數以考試得之為正。應考者須考，考人者亦須考，士子須考，官吏亦須考。考試制度，推行至此，可謂酣暢淋漓。以考得名、得官者，又必樂於考人。故凡翰林官不論任至何等，以得學試差為當務之急。大臣病歿，遺摺恆自敘入，朝旨褒卹，則有「屢掌文衡」或「迭司文柄」四字，於是此生為不虛，此官為不負矣。李文忠位高首輔，方帥通侯，勳名蓋世，乃以未與文差為憾，然亦不獨一文忠也，若非翰林出身而主考學政，則榮幸之懷，往往見於詞色，形於翰墨。

錢能訓得廣西主考之由來

錢能訓幹臣以戊戌進士官刑部員外郎，（沃丘《名人傳》謂錢與世昌丙戌同年翰林，為廣西學政，誤。）癸卯獲簡廣西副考官，大喜過望。及歿，其家人為行述，特舉此事，有餘榮焉。按甲榜出身之京官，七品以上皆可考差，部曹典試亦非特例。惟能訓以科分至淺，其同年之得翰林者，除狀元夏同龢，探花俞陛雲，於前科壬寅充川湘副考外，若傅增湘、趙東階等僅得順天襄校，無一秉節。能訓獨以近科郎官，與諸翰林老輩並轡而膺星使，則別有說焉。蓋明年甲辰為西后七旬萬壽，其前之四旬壽甲戌，則有同治之喪，五旬甲申則有法越之戰，六旬甲午則有中東之役，胥致不歡。至此大有戒心。乃就諸考差各員姓名，選取「明年吉慶壽景能成」八字，預祝平安。得李哲明（壬辰），劉彭年（己丑），張星吉（丙戌），吳慶坻（丙戌），達壽（甲午），景方昶（己丑），駱成驤（乙未狀元）。七人皆翰林也，獨缺一能字，惟錢能訓適符此瑞。於是以張、吳為雲南正副考官，李、劉貴州，達、景廣東，駱、錢廣西，丹詔首頒，福星載道矣。雲貴兩廣，距京遼遠，循例提前簡放，開宗明義，以代山呼。翌年有日俄之大釁，雖若無與中國，而喋血陪都，伏尸三省，東亞禍機，於今為烈，豈西后之命不猶，抑八臣之祥未盡耶。

科舉也要講求公平

今憲法平列五權，使考試、監察與西制三權並重，揚國粹以新猷，甚盛事也。任公於《國風報》官制官規篇亦嘗論之，其言曰：「昔美國用選舉官吏之制，不勝其敝。及一八九三年始改用試驗法，美人頌為政治上之新紀元。而德國日本行之大效，抑更彰彰。世界萬國行之最早者莫如我。實我先民千年前之大發明，此法行而我國貴族寒門之階級永除，國民不待勸而競於學。人方拾我之唾餘，以自誇耀，我乃懲末流之敝，因噎廢食，不智抑甚矣。」又云：「科舉非惡制，所惡乎疇昔之科舉者，徒以所試之科不足致用」，其言良是。惟考試之權威，在乎公明，而試驗科目又不宜過於踏實，貴有伸縮。否則與學校之積分比績無異，此又昔日成均庠序之所以失敗也。科舉原不止八股，二三場之經義、策問，多煌煌巨製，而考官不能憑之以定去取，士子遂相率以抄襲定篇者，正以過於踏實故耳。民十以前，北政府屢舉文官考試，法政刑律各卷，雖豐盈而難於軒輊，不得已而取決於國文，往往有之。且四書五經為寒士購買力所能逮，若必以實學為準，則貴家子憑藉者太厚，入選必多，而機會平等之義，將喪失無餘。康熙時諭宗室何患無官，停其考試，大臣子弟殿試皆列三甲，科場另編字號，取中之數，以定額限之，使不妨孤寒進身之路。是以文場登進，豔稱超拔孤寒。夫平等云者，勢不能盡萬物而齊一，苟機會相均，富貴無世襲，即平民之政治之真詮。今者，「鍍金」博士多出豪門，即國產大學文憑亦非中人子弟所能辦，「教育貴族」之怨聲彌漫於民間，平步青雲，絕無此事。惟武夫賤卒嗜殺投機，尚可出人頭地。張宗昌其特徵也。槍桿中多新貴，何用筆陣橫掃千人哉。此之謂「世變」。

袁世凱狐埋狐搰

文化博士胡公以八股之廢，歸功於近二十年。以吾所知則場中改試策論，始於戊戌，政變後雖復八股，及壬寅又試策論，科舉天祿永終，則決於丙午，皆清光緒年事。廢科舉倡之袁世凱，和者張之洞，獨王文韶反對，不惜以去就爭。當時之袁氏不愧摩登首出，潮流急進，譽滿全國。文韶以老朽頑強，為士流騰笑。然世凱既為總統，則又議停減學校，併教育部，復歲科貢舉，定秀士選士之稱，以代秀才舉人矣。猶之議新官制，彼力主廢都察院，孫家鼐斥為雄奸巨慝，而民初之肅政史，則又變相之御史台也。從知論政臣時，心術為先，治術為次。誠偽公私之辨識既清，乃有是非得失之可言。狐埋狐搰，惡劇之收場，即中國前途光大之開始，紛紛新舊進退之談，都嫌詞費矣。

張百熙曰「吾湖南今又得一會元矣」——譚延闓

張百熙字野秋，甲戌翰林，甲午大考二等，擢侍講，又十年甲辰，以吏部尚書為會試副總裁，時已任管學大臣，為新教育家矣。時論之推崇，學子之愛戴，與民七、八間北大校長蔡君相彷彿，而不能忘情於衡文之樂。且自登詞館三十年，疊為主考學政，獨未一典春官，正欲彌此缺憾，學生中之孝廉公紛紛輟課赴試，百熙不能禁也。正考官為旗人裕德，丙子翰林，協辦大學士兵部尚書——（金梁記裕以大學士為大總裁，有誤）。向例四總裁平分中額，以「正」、「大」、「光」、「明」四字作暗記，惟會元——（或鄉試之解元）——則推正考定之。百熙得譚延闓卷——（改策論後不用謄錄，筆蹟易於辨識）——欲畀以元，商之於裕。裕於張為翰林後輩，重違其意，從之。延闓譚鍾麟子，百熙之鄉人也。百熙出闈語人曰：吾湖南今又得一會元矣。科名等第，進士舉人之外，尤重「元」，故殿試有狀元，會試有會元，鄉試有解元，朝考有朝元，與榜眼、探花、傳臚均有「上匾」於會館之資格。各省群邑在京師，皆建試館或會館，以便鄉人來京應試，候選者寄寓。匾愈多，愈於鄉有光。然進士、舉人、翰林等普通名目，則無特為「上匾」之可能也。

裕德、寶熙

裕德字壽田，崇綸子，裕祿弟也。性和平，禮重前輩。壬寅順天鄉試，亦為正考，前四名皆讓諸副考官——（陸潤庠、李聯興皆其前輩，陳邦瑞則其同年也）——而以己所取者中第五。是科首題為「叔孫通起朝儀論」，南元為楊雲史，常熟人，（楊崇伊之子，崇伊庚辰翰林，即劾罷文廷式者。）吾兄和甫以是科獲雋，房師鄔質義，丁丑進士。中卷註一「光」字，知是第三位主考所中，即陳邦瑞也。吾友孫念希松齡每篇三百字，短小精悍，純是漢魏氣息，為房官鮑心增所激賞，亦入彀焉。

壬寅湖北正考為寶熙，副考為沈曾桐。沈浙人，字子封，丙戌翰林，寶熙則壬辰後輩也。得應山左樹珍卷擬元，沈則擬汪巘鸞，寶不能爭，乃以左為第二。陳仁先兄弟三人，同榜中式。傅嶽棻治湘，楊熊祥祇安，皆寶、沈門下士也。朱益藩（字艾卿庚寅）、李家駒（字柳溪甲午翰林）典浙試，所取士李思浩贊侯，張弧岱杉，並以閣員顯於民國。

徐世昌云「殘牙」——書法不如其弟世光

徐世昌字菊人，與弟世光字友梅者，同登光緒壬午鄉薦，主考則徐桐、烏拉嘉崇阿、畢道遠、孫家鼐也。世昌以丙戌入翰林，世光則以乙榜官至登萊青膠道。世昌沉毅，奮志功名，世光則酷慕名士。庚子官青州府，袁世凱為魯撫，以與世昌夙交，特調濟南。依然灑落不羈，耽書畫、喜聲歌而疏於政事。周馥至。一見曰：此足以任首郡乎！逼令過道班開缺，以沂州守胡建樞繼其任。胡癸酉舉人，與世昌同應丙戌會試，世昌出支恒榮房，胡膺先世父僅叟公房薦而未中。後為東阿知縣，調陽穀，升沂守，又調濟南。楊士驤撫東，遇道缺必令世光署，兗沂道缺已懸牌矣，忽朝旨授胡。徐又為胡所逼，殊抑鬱，居東流水街，榜其門曰「水向東流，城北徐公今吏隱。門迎西爽，濟南名士半湖居。」頗為濟人傳誦，嵌「東西南北」四字，出落自然，實出於龔易圖浙閩會館聯：「同是南人，四座高風傾北海。來遊東國，兩鄉舊雨話西湖。」但無套襲痕耳。易圖閩人，先亦為濟南守，進士而名士者也。

世光書學山谷，世昌則學東坡。世光筆姿較潤，流利清脫，勝於其兄。翰林中之學蘇字者，張之洞外，如世昌、如惲毓鼎，皆病俗。蘇字妙在飄逸奇横，而徐、惲之筆沾滯已甚。世昌為陸宗輿題緙絲佛像字「鈎捺」尤僵。去歲八十壽贈客書聯，則火氣漸減，趨向輕圓，世光地下有知，當許乃兄有進步矣。所書句如「千番祇樹長年綠，萬朵蓮花一笑開」、「春渠分水綠園舍，秋稻如雲黃到山」亦漸脫臺閣氣，合於退耕口吻。

沃邱《名人傳》述世昌為翰林八黑之一，其言良信。翁、潘皆不喜之，遇考差，輒先屏其卷，官亦不遷，乃從世凱軍幕。庚子詣西安，與孫寶琦同其機遇。回鑾後得袁力，三年由編修驟遷閣學，得甲辰朝考閱卷差，而科舉之運終矣。此在世昌誠所謂千載一時也。觀其序甲辰年錄云：「予於是科獲襄閱卷。含元殿上，曾瞻金鏡之持，光範門前，細數曉鐘之列。馬融晚性，惟愛琴音。徐演殘牙，猶思餅啖。」言之有餘歆焉。及為總統，值學潮澎湃，讀書而失業者多，假名思動，世昌患之。呂調元為進釜底抽薪之策，速行文官考試，於是普通考、高等考，有典試、有襄校，入選者有團拜，有老師有同年，宛然舊日名場風味。其次周樹模為主試，闈中句曰「賞心惟有衡文樂，捫腹還能吃飯同。」時方營閣揆未遂，故語涉牢騷。樹模己丑翰林，屢司文柄者。

陳寶琛「一笑重來」——科場雖廢，科名不絕

科舉停後，諸大老猶有『衡文之樂』可供『殘牙之啖』，則各項考試是已。考孝廉方正、考優拔貢、考保送舉貢、考遊學生、考北洋大學山西大學畢業生，胥以舊臣主試。陳寶琛再起，恰逢此盛。其〈庚戌四月二十夜試院作〉云：「一笑重來選佛場，冬烘換得滿頭霜。橫流無地容芻狗，古道何人愛餼羊。舊侶貞元猶作健，遺音正始未全亡，他年追憶還疑夢，官燭花殘月半廊。」寶琛於同光間文差最密，鎖院風光備嘗之矣。閱三十餘年復持玉尺，故有「一笑重來」、「他年疑夢」之語。

舊翰林亡於甲辰，洋翰林興於乙巳

甲辰後翰林進士遂絕，翌年乙巳，恰有「洋翰林」繼起。初創紀元者，日本留學生也。賞翰林只唐寶鍔、金邦平授檢討，無編修也。王闓運以宿儒膺特獎，比清初鴻博例，亦賞翰林檢討。檢討與編修並為清秩，升轉較俸相均，惟一則「進士出身」，一則「同進士出身」耳。金、唐二君，出身留學，比於出身三甲，猶有略示裁抑之意。其後東西洋留學生紛紛回國應試，則大開方便矣。得翰林者章宗元、程明超皆授編修。宣統庚辛兩試，編修尤眾，黃德章、程樹德、項驤、唐有恆、俞同奎、刁作謙、陳振先、梁賚奎皆是也。而檢討轉稀，有王建祖、陸夢熊、吳鼎昌諸氏。有東洋者、有西洋者、有法政者、有理工諸科學者，翰苑之偉觀也。

本國大學畢業，依欽定章程，亦以進士出身授翰林主事。北京大學（京師大學堂）於清宣統二年春始辦分科，大學乃名實相副，首班尚未畢業而獎勵章程已廢。山西大學仇元璹等雖得獎，而以教會所辦，只給進士，不予官階。惟北洋大學則庚戌十一月有馮熙敏、王正黼等十二人，得翰林者九。辛亥六月又有朱焜、郭養剛等二十人，得翰林者十一。餘以主事用，各賜進士出身。中有授檢討者，亦不復用「同進士」，因無二甲、三甲之可言也。故曰洋翰林，始於留日之唐、金，終於北洋之朱、郭諸氏。——（洋翰林不專指「鍍金」及「鍍銀」人物，由本國學堂出身者亦曰洋翰林，洋進士，洋舉人。）

翰林以出於科場者為正統，得之他途者為旁門。故洋翰林入選之後，循例具侍字帖謁前輩，諸舊翰林輒加冷視，其和厚者雖答禮周旋而意態終落落，輕薄者流或造作蜚語，以備極揶揄。如云唐某書「前輩」為「前輩」，「研究」為「研究」，且撰為聯語：「輂輩同車，夫夫竟作非非想。」、「究究共穴，九九還須八八除。」又有一聯則涉於醜詆，以穢惡不錄。此皆近於羅織，不足憑信，殆非翰苑中人所為。不足以見洋翰林之學淺，適以徵痛詆洋翰林者之品陋耳。

清初之「野翰林」

康熙時有「野翰林」者，《郎潛紀聞》云：「大科初開，廷臣原議處以閒曹，如中行評博之類。聖祖特恩，一二等咸入翰林。詞館中以八股進身者，咸懷忌嫉，遂有野翰林之目。」又「鴻博科初開，以議修明史始，高等者授官過優，外間遂目為野翰林，主司為寶坻杜文端、高陽李文勤，益都馮文毅，崑山葉文敏。」有以詩諷之者曰：「自古文章推李杜，而今李杜實堪嗤。葉公懵懂遭龍嚇，馮婦癡獃被虎欺。宿構零軿璇玉，失拈落韻省耕詩。若教修史真羞死，勝國君臣也皺眉。」亦嫌尖刻，陳康祺謂必制科翰林所為。予以為制科中之敦厚者，亦未必為此也。

李慈銘指摘三甲進士，持論失平

制科翰林卑視他途，而不得志於制科者，於制科亦常極口毀謗。李慈銘日記，動輒鄙薄翰林，其丁丑下第後所記曰：「策試於廷者十九皆無賴，擬題皆歷科陳言，字字可宿構，而狀元王仁堪尚持筆不能下，措辭俚鄙無不可笑。常熟人管高福以腎腸字單抬，我皇上之我字隻抬亦得居三甲。朝考日試「畏天之威，于時保之論」，「雪白荼蘼紅寶相」詩，有福建人謝章鋌揣摩論題之意，執政以媚夷人也，遂援引漢唐力申以小事大之義。沈吳江素主夷人，得之大喜，欲置高等，有力爭之者始退三等。直隸人王鳳藻詩文皆他人為之，而書不能成字，詩之首句看罷荼蘼了，書作看羆，亦僅置三等。」復有「不能成文者數十人，皆知識為之代作，王大臣臨視嘻笑，法紀蕩然，廉恥喪盡。」諸語，果如其說是比野翰林之「失粘落韻」可相伯仲，即擬之洋翰林之白字連篇，亦復同病相憐矣。而出於落第者之口，存心鄙薄，則事之確否胥屬待考。即使述果確，評斷亦未明允。其所舉者皆三甲或三等之人。慈銘之意，似降抑至此，尚有餘罪，不知科名之試，至殿試朝考而造極登峯。士子所經匪易，青燈黃卷，寸晷風簷，艱苦備嘗，至此始得登庸，苟可成全，豈應痛絕。案科場條例，大廷對策不完卷者，亦附三甲末。小傳臚日，鼎甲不到，亦只降三甲末。以上皆非常情可原，尚且不忍黜落，降抑至於三甲末，極矣。若鄉會之試，則直書廟諱御名犯帝制時期之大忌，亦止罰停會殿，餘若尋常犯規違式固有「貼出」之條，而已中式者，不過罰停一科二科，不輕黜革也。朝殿試已無科可停，故以附三甲、三等為極甚之罰，不再苛求加重。此仁政也，何用異議。慈銘以為不足，豈必黜落而後可乎。非人情矣。

今聞「畢業即失業！」，昔不聞「登榜即討飯」，何耶？

讀書人辛苦半生，為求一仕也。殿試之附三甲末，無他意，俾不失朝考之機會而已。朝考畢而官等定。上者翰林，次主事，次中書，又次知縣，最劣者歸部銓選，亦日歸班，登用無期，同於廢置，但若聲請願就教職，仍可即入仕途。舉人則有大挑，優拔貢則有朝考。各予出路，其未及考期或考而不取者，則科名在身，或書院山長，或私塾師資，或幕府之賓，束脯修羊，不虞失所。彼時名重於利，物質不繁，生活易定。現代所患則百業不振，而豪士雲興，供求懸隔，而慾望無藝。大學以多而不貴，「畢業即失業」之呼籲，「殘酷的世界」之新詩，乃充於寰宇矣。夫昔日之科名亦科名耳，初無一一授官給祿之規定，而得之者欣欣然其向榮，未嘗有「登榜即討飯」之異響，何耶？世事之盈虛得失，不可以觸類而明歟！

答謝君廷式「政務」「常務」之問

謝君廷式燕大卒業，今供職國府行政效率研究會，從事行政制度之考核，以予略研前史，稍習政聞，遠道馳書，詢以「政」、「常」兩次之緣起。予以近來行政組織，中央與地方均有詳稽舊制，以求實效之傾向，正擬撰為專篇，藉供參考。人事匆匆，未能理緒，今就謝君所問，先述鄙見，疏漏之處容後補之。

部省之制，古來沿革之迹甚繁，詳見康南海之改官制議。今為簡明計，斷自明清。明於每部額設尚書侍郎，尚書為正卿，左右侍郎為貳卿，貳者輔也。清沿明之舊，第加滿缺一倍。又有大學士管部，則以閣臣領事，非部系所有也。不論正輔，同為堂官，同負責任，相協而不相屬。至清末改制，多參照外洋。丙午先刪滿漢六堂之半。規定每部一尚兩侍，猶明之故事也。宣統時行新內閣，每部只有一大臣一副大臣。特諭內閣總協理及各部大臣均為國務大臣而副大臣不與焉，此蓋規橅日本而參以西洋立憲國之制，每部以領袖一人負政責，次官只是事務之長，其性質，遂與前之尚書侍郎不同。民國成立後，部有總長為國務員，次長須受總長之指揮，總長對次長得下命令，其關係，係屬而非協。且多數由總長推舉，或須總長同意。民十間，李思浩為財長，靳雲鵬為總理，以總統令任潘復為財次，李大恚遽辭職。此類情形，非止尚侍制度所絕無，即正副大臣時期亦不能有也。財部之有兩次長，一財政一鹽務，各司其事。袁時忽於所謂繁部皆增一次長，只為位置高等閒員，無所取義。惟梁士詒以次長加「代理部務」，上無總長，得專部政，似政務性質，亦非出於法律規定。專部政而不得為國務員，故與總長不同。又無總長資其秉承，又與次長不同。蓋自是一部長官事權，形為三級，「國務」、「政務」、「事務」是也。曰「部務」，則並一部之政務事務而兼之矣，曰「代理部務」則為總持全部政務之總長之攝行者。不曰署理總長者，不欲遽躋於部務而兼閣務之總長。梁士詒本任總統府秘書長，如此最為適宜也。要之總長以部而兼閣，以政務而兼國務，「代部」則止於部，部之政務，部之事務，均受成焉，而不與閣務也。其「非代部之次長」亦非無關政務。且部中有特別組織，如委員會、討論會，常以次長為委員長，則皆以總長委派行之，部中例行事件如人員請假、發薪、給卹之事，每有以次長獨行者，以此非要政，不須動輒煩勞總長。總務廳長及其屬下之庶務、會計、文書，往往認次長為「頂頭上司」，何事須兼承總次，何事只須請示次長，伊等自能了然。然各部情形亦有不同，大體如是耳。

國府組織下之「政務」、「常務」兩次長，各部皆有。其名義作何解釋，權責如何畫分，在北政府以前之歷史上，殊乏確切之資料，可以比論。以鄙見揣之，「政務」當即部長之政務，而次長贊襄之，「常務」即從前所謂「事務」，日行事件「看守大營」期會簿書總其成而勤其事，與「政次」相較，一「為」一「守」，一「動」一「靜」，一襄贊政謨，一經理本部，循名按實，約略如斯，而未敢信其必然。即如北都時代，民十至十五之間攝閣紛紜，閣席常空其半，不得已以次長充數。是出席是列席，是事務官是政務官，是國務官，不能確指，而事實則賴以不滯，此變而又變者也。若民國初年，則國務、政務、事務之較為明顯可指者列式如左：

總長	國務	部務一切當然受成，以其為部長及閣員之兩重資格，，非「不管部閣員」之類也。

總務廳各科	事務	文書，庶務，會計諸事，皆與國政無關。
司長參事	政務	司長實為政務官，例如交通部之路、電、郵、航號稱四政，各有專司。參事職在訂核法令，亦政也。

次長於國務無責而亦贊襄總長。雖非政務專司，而各司政務，次長有核閱畫行之權，是其性質固，不得謂純事務官矣。若同為次長而有政、常之分，則可云自國府始。雖前例所無，而以上所舉，胥可為區分「政」、「常」二字之參證，鄙見如斯，大雅宏達，或尚有以進教之乎。

附謝君來函

凌霄先生賜鑒：敬啟者，鄙人對於現代行政制度，有所考核，擬查知關於我國目前「政務」、「常務」兩次長之起源之實際史料。素仰　先生博聞強記，宏才卓識，特行請教，曩讀　先生於民國二十二年四月十六日在上海《時報》所發表之〈梁士詒〉一文，內中述及「部長」名稱之起源。茲以與上項有關之掌故請詢。鄙人係北平燕京大學研究院畢業，現服務於行政效率研究會，曩歲校中舉行新聞紀念週時，曾躬聆先生宏論，以是益深景仰，故敢冒昧相煩，諒必樂於指教也。肅請

撰安

謝廷式拜啟

黃節逝矣，以「倒車」行「革命」者

頃聞北大教授黃君晦聞（名節）於一月二十四日歿於故都，此《國粹學報》主幹之一人也。《國粹學報》者，隱形於至腐極舊，而努力於革故鼎新，其潛勢與特效，以視正面高言者或有加焉。執筆人則黃節、鄧實、劉光漢、田北湖諸子，其撰述則小學也、詞章也、選派與古文也、漢學與宋學也。而異族之憑陵，宗邦之隱痛，每藉字裏行間，施其刺激。復以宋明亡國遺事，蒙古女真之暴行，標為附錄，刊以專書。時當庚子之後，清人威信已墜，然政治的革命論，略涉理智，易啟辯端。惟茲感情，恣其挑逗，無可計較，最利宣傳。辛亥之役，所以一發而燎原者，四伏之機為之藉也。乙巳之正月，《國粹》出第一號，黃節一敘明義開宗曰：「嗚呼悲夫！四夷交侵，異族入主，然則吾國猶圖騰也。科學不明，域於元知，然則吾學猶未至於邏輯也。奚以國，奚以學為。嗚呼悲夫！溯吾稱國之始，則肇自唐虞，蚩尤作甲兵，始伐黃帝，至於夏殷周，而留禍亘千百年。然則唐虞之稱國也，吾以見民族之棼焉。嗚呼悲夫！溯吾學派之衰，則源於嬴秦。始皇燒詩書百家語，藏書博士，窒塞民智。至於漢武，立博士於學官，罷黜百家，以迄劉歆，則假借君權，竄亂經籍，賊天下後世。然則秦皇漢武之立學也，吾以見專制之劇焉。民族之界夷，專制之統一，而不國，而不學，殆數千年」又曰「同人痛國之不立，而學之日亡也，於是瞻天與火，類族辨物，創為《國粹學報》一編以告海內。昔者歐洲十字軍東征，弛貴族之權，削封建之制，載吾東方之文物以歸。於時意大利文學復興。達泰氏以國文著述而歐洲教育遂進文明。日本維新，歸舊覆幕，舉國風靡。於時歐化主義，浩浩滔天，三宅雄次郎、志賀重昂等撰雜誌，倡國粹保全而日本主義卒以成立。嗚呼學界之關係於國界也如是。宋之季也，其民不務國學，而好為蒙古文字語言，至名其侈辭以為美，於是而宋亡。普之敗於法也，割雅麗司來羅因以和，而其遺民眷眷故國，發為詩歌，不忘普音，於是而普興，國界之興亡於國學也又如是」此則於歐化新人，迎頭痛擊矣。

是非得失，且俟潮流中人，慎思而明辨之，吾不置詞。惟「國粹」至舊，而「革命」至新，以至舊之倒車，而奏至新之偉績，有超乎新人新著之奇效，然則「陳穀子、爛芝蔴」果為「背潮流」「開倒車」之罪人乎？此吾於黃君之死，而不能已於言者也。

熊希齡毛彥文因緣前定

民國元年之元老熊君希齡，以民國二十四年二月九日與北平師範大學畢業女學士毛彥文結婚於上海之穆爾教堂，六六嵩齡，三三芳度。朱顏白髮，寶馬香車，喜溢春申，風傾江左，甚盛事也。賀聯以鄭韶覺（洪年）之：「兒孫環繞迎新母，樂趣婆娑看老夫」為最。「兒」迎已可樂，況重之以「孫」乎？「老夫」是相國之自稱歟，抑丈夫而衰老者？語妙雙關，允推壓卷。茲事轟傳南北，僉曰六十六歲，已遠花甲而迫古希矣。忽焉紅鸞照命，可云事出非常。吾謂此似可詫而實在意中。蓋既印「希齡」，又籍「鳳凰」，顧名思義，即果推因，則以「古希之齡，奏求凰之曲。」古云：「非常之事，必待非常之人」，苟為非常之人，即有非常之事，捨我其誰，自期已夙。聞此女學士屬浙之江山，又聞西湖月老祠聯，涵義至永曰：「願天下有情人都成了眷屬；是前生注定事莫錯過因緣。」從知一飲一啄，罔非造物安排，鳳不來儀，毛將安傅，資人談助，斯為可欣。予於「秉老」，略稔生平，際此良辰，豈宜無述。爰舉十端，聊當記注。熊固解人，或當摩頦一笑存之——「修髯於婚前削去，故不曰掀髯而曰摩頦」。

鳳凰生平佳話十種

熊以甲午進士改庶吉士，庶吉士者，翰林院之練習生也。有館課，有教習，期滿有考試，謂之散館。優者授編修檢討，如梁士詒、江春霖是，次者以主事用，如王照、孫雄是，又次以知縣用，如王瑚、李祖年是。熊則未經散館，在湘參預新政，戊戌黨禍作，革職永不敘用，而熊固未嘗有職也。後十餘年庚戌，其同年江御史春霖，以劾奕劻得罪，諭「回原衙門行走以示薄懲」。時編檢均升至五品，御史亦五品，江本官檢討，雖遭貶謫，初未降官。故一時名流贈詩有「公今猶得侍蓬萊，主聖臣直非昔比」，「好名未免知臣罪，鐫秩何曾亦國恩」，等句，江自詠亦云：「宮錦舊袍萊子服，雷霆雨露總矜全。」蓋翰林非郎員比。清貴之班，視科道有過無不及。詞林傳語，先有熊希齡之「未授職先革職」，後有江春霖之「已貶官未降官」。佳話一也。庚戌秋，熊已授湖北交涉使矣，載澤特舉其善理財，熟鹺務，調補奉天鹽運使。交涉使正三品，運使從三品，膺卓薦而降級，佳話二也。民國初元，任財政總長，後授熱河都統。都統武職，清代為旗籍專任，丙午改官制，始參用漢人。翰林出身仕至卿貳之李殿林、張英麟、陳寶琛、秦綬章，亦曾為正副都統，然皆京旗非外任。民國以後，察熱各區雖已收歸漢人掌握，而如張懷芝、王庭楨、姜桂題、湯玉麟等皆武夫赳赳，其以翰苑長才為邊軍都護者，希齡一人而已。或曰「以秉三之文，兼丘八之武」，空前絕後，佳話三也。復入為國務總理秉鈞枋國，位望益崇。諛者援張南皮、袁項城之例稱「熊鳳凰」，然南皮、項城遠不如「鳳凰」二字之豐麗俊偉，地靈人傑，相得益彰。此外惟朱益藩可稱「朱蓮花」，惜無人稱道，若易順鼎之龍陽，則卑無高論矣。佳話四也。或以「熊鳳凰內閣」徵無情對，得「楊梅竹斜街」五字，天造地設，配合自然，視「張之洞」對「陶然亭」，「岑春萱」對「川冬菜」，「朱經田」對「黃緯路」，止以三字，尤難得焉，佳話五也。古有「鳳求凰曲」是君子好逑之義。若愛情發於女方則曰「凰求鳳」。今聞毛女士夙慕清標，願偕白首，是凰求而鳳應者，佳話六也。前室朱，繼室毛，《實報》記者謂「朱、毛」今之怖物，熊掌堅強，乙乙征服，文人毛瑟勝於十萬甲兵，佳話七也。「鳳毛濟美，麟趾呈祥」，發為儷詞，恰宜預祝，佳話八也。甲午一榜，龍頭張氏——（謇），早作古人。燕子梁間——（士詒），亦經怛化。珊瑚鐵網，已賦沉沙——（王瑚鐵珊）。人海慈航，復歸淨土——（王照小航）。惟茲鳴鳳，獨擅希齡，絳幔青廬，賞心樂事。豔說洞房花燭夜，劇憐邱隴故人多，佳話九也。西一九二九年，法國總統杜美其以六八之叟，與葛萊夫斯夫人初成眷屬，瀛海妙聞，寰球矚目。熊君，中華之國務總理也。韻事流傳，視彼老統奇緣，何多讓焉。佳話十也。於時賢求前例，惟蔡君元培頗彷彿之。

蔡君久任北京大學校長，夫人亦教育名家。己未間，蔡有歐洲之遊，遽逢斷絃之戚。予代飄萍擬輓蔡夫人聯云：「英才廣育，無慚女界大師。不徒賢母良妻，家室咸宜垂令範。伉儷雙賢，信是人間美眷。豈分生離死別，海天長阻動悲風。」蔡君返國，有某女士傾折名賢，委身以事。癸亥春日，成禮於姑蘇之留園，勝地盛筵，湖山生色。復涉重洋度蜜月，嘉聞遠播，一首吟成。詩曰：「國子先生萬口傳，中郎文采邁時賢。秋腸春雨無疆譽，越水吳山幾度緣。從此名園留勝跡，不必錦瑟感華年。乘槎比翼新鴛侶，揮手前塵一惘然。」蔡字鶴卿，一字孑民，浙紹世家，玉堂國器。庚寅捷南宮，年甫弱冠，主試者孫毓汶、貴恒、許應騤、沈源琛，房考天津王用欽也。壬辰補殿試，成進士，與張元濟菊生、湯壽潛蟄仙，同登館選。甲午散館，張用主事，湯知縣，蔡編修，浙中三俊，皆以時務享盛名。壽潛物故，元濟隱於商，惟元培德劭年高，蔚為國老。進士則早希齡一科，佳耦又為熊之先導，前輩之稱，其可已乎。

甲午一榜，顯於民國者惟張謇、熊希齡、梁士詒為最。梁為總統府秘書長，手綰中樞，權傾朝野。熊組名流內閣，宣大政方針，張長農商，名流閣員之要素，實業大王也。熊非袁系，其用為總理，只以總統制尚在籌備中，聊以過渡，且解散國會可資分謗。熊氏標榜法治，延攬豪俊，非袁所喜也。外示傾心，隱為掣肘。熊以理財自負，願以端揆兼長財政，袁笑頷之。而其時各省弄兵，武人割據，正供不入，仰屋興嗟。惟交通部及交通銀行可資周轉，而攬此財樞者梁士詒也。士詒承袁密命，持堅壁清野之計，無所假借，於是鳳凰坐困，熊掌無靈，「理財專家」，竟以「財政無辦法」而下野，徐世昌之國務卿款步升堂矣。

熊閣既倒，司法梁啟超，教育汪大燮，均乞退，惟農商之張謇獨不去。或詢之，則曰：「與項城交誼在前，且礦業水利待人而興，吾事未了，豈與秉三同進退哉」。然責任內閣，義當聯帶，其前一年，唐紹儀拂袖出都，凡國民黨閣員，無一留者。張之進以熊氏，獨不與俱退，人以是知「舊同年」，終不若「新同志」也。梁氏掎扢於前，張氏冷淡於後，豈蓬山仙客，竟無風義之可言歟！

晚清以公爵載澤為度支部尚書兼鹽政大臣，澤雖滿人貴胄，而所倚畀者太半漢族才士。鹽政處初創，奏調晏安瀾為提調。九參事中，楊壽枬、錢承誌、張茂炯、周蘊華、劉澤熙、吳晉夔、雷多壽七人並司機要，旗人只奎濂、慶森，伴食而已。財政則每省正副監理官東三省四，江蘇四，直、皖、魯、晉、豫、陝、甘、新、閩、浙、贛、鄂、湘、川、粵、桂、滇、黔共四十六人，滿人只三員耳。希齡初監奉天財政，繼任鹽運，倚畀最隆，於澤不無知己之感。後澤病歿，環堵蕭然。其女至欲鬻身葬父，王孫寶玦，道路生悲。希齡約舊日受知諸人，集資為助，幸免流離。舊道德報恩為上，希齡此舉，可謂不失為「今之古人」也。

科舉文字之「榜前批」

報載胡漢民在港對客便談，及於科舉時事，有士子出場後以闈稿示其友，質以有無及第希望。友答「或者有萬一之希望，也未可知。」讀之解頤。「希望」已屬虛懸，況重之以「或者」，申之以「萬一」，終之以「未可知」乎。可笑處，不在迷離而在複疊。昔有戲擬墨卷八股者曰：「久矣夫！千百年來非一日矣」，曰：「天地乃宇宙之乾坤」，又有故作疊架詩者曰：「關門閉戶掩柴扉」。曰「一個孤僧獨自歸」，皆此類也。彼時應試出場，輒以闈稿送人評閱，一因友好關切，不送亦將索取。二則本人得失心重，欲藉科名前輩之片語自慰耳。幸而得中，則刊所評語於硃卷，曰某某「榜前批」。於是一方可自詡「老眼無花」，一方即自信「文章有價」。若竟不售，亦無可責償。《兒女英雄傳》雖小說，實科場史跡之傳真帖子，寫生聖手也。首回安學海會試出闈，其子安驥索文章稿子預備親友要看。他說：「我三場多沒存稿子，這些事也實在做膩了，便有人要看，也不過加上幾句密圈，寫上幾句通套批語，贊揚一番，說這次必要高中。究竟到了出榜，還是依然故我，無味的很。」可謂實情實寫矣。自清乾嘉間，有落第舉子，持批訟寃一案，凡作「榜前批」者，慮受牽累，多以贊美而不負責之例語了之。然如胡君所述疊牀架屋之「或者」、「萬一」則滑稽已甚，尤所罕聞。憶光緒中葉某科，先藝甫兄以闈藝就教於徐致祥，致祥批「力求新穎，當遇知音」八字。「當」即「或者」、「也許」之意，亦圓滑語也。

「舊八股」、「洋八股」同一貽誤青年

又羅家倫述中央大學考試新生，試卷中竟有「井田是日本人」，「張居正是現任司法院長」，皆出於高中畢業生之口。而《獨立評論》中學地理成績一文，又有「太行山在山西、山東之間」，「太行山為普、奧之界」，「哈爾濱省會為庫倫」之奇文。足與「佛時乃西域梵文」，「貞觀是東京年號」媲美矣。昔之八股家，專恃高頭講章，大題文府弋取科第者，志不在學，昧於史事，不識古人，是以《儒林外史》范提學不知蘇軾，雖或說部之寓言，而張英麟不識王船山則為實事——（英麟山東歷城人，光緒乙丑翰林，光緒癸卯以侍郎為會試副考官，時已改試策論，卷中有引王船山語者。英麟斥為杜撰）——然八股之害止於不識不知，尚未及今中學生之恣為穿鑿也。夫中學非無歷史地理課也。吾聞前數年之中學生，大都沉醉於新文豪之小說，若《桃色的夢》、《情書一束》之類，人手一編，寢食為廢。否則選手、錦標，魂夢不忘，若大學生常日所領受於摩登先進者則猶太聖人也，印度詩哲也。日日馳騖於騰雲駕霧呻吟無病之中，是以九一八事起，百脈僨興，有滅此朝食之概，而叩以東北版圖之廣狹，與甲午、甲辰兩役之關係，多瞠目不知所對。吳稚暉痛斥「洋八股」之害，確有至理，不得純以滑稽目之。夫八股者宣揚聖賢義理之文字，本身不足為病，病在「夫子若曰」、「孟子若

曰」之外，無所求知耳。然使易為「泰戈爾說」、「苦魯巴金說」、「辛克萊說」，又有以異乎？十餘年來，學府優秀，落筆下文，惟引洋經、據洋典，代洋聖立言之是務，神經繫於一脈，回顧輒已茫然，以此而應世變，為多難之國民，是又「誦大學之道退洋兵」之類矣，悲夫。

「徐老道」徐桐

「誦大學之道，可退洋兵」，人謂徐桐庚子時有此言，不知確否。徐桐字蔭軒，漢軍人，清道光庚戌翰林，以同治師傅受西后寵遇。光緒中官至大學士，掌翰林院。嘗師事倭仁。倭蒙古人，字艮峰，謚文端，旗籍之理學家，專主程朱，操履端潔。桐自負承其衣鉢，遇談時務及新學者必痛絕之。壬午為順天鄉試正考。嚴範孫先生及徐世昌、惲毓鼎均以是科中式，翌年癸未，又為會試總裁，範老捷南宮，兩次及門——（世昌成進士在丙戌，毓鼎在己丑），諸弟子中最所青目。甲午督貴州學政，值中東戰後，痛心國勢凌夷，條陳變更科目，研求實學，又請開經濟特科。桐大怒，謂吾門中乃有用夷變夏者，及任滿回京，投謁不見，且聞已削門生籍，乃請假里居，得免戊戌政變之累。範老自輓詩「失馬翻徼倖」，指此事也。乙未復典會試，康南海以舉人上書主變法，桐聞而不悅。副考官李文田得梁啟超卷，桐強指曰，此康祖詒作也。（祖詒南海原名）——堅持弗錄。文田再三爭，不能挽，乃批「還君明珠雙淚垂」句，投之落卷中，可謂情致纏綿矣。任公於科舉得兩知己，皆氏李。一李端棻，一李文田也。南海則於是科中會魁，桐所手定也。拆彌縫，始知之，欲撤換，李文田、啟秀、唐景崇三總裁皆不可。榜後謁師，弗納。且與許應騤同謀裁抑。應騤字筠菴，桐之同年，康之同鄉，官禮部尚書，因阻遏王照摺，嚴議褫職之一人也。桐宅在東交民巷，門有土墩，叢污所積，而以為文風所繫。使館人以其不潔，代平之。桐銜甚。時有為雜詠者曰：「當朝老道住洋場，愛惜門前土一方」，桐資高望重，道貌岸然。故有「徐老道」之目。外兵既入，為其子承煜所逼繯首死，年八十餘矣。

徐樹銘

徐樹銘字壽蘅，長沙人。道光丁未翰林，早徐桐一科。庚戌授職，不十年遂至侍郎。時其同年翰林張之萬、沈葆楨、李鴻章猶未開坊也。同治庚午督浙江學政，上「採訪儒修」一摺，請將已革編修俞樾，賞還原銜，交翰林院帶領引見錄用。得旨：「俞樾在河南學政任，出題割裂，荒謬已極，何得擅請錄用。」斥樹銘謬妄胡塗，交部嚴議鐫級。自是屢蹶屢起，至光緒戊戌仍不出二品，計距咸豐為侍郎時已四十年矣。後升工部尚書而歿。《春冰室野乘》載其聞西后復訓政，立具衣冠北面九叩，口頌「皇太后聖明」不絕，標題曰「尚書忠愛」，譃哉。

徐致祥

徐致祥嘉定人，咸豐庚申翰林，同治庚午為山東鄉試正考官，先大父資政公時，以陽信縣令與分校，遂與相識。光緒辛巳，先伯迎大父至京師，寓八角琉璃井數年，遷至上斜街。琉璃井之宅即由徐世昌接租。門榜「翰林院徐」四字仍舊，而外來函札，多誤投於世昌，世昌每親送至上斜街寓，偶遣僕轉送，則又往往誤入致祥之門，因致祥之名與先伯——諱致靖——若伯仲，其居與寒舍毗鄰，皆「翰林院徐」也。如是書牘，每演歧路徬徨之趣幕。致祥遷擢至速，負氣敢言，如保薦李秉衡，彈刻阿克達春，胥持正論，為世稱道。惟於張蔭桓補太常少卿上名器不可輕假一疏，斥為「出身卑微幼習洋業」，「洋業」二字，已屬奇文。又曰「張蔭桓儼然卿寺，此外如李鳳苞、馬建忠輩同類相招，勢必群生覬覦，效尤踵至。彙緣諂附，無所不為。倚洋務為進取之資，挾洋人為自固之地，廉恥喪盡，禍亂潛滋，履霜堅冰，可為深戒。」極口輕詆，想見當時時務人才立足之難。庚子以後，迄於今茲，歐風日熾，「洋業」大興，政非摹洋不談，學非出洋不重，物非洋產不用。予嘗戲易「當王者貴」為「當洋者貴」，使致祥至今猶存，不知其如何戟指而詈也。實則蔭桓不止通曉外情，即文學亦沉博絕麗，《春冰室》曾載其題畫紙鳶句曰：「天邊任爾風雲變，握定絲綸總不驚」，此豈但工試帖者所能道耶？

徐郙

徐郙字頌閣，壬戌狀元，致祥叔也。官至禮部尚書協辦大學士，光緒丙午京察，以年力就衰休致，歿以尚書例贈卹甚薄。先是壬寅歲尹銘綬為山東學政，值考優貢，郙自京馳手札，有所囑托，銘綬專摺舉發，廷旨並下部議。郙革職留任，銘綬以挾嫌亦降三級留任。《新民叢報》記此標題曰「師生革命」。蓋尹為甲午進士，徐則會試副考官也。正考為李鴻藻（今國府元老石曾之尊翁），其他兩副為汪鳴鑾、楊頤，（向例四人中必間一二旗籍，惟是科正副皆漢人）尹謂郙只四座師之一，學差亦非由郙力，乃囑托頻繁，若有挾而求者，情無以堪，遂致決裂。當時大老多右徐氏，以科名一道，最尚尊師，徐即有不合，尹亦大干清議，故併予處分。然徐之祭典勒休，亦伏於此矣。清室以書房舊人，仍予諡文慎；然徐固不慎之人也。

「師生革命」事不常有，而標題新穎，尤動聽聞，若在今日則數見不鮮矣。頗聞章炳麟為俞樓聽講之一人，其後身膺革命先覺，乃有「謝本師」一文。而太炎門下浙人周君（即魯迅），倡導新潮，以時代作家，知名當世，亦有「謝本師」之作。「謝本師」者，宣告解除弟子籍也。章以俞氏太舊而謝俞，周又以章過腐而謝章。不知周氏門中如某某女士亦將續有所謝否。師生革命之事滾滾而來，文運日新，於茲可見。

徐會澧

徐會澧字東甫，魯之諸城人，戊辰翰林，官至兵部尚書。曾為山西江南主考，順天學政，戊戌會總。癸卯偕孫家鼐、榮慶、張英麟再典春官畢，或問以試事，則大言曰：「咱不知甚麼叫策論，只看書法。誰寫的好，就中誰。」蓋亦純乎其純之八股家也。

徐琪

徐琪杭州人，字花農，庚辰翰林，亦事曲園，有武林才子之目。頃於廠甸見所書對，下鈐一章曰「分校順天，典試山石，視學粵東」。蓋乙酉為北闈同考官，己丑主山西鄉試，甲午為廣東學政也。清例：順天學差多三品以上京堂。江浙閩粵督學亦須開坊翰林，琪以編修得粵，實為特例。文差絡繹，意氣飛揚，使節按臨，留題殆遍。所製楹帖，極詡寵榮，學署大堂聯云：「道古述清芬，溯臣家績著旂常，英蕩頻持，百粵兩番叨使節。海天紀嘉話，喜我輩緣深翰墨，枌榆交蔭，九年三度盡杭人」。蓋其先世雍正間有以節使至粵者，而上屆兩任學政，汪鳴鑾、樊恭煦皆其鄉前輩也。惠州試院聯云：「門臨滄海，室繞仙峰，特開斗極文光，持簜節來頻選勝。家住孤山，路經庚嶺，又覽羅浮春色，有梅花處盡題詩。」風流自賞，可見一斑。若取士以貌，致「顏良文醜」之嘲，世多知之。任滿回京，供奉南齋開坊，數年升至侍郎，忽為慶王奕劻糾彈落職，喜共羽流談道。與下斜街土地廟道士結香火緣。正殿有其庚子夏日所題一聯云：「天街福蔭仰神功，補大造權衡，坐看四時花競巧。錦市人多知歲美，數香塵車馬，每逢三日我先來。」下署南書房翰林詹事府左春坊左庶子徐琪敬撰並書。書法秀挺，足為社老生色。

徐世昌

徐世昌亦能製聯，但多出曹秉璋代筆。其輓陸潤庠云：「收拾古今愁，不殊明月清風，翛然天際。招邀鸞鶴影，此去瓊樓玉字，倘勝人間。」陸、徐同為大學士，鼎革時任讓帝保傅，而一則以遺臣終，一則中華民國之國務卿矣。措詞甚難，於無可著筆處見意，世頗稱其敏妙。後見陸輓鄒福保聯：「極樂國距九萬里而遙，此中有乾淨土，君或先往。高義園才七十日之別，其言如廣陵散，我不復聞。」乃知徐之輓陸，本於陸之輓鄒。錢能訓與篤交，入悟善社又為純陽高弟，乩壇錫兆曾云：「入道已深，將來解脫時，絕無痛苦。」而錢於乙丑疾革，頗感纏綿。徐輓云：「艱難曾共搏冰雪，中楚微聞動鬼神。」頗寓譏諷，讀之黯然。

徐繼孺

徐繼孺魯之曹縣人，弱冠選拔，授黃縣訓導，辛卯庚寅鄉會聯捷入詞林。留館即放陝西主考，繼簡河南學政，星軺載道，藉甚聲名。未幾得山西汾州知府，一麾出守，有指日封疆之想。庚子拳亂，以縱匪仇洋革職遣戍，後遂無聞。庚申與王小隱兄話及此公，乃知當時偽稱病故，得免遠行。蟄居鄉里十餘年，已民國矣。忽為魯西匪亂所戕。記辛丑嚴旨有「獲咎甚重，本應按律斬候，加恩貸其一死，改發極邊。」之語，乃不死於刑而死於賊，豈果如星相家言有數存耶。繼孺與小隱尊人燕泉先生同會榜同館同鄉，故知之甚悉。

徐謙

徐謙字季隆，安徽歙縣人，癸卯翰林。受知於法部尚書戴鴻慈。舉其嫻新律擅吏才，超授京師高等廳檢察長，民國一度為司法次長。後乃研究「最新主義」著名矣。清室遺老曾戲為造反進士榜，舉前代詞臣而積極革新者另為一錄，而以徐及蔡、譚兩氏為三鼎甲焉。

徐樹錚

清代翰林中有紅徐、黑徐，民國偉人又有大徐、小徐，大徐徐世昌，小徐徐樹錚也。世昌在徐氏翰林中為最黑，而庚子以後，轉為最紅。樹錚徐州人，以留日學生投効於北洋。時直隸鹽山有景廷賓之亂。徐上平匪說帖達袁世凱，謂匪特揭竿嘯聚之徒，只以木石為武具，若我以槍砲臨之，則為不武。請採徵石塊募壯丁與作石子戰，彼以石子來，我以石子往，可不勞重兵。世凱笑且怒，以示段祺瑞曰：「此囈語耳，將以官軍為義和團乎。」然祺瑞獨以為異，召與語，歎為傑才。及長陸軍，遂以司長擢次長，部事一以委之。後為國務總理，又用作秘書長，實代操政柄，練軍辦黨，聽其所為，安福諸事，世人耳熟能詳，若以「石子」受知，則吾聞於言君仲遠。仲遠在袁軍幕，曾親見所上書。庚申安國軍敗，初匿交民巷，嗣遁走上海，復抵福建入王永泉軍，自於延平開府，稱「撫軍」，冀大舉。又著《建國真詮》，縱談古今治亂，而語多迂腐，似於現代知識未嘗留意者。未幾，浙之盧永祥有違言，永泉復不用命，踉蹌離閩，復作歇浦寓公，此壬戌癸亥間事也，予適仿工部秋興作夏興十二律，中有一首云：「吾宗此豸自錚錚，說劍論文並有聲。北塞禽渠師介子，南都擁纛慕延平。九州大錯舟中敵，一卷膚詞紙上兵。期爾揮戈能挽日，莫憑赤手斬長鯨」。樹錚長於軍旅，亦從馬其昶、姚永概等習古文詞。「北塞」句指其兵壓庫倫勒修降表事，祺瑞歎為豐功偉烈，震古鑠今。（丁君慕韓處有祺瑞手書橫幅，追述此舉，稱為功在國家，而於吳佩孚之撤兵，曹錕之變計，斥為違法逆命，綱紀蕩然，有餘恨焉。）

「南都」句謂閩中建牙一幕，「延平」鄭成功故里也。「赤手斬鯨」則因樹錚脫囚南下時有詩：「身騎鵬背知何日，手斬長鯨會有時」，指斬雲鵬也。雲鵬與共事祺瑞，而兩人實相水火，以有庚申之難。

樹錚於《時報》讀吾詩似有所感，即以詩箋作答。曰：「凌霄漢閣癸亥夏日即事諸律，鄙人事跡，謬入吟咏，辱承規勉，至所心折。近有俚什不堪示人。因感此意，用投報載，藉答凌霄宗豸之譽。併使天下愛我者，知我自守有素，亦知我不為己甚，不與人爭，則此詩為不徒作矣。」詩題「偶賦得魚字」其第二首最饒意識。「閒身坐繫蒼生望，大釣終當得巨魚。細數靈飛待甲子，漫推風角避孤虛。花開刼後無心賞，草綠庭前總不除。強託佛情消世慮，一龕香火半牀書。」故作蕭閒，雄心未已，固自躍然紙上。癸亥之明年甲子，馮玉祥反曹，祺瑞復出，號為執政。樹錚被命專使，出歷歐美，列邦倒屣，禮若上賓，「靈飛甲子」一語此其驗乎。歸國入都謁段，傾談大政，自負益豪。會有耳語者謂馮二已嚴陣以待，段氏促之離京。車至廊坊，遽為馮軍所縛。陸建章子承武為臨時執法官，覿面曰：「小子亦有今日耶！」與戊午樹錚殺建章時語：「老賊能復逃乎！」如出一口。段聞噤不能聲，飲泣而已。昔馮國璋為總統。得報陸建章遇害，正惶懼間，國務院已遣員持令稿至數陸罪，褫官勳，國璋不敢拒，如命簽發。更閱七年，而有陸氏復仇。後先一轍，如影隨形矣。樹錚酷慕風雅，辛苦學詩，且嫻崑曲，時共陸宗輿、徐蘭笙及北里中歌者刻羽引商，嘯傲無藝，獨不能忘情於英雄。曾枯萬骨，身死道路，而不知所成何事，然而歷史人物矣。輓以一聯，哀此壯士。「尤矣龍蛇，劇憐半世縱橫，種豆得瓜空有恨。化為猿鶴，猶憶昨年酬唱，賞花除草兩無心。」

頃於天津大公報見〈敵乎？友乎？〉一文，論中日僵局，純抱客觀，洞見癥結，如子久畫石面面俱到，信識時之俊傑也。署名徐道鄰，旁註徐樹錚將軍之令嗣，淵源名父，固自不凡，又錚可謂有子矣。為之欣快累日。

狀元郎——翰林郎

熊秉三毛彥文滬上結婚後一月，張海若與楊嗣馨踵隨前輩，交訂忘年，成禮於北平之大陸春。南北爭傳曰。無獨有偶，有偶而更有偶矣。張本名國溶，鄂蒲圻人，甲辰進士改庶吉士，是科會元譚延闓，狀元劉春霖也。張年五十三，長楊女念歲。客語予曰，聞時代女皇，最愛博士，或慕當代達官，今乃有愛老翰林者，潮流急進，洵可謂二十八世紀哉。予曰世事日新，新新不已，則舊者轉新，新者復舊，理在循環，事皆相對，觀於「小姐」之稱，不曾為「蜜斯」戰敗乎？而今則「上海小姐」、「天津小姐」聲滿天地，轉覺「蜜斯」陳腐不堪，可悟新舊之無常矣。復憶昔之閨秀，酷慕「狀元郎」，相傳吳門有陸氏女，妙齡絕艷，聞汪度齡中狀元，以為必潘安、宋玉之儔，自願屈身妾媵。及洞房卻扇，乃識為四十許面麻老夫。悔恨無及，懸帛而亡。時人為之語曰：「國色太嬌難作婿，狀元雖好卻非郎。」今毛、楊兩女士乃喜近年老之翰林郎。雅量奇情，豈止迥異時趨，抑亦昔所罕覯，得不謂之卓卓乎。

南書房翰林，華洋合璧翰林

張海若喜溢青廬。袁珏生修文天上，後先三日。此則引綠牽紅，彼則素車白馬，何人事之太不同耶。袁名勵準，常州世族，隸於宛平，與惲毓鼎以陽湖而改大興相同。戊戌翰林，甲辰襄校春闈，科舉旋即停廢，未得一充學試差。以編修得南書房行走。清代故事，大學士不入軍機不為真相，翰林若不承值南齋，則所謂「文學侍從」亦虛有其名。故雖仕至一二品之尚書侍郎，若未開去書房差使，仍自署「南書房翰林」以自矜寵。宮中待遇，視軍機大臣。戊申冬西后及光緒崩，特旨命大學士張之洞、孫家鼐、尚書鐵良、陳璧、壽耆。南書房行走朱益潘、吳士鑑、鄭沅、袁勵準穿孝百日。其餘王大臣官員則二十七日釋服。不獲叨此異數也。語云：「榮於華衮」，又云「章服榮身」，茲則以縞素為榮，明其為皇室近臣也。自勵準以後，無復有書房行走之翰林，亦最後之「特旨穿孝」者矣。

清光緒二十年至三十年中有五科，甲午、乙未、戊戌、癸卯、甲辰。態希齡甲午翰林，為先袁兩科之前輩，張國溶甲辰，為後袁兩科之後輩，袁之科分，適介兩位摩登翰林之間。故事庶吉士散館於次科行之。常例三年一科，則三年一散館。然光緒一朝，有兩宮萬壽，恩科稠疊，如己丑正科次年接庚寅恩科。庚寅後兩年即壬辰正科。壬辰後兩年又甲午正科，甲午之次年又乙未正科。此數科以一二年散館為常。獨戊戌翰林遲至五年之久，則以中經拳亂，庚子辛丑恩正科皆擱而未行，至癸卯始有新翰林出世。癸卯甲辰兩科翰林則須入進士館復出洋留學，以畢業歸國之廷試。代散館試，而待遇特優。最優等授職外，記名遇缺題奏。在舊時惟編檢以上，遇大考而優列者始能得之，庶吉士從無此異數也。優等者授編修檢討更加侍講銜，似兼會典館保案者。中等亦一律授職，於是庶吉士無不編檢矣。此又舊時散館之所無也。惟以舊式朝殿得來之進士庶吉士而編修檢討則又以「出洋留學」得之，是兼新舊翰林之兩重資格，時謂之華洋合璧。故清初野翰林，清末洋翰林而外，有華洋合璧翰林，研詞林典故者不可忽也。

總統

熊希齡蓄髯甚美，視以「大鬍子」著名之孫寶琦、于右任、丁世嶧未多讓焉。茲以與毛彥文新婚薙去，其新戀愛家所謂犧牲一切乎。抑為一毛而拔眾毛乎。因憶《彩樓配》劇有老丑應徵，為門官所阻，丑乃盡薙其鬚，以冀王寶川女士之青目，而卒不能得彩。則如熊鬚之得佳人為代價，誠有幸有不幸矣。

民主國之元首，英語曰President義甚平常。Pre前也。sident坐也。本於拉丁，即首長主席之意。校長、會長、局部之長無不可用，非如「皇帝」為一人之禁臠也。而入於中華譯作「總統」，則變為獨稱。銀行、報社、商會之總理，不因「國務總理」而敬避，獨不敢犯「總統」者，其帝味深入於人心歟。而為總統者亦規撫大君，惟力是視。袁世凱之「皇帝派」世所稔知矣。近於故都春正廠甸會場中見曹錕所書「虎」字中堂，上方正中鈐「正大光明」硃印一顆，大如清代御璽，雅有乾清宮氣概，此公亦自居一朝元后乎。

昔日總統之「皇味」見於文字者。賜壽聯輓聯必限七字，若袁世凱輓袁樹勳之「瑤華屢寄勞予佇；風馭翻然為世悲」。徐世昌輓李純之「六朝烟水淘遺恨；四十功名惜盛年」。輓汪大燮之「少泛星槎張博望；老耽經卷白香山」。較有風致，而體限七言，固是「上頒」風格也。文若馮國璋妻周道如之喪，蘇同鄉公輓聯有「薄海思攀王母馭」之句，馮氏逝世徐世昌下令褒卹，有「悲深薄海」之詞。「薄海」專為總統用詞，謂其撫有四海也。又美國元首所居曰 White house 譯言「白房子」耳。或作「白宮」以代總統，如王揖唐壽徐世昌「白宮論交舊昆季，黃閣濟時新楷模」。見者許為典雅。然「白宮」之「宮」字實無據，但以總統為君象，則不宮亦宮矣。

清代之總統，武人之長，猶統帥也。如咸豐時向榮、張國樑，光緒末河間大操有南北軍兩總統，凡以多軍付一將總號令，則曰總統。按以西文則於 Marshal 一字為近。入民國遂為 President 之譯名。尚不如「主席」、「國長」之較符原義。而又有「統率陸海軍大元帥」，是為疊床架屋。若《嘯亭雜錄》所記清宮有記鷹狗處總統，則「總統」之滑稽者也。王闓運以「總而言之，統而言之」，對「民猶是也，國猶是也」，則「總統」之幽默者也。黎元洪之章曰「總攬統治」則「總統」之冠冕者也。易順鼎為印鑄局撰進璽呈文曰「擬稱璽於百里」則以「伯里璽天德」之「璽」為璽印之璽，乃「總統」之支離者也。

帥

民十四五前，軍閥割據，時而兵戈搶攘，時而文電標榜，彼此互稱某帥。如張作霖字雨亭曰雨帥，曹錕字仲山曰仲帥，李純秀山曰秀帥，齊燮元撫萬曰撫帥，張宗昌效坤曰效帥，王懷慶懋宣曰懋帥。其盧子嘉、王子春、吳子玉不樂稱「子帥」，則取下一字曰「嘉帥」、「春帥」、「玉帥」，電局生終日勤勤，所譯以「帥」字為最多。此稱襲自前清，然清時惟督撫有之，督撫以疆吏而兼戎政。稱「大人」不足以示異，遂據「大帥」為私有。其武職專閫，若提督總兵，不敢與抗，只稱「軍門」。庚戌辛亥間，清廷以憲政及外官制命各督撫互商。於是慕帥也（孫寶琦），筱帥也（陳夔龍），次帥也（趙爾巽），仲帥也（李經羲），安帥也（張人駿），莘帥也（瑞澂），衡帥也（丁寶銓），充塞電紙，一片「帥」、「帥」之聲震聵發聾，極一時之盛。張勳、姜桂題或司禁衛，或總江防，聲勢煊赫極矣。然官場未有稱以「帥」者。民國後武人紛紛效督撫之稱帥以自雄，文職疆吏若巡按使省長等黯然無色，此亦物極必反歟。

內閣

「總統制」、「內閣制」成對立名詞亦頗可異。內閣者皇帝之機要秘書也。明洪武廢丞相撤中書省，設內閣以翰林官入預機務，故曰大學士，學士之大者云耳。秩止五品。清代升為正一品，別設軍機處。於是內閣位尊而權替。辛亥春行憲政，復立新內閣，以舊內閣及軍機處併入，實為國相，然乃規撫日本之君主立憲，與共和無與也。入民國改為國務院。內閣總理改國務總理，內閣官報改政府公報，避「內閣」如不及。而研討政治之法學家，兩院之議員，及新聞記者猶沿用之，但以便行文耳。若徐世昌總統下之國務總理靳雲鵬有「請改組內閣」之正式呈文則為失體。

大學士

清之大學士雖無權而品秩尊大，體制優崇，國有大事，下群臣議，輒以大學士領之。乾隆雖特諭禁稱「相國」，然旨中往往稱「大學士」而不名。又大學士出缺，設非干罪譴者，則俟一月後始另補人，以誌軫念。內閣衙門在禁城東華門內。有大堂三楹，內懸額曰「調和元氣」，燮理陰陽，調和鼎鼐之義也。邸抄於王公只書其爵不稱名，大學士亦書「中堂」，尚書以下則稱名。是大學士猶存相體。惟中書舍人號為內翰，而俸薄職簡，入值日須衣冠詣軍機處取當日鈔發之上諭，彼小軍機者乃科頭短衣蕭然自適，漫不為禮。部員一充軍機章京，則朝珠貂褂如翰林，中書只能貂帽耳。

內閣大學士，官尊而無印信，以其為皇帝秘書，不得有專印也。文書收發登錄則以典籍廳印行之。大學士以下，學士兼禮部侍郎銜，侍讀學士兼太常少卿銜，侍讀則兼鴻臚少卿銜，國有大典禮，則以內閣參其事。大學士、學士、侍讀學士向不到閣。閣中事務，總於侍讀。漢侍讀二人，稱閣長，一正一副，若部曹之掌印。雖與中書平行，而氣勢如上官。謂之「閣長不小，閣學不大」，以閣學雖二品，不預閣事，不足畏也。

省、部、院

元明之際，以省為尊，中書省下為部。洪武廢省，以政權分屬六部，而部體加崇。在外之「行中書省」亦改為布政司，省乃政治機關，非地方區域名詞也。今日本之部曰省，猶中國之舊也。明清京朝官首內閣，次六部。若翰林院都察院雖自為大國，而視部稍輕。理藩院亦有尚書侍郎，嘉慶間曾以特旨申明不得與六部比。至清末立憲乃升院為部。尚書改理藩大臣。為國務大臣之一，「院」在部下，故曰部院。民國後，內閣改國務院列諸部，院乃加部上。今國府以五院組成，院各有部，而院體益尊，規模愈闊矣。

大理院舊名大理寺，職在平天下之刑名，與刑部都察院為三法司，又為九卿之一，常與政事。丙午改官制，升寺為院，升正卿為二品，少卿為三品，專司審判，如日本之大審院。民國北政府十七年中仍「大理」之名，南遷後改為最高法院。其下為高等、地方，各稱法院。上下一系，視昔之審判廳較整齊矣。

財政部、交通部

清丙午改官制，以載澤、那桐、世續、榮慶、張百熙、戴鴻慈、袁世凱、徐世昌、葛寶華、陸潤庠、壽耆、載振、奎俊、鐵良，任編纂，以奕劻、孫家鼐、瞿鴻禨，任總核。載澤等原擬戶部及財政處合併為財政部，路、電、郵、航四政，設專部曰交通部，已定議矣。案經奕劻三人覆核，謂「交通」不若「郵傳」之典，財政亦嫌淺露，乃改「度支」。實則「置郵傳命」僅交通之一職，（日本名遞信省尤偏率。）度支於唐代號為專司，後惟亡韓沿其名。民國後財政交通，義賅而詞整，視清為勝，然實載澤原案之所有也。

前清之「總長」及革命時之「巡按」

部之長官初為尚書、侍郎，繼為大臣、副大臣，民國為總長、次長，今國府改總長為部長而次長仍舊是也。總長之名，因辛亥革命各地紛紛建立軍政府，各有所謂財政部長、軍政部長。及中央政府立於南京，設各部，乃有總長，若各處「部長」之「總」。其後地方政府以漸而消，各省有廳、有處而無部，則中央稱部長足以示尊，無取乎「總」矣。又前清時，南京之南洋勸業會，以江督張人駿為會長，農工商部侍郎楊士琦為審查總長，諸出賽品之甄錄給奬，楊總其成。故在南京首膺「總長」之嘉徽者惟楊士琦。又清代之侍郎如曹汝霖、汪大燮胥於民國後為總長，楊則為侍郎時已兼「總長」矣。總長一名，始於賽會，亦可記也。

袁氏癸丑戰勝民黨，統一全國廢都督民政長，改稱將軍、巡按使，於中央立將軍府，下設將軍繫「武」字銜者督軍務於外，（即後之督軍）——繫威字銜者參戎機於內，謂之內「威」外「武」，若網在綱。以明各省將軍僅為中央將軍府之「派出所」，無疆土自私之可言，所以銷「割據」之萌，防尾大不掉，用心良苦。巡按者於明清為御史專差，巡方按部，代表中央，職在糾察。袁用此名，亦集權之意，非祗復古也。然辛亥九月長沙獨立，譚延闓繼焦達峰為湖南都督，以辰州府抗不納款，派龍璋為巡按使往宣撫，是民黨之恢復「巡按」名義，早於袁氏矣。

委員、知縣、七品清要官

「委員」之名，近年於政界為極盛。有立法委員、有監察委員、有中央委員、有省府委員。前清之「委員」則疆吏派候補官詣州縣查案或會辦事件之稱。由北京差往各省者曰欽差，由省差往州縣者曰委員。州縣與委員合稱「印委」，以州縣官為印官也。

前代之地方官制為三級，省、府、縣。（州與縣同質異名，直隸州則同於府）府曰知府，州曰知州，縣曰知縣。民國廢府，州亦改縣，知縣改為縣知事。——（今為縣長）——。昔之知縣於碑文題額輒署「知某縣事」，蓋「知縣」本義，即「周知一縣之事」也。一西友問予「知縣」二字何義？答以知者knowable縣者district也。彼復請申其說。予曰即「責成盡職」，「惟彼是問」。舉西文answerable及responsible之義為之解說。彼大稱善，謂為最科學最經濟之名詞。縣知事意義雖同，不若「知縣」兩字之凝鍊。

《通鑑》載唐主李淵欲授李素立以「七品清要官」。所司擬雍州司戶，唐主曰「要而不清」，又擬秘書郎。唐主曰「清而不要」，遂擢侍御史。於是清要二字解釋至明。明代翰林編修檢討七品占一「清」字，給事中，御史亦七品，占「清要」二字，縣令亦七品占一「要」字。清初升給事中御史為五品，清末又升編檢為五品，知縣雖仍七品，而外官制擬議亦有升五品之議，是有五品清要官矣。顧所以成為清要者，初不在品級之崇卑，如翰林之可貴，正以「金項朝珠褂紫貂」。七品官與公卿抗顏耳。知縣一職，如清雍正即位宣諭百官所云：「親民之官，吏治始基，品秩雖卑，責任綦重。」以其親民，故又曰「父母官」，以保育之德義為基礎，而盡治理之能事。所奉原則有三，曰「天理」、曰「人情」、曰「國法」，三者得宜，斯循吏矣。昔左文襄謂官吏惟督撫與州縣可為，旨哉言乎。明代府州縣均須進士舉貢出身，其以異途進者必有殊績膺特薦。如典史、丞主、佐雜各官可循資升至運使（三品），不能無故遷除縣令，猶之進士出身之官可遞升尚侍封疆，不能為翰林也。清代捐例大開，市儈土豪，揮巨金即有銅章可綰。乃至道府郎員無不以官為市。至於民國，武夫建節，兵戈徧地。馬弁小卒，胥可挾一令為邑侯。張宗昌督魯時，所委知事稍有身家者多不敢赴，惟能馳馬放盒子砲者則蜂擁而前，民生吏治，尚可問哉。

候補道——盜亦有道、道亦有盜

中國地大，雖二十餘省猶須三級制，上為省，下為縣，中則道或府，以承上而臨下，此必不可少者。明之布政司即省長，按察司專於司法，道員則司之佐貳，非單為一級也。其下為府、為縣。巡撫、巡按則以京秩出巡，非地方官。清以督撫為定額實職，於是督撫、司道、府廳、州縣為四級矣。光宣間議改官制，多主裁減治官之官，多設治民之官，未及行。革命後袁氏先於省縣間設觀察使，後改道尹，是為三級。一省以四道為中率，或三或五，多就清代各道巡區裁畫之，是廢府而存道。然考清初府區本廣，如魯之濟、兗兩郡，各轄三四十縣，後以泰安、武定、沂州、曹州分立，每府乃縮至十縣左右。道轄三四府則三四十縣，即清初之府治也。民十七後，廢道，存省、縣兩級。近有數省設行政督察專員，承命於省府，轄多縣，則道府之舊範也。

《官場現形記》述江南道台之多而雜，如覽兩峰鬼趣圖。然不只一江南也，各省皆然。萬金可得一候補道，與藩臬平行，只督撫為上司，故豪於貲者爭趨之，一時有「群道如毛」「盜亦有道」之謔。徐錫麟以候補道刺安徽巡撫恩銘，震駭中外。楊士驤為魯撫，喜詼諧，適有多道銜參，笑語之曰「不意道亦有盜」，一道俯首答曰「道其所道，非吾所謂道也。」，舉座囅然。

吳樾、徐錫麟被稱「妄男子」

又吳樾炸五大臣時，傳為吳汝綸之姪。而汝綸子闓生居士驤幕，亟登啟事於濟南之簡報曰「寒宗並無此人」，然樾實汝綸族子。汝綸先以大學總教遊日本被革命嫌，卒於鄉里，是以樾事流言，闓生懼焉。而其姊芝瑛則膽力較強，收葬秋瑾，不辭蹈險，時論許之。嚴復為狀其事，溯及皖變曰「有妄男子徐錫麟者」云云。「妄男子」三字陽秋筆也。錫麟受知恩銘，倚畀隆重，乃其供述有云：「爾等言撫台是好官，待我甚厚，誠然。但我既以排滿為宗旨，即不能問滿人做官之好壞。至於撫台厚我，係屬個人私恩，我殺撫台乃是排滿公理。」此語若甚堂皇，然以溫生才、陳敬岳、周之貞視之，則錫麟有當自省者。溫之於孚琦、陳之於李準、周之於鳳山，夙無恩怨，祇為革命，此可謂之「公理」。錫麟既深結納，受彼殊知，非其倫矣。中國道義夙重報恩，匿怨而友，以怨報德，胥為世風所不許，社會人群相維繫者在是。若以清初揚州、嘉定兩屠禍首，得茲慘遇猶可說也。恩銘則何如人哉。故嚴復謚之曰「妄」。

吳樾遺書有警句曰「庚子之役，乃那拉氏一念之私，蹂躪數省，使我十八省之漢人擔任數十年數百兆之賠款。」此為那拉之難逭之罪，亦即清亡之真因，庚子賠款攤派各省，設籌款善後局，以剔中飽為專務，官吏嗟怨，中級人士「與日偕亡」。益以新政繁興，所取益厲，清旨每以「發憤自強」為言。孔祥霖（丁丑翰林，曲阜人，以籍紳在魯辦學，後為河南提學使）曰，此「發憤自戕」耳。

親貴內閣重漢輕滿

清之末運，所以自戕者，無所不至。然如吳樾、徐錫麟所云排漢，則滿人中容有一二挾此謬見，而事實不然。如「千夫所指」之親貴內閣，排滿則有之，排漢則未也。親貴自親貴，滿人自滿人。舊日京曹官缺，分滿漢之外，宗室另有專額，滿人居大多數，漢次之，宗室最少。以六部郎中論，共一百四十四缺，滿人八十八，漢人五十二，宗室四人。員外郎一百八十五，滿一百二十四，漢五十三，宗室八。主事百五十一，滿八十九，漢五十七，宗室五。是滿司官多於漢人以倍，他如內閣學士滿蒙人十缺，漢僅得四。閣讀學滿蒙六，漢二。侍讀，滿蒙十二，漢二。關差，織造，率以漢人任之。惟閣部院堂官滿漢各半耳。丙午改制，不分滿漢，考察政治纂訂官制之載澤奏曰：「為滿漢之說者，以為憲政既行，於滿人利益有損耳。奴才至愚，以為今日之情形，與國初入關時有異。從前粵、捻、回之亂，戡定之功，將帥兵卒皆漢人居多。更無滿漢界限之可言」又曰：「夫擇賢而任，擇能而使，古今中外此理大同。使滿人果賢，何患推選之不至，登進之無門。如其不肖，則亦宜在屛棄之列。若守一隅之見，為拘攣之語，不為國家建萬年久長之祚，而為滿人謀一身一家之私，則亦不權輕重、不審大小之甚。忠於謀國者，決不出此。」以事實證之，此語自非虛飾，所長鹽政處奏調十員，漢人八，滿人二，（晏安瀾、楊壽枏、錢承誌、張茂炯、周蘊華、劉澤熙、吳晉夔、雷多壽、奎濂、慶森）全國各省財政正副監理官四十四缺，漢人四十。滿人僅榮厚、樂平、潤普、奎隆四人耳。部中承政廳十人，漢七滿三，參議廳十人，漢六滿四。各司統計，亦漢多於滿。且漢人如熊希齡、晏安瀾、張茂炯、錢承誌皆見敬重，握機要，司籌計。滿人鮮能置喙也。又如陸軍部之參事官陶葆廉、唐寶鍔、金紹曾三人皆漢籍，無一滿人。檢察官五人，漢四滿一，司長八人，漢六滿二。軍諮府則軍諮使馮國璋、哈漢章，總務廳李景龢、陳晉，皆有漢無滿，科員中，滿人不及十之二三。他部之官缺無不漢多滿少，恰與清初中時相反。至辛亥四月新內閣成立，漢人得四——（徐世昌、梁敦彥、唐景崇、盛宣懷）滿人僅得二（那桐、廕昌）。餘自奕劻以下非王公即宗室覺羅，漢固無多，滿人更少。鐵良則為載洵濤所排擠出為江寧將軍。榮慶亦投閒為弼德院副院長。此皆旗人中較有才者而皆見疎遠，退處無權。是以辛亥事起，旗人多拍掌稱快。清廷本意，固無所謂滿漢，第親貴紛攘政權，而又惶惶然無所措。旗人素習，養尊處優，於時事不求甚解，無所益於親貴。而漢人才多勢眾。於是載洵之海軍則薩鎮冰、譚學衡為之靈宰，溥倫之農工商則唐文治、楊士琦為之導師。溥倫、載澤奉派纂擬憲法，則亟薦陳邦瑞、李家駒、汪榮寶為協纂。內閣雖以慶王領袖而徐世昌實任指揮，閣丞——（若後之國務院秘書長）——華世奎為世昌之鄉人。一廳四局正副各長張國淦、陸宗輿、楊度、黃瑞麒、張鍇、楊壽樞、英秀、裕隆、寶銘。漢七滿三，而法制院兩長四參議乃無一滿人焉。故晚清漢滿官缺之比例，在改制前，滿得十之六，漢僅得三。改制後漢得十之七八，滿僅一二。所謂立憲政治者質言之，則皇族與漢人共之，滿人望塵莫及也。

第以皇族紛據閣席，「金交椅」上，觸目皆愛新覺羅，遂為舉世所指論。而親貴之間，復相水火，慶王有寧讓朋友之言，那桐則敬袁世凱若神明，專摺請以協理大臣讓袁。廕為袁氏弟子，擠鐵良而去之，代長陸軍，隱奉袁指揮。吳樾云政在滿人，袁世凱只為傀儡，其反言之乎，抑主觀耶。

兒女英雄傳、世續、湯壽潛、鹿傳霖、華世奎、和平門、「門」字不鈎

吾弟一士曰，觀《兒女英雄傳》一書，而知清運之衰矣。書為滿人文康鐵仙作，中述安水心中進士用榜下知縣則失魂，安龍媒放烏里雅蘇台則駭泣。志在守妻子，戀繁華，委蛇朝列，安步而至公卿，此豈治人階級所有事乎。文康咸同間人，而所見已若此。至庚子以後，新政機關林立，凡漢員皆勤勤而逐逐，旗員則顧盼而徜徉。漢員於新法令舊典制，頭頭是道，旗員則腔板加細，衣帽入時，金梁記：榮祿、世續朝衣燦爛，翎管飛揚，幾如海洋本戲之一場一身「行頭」。世續之在軍機也，十問而九不能答。載灃憤怒，立以硃諭罷之，更命徐世昌「補授軍機大臣於明日預備召見」，既授軍機，則入值應對乃當然之理，向無特諭召見者。乃如失乳之嬰，急呼保姆，一何可笑。湯壽潛者，浙之名士，以告休知縣擢運使、學使、臬司皆不就。被推鐵路總理，電呈軍機處舉郵傳部侍郎盛宣懷罪狀，詞甚激。奕劻、毓朗殊傍徨。世昌曰：名士可無朝廷乎。乃請旨斥其「危

詞聳聽，狂悖已極，著即革職，不准干預路事，為沽名釣譽巧於趨避者戒！」諸親貴皆服其明決。鹿傳霖以大學士薨於位，固榮祿篤交。載灃，祿之女夫也。夙欽傳霖品節，諭於卹旨中，深致歎悼，有「敭歷中外五十餘年，一事不苟，一語不欺，公而忘私，始終如一。入直樞廷，為時最久，竭誠盡瘁，贊助尤多。」及「際茲時事多艱，耆舊凋零，倍增悽惻」數語，則世昌就載灃口述，潤色成文，斐然中節，婉轉動人。灃大稱善。此又世續、那桐輩所相形見絀者。世昌輓鹿聯「一事不苟，一語不欺，九重悽惻思耆舊。臣門如市，臣心如水，千古風規照汗青。」上聯即卹詔中語也。華世奎天津人，與徐交若兄弟，初以中書充軍機章京，後為內閣閣丞。民國後，世昌當國，餽乾俸二百金不受，敦促出山，答：「公勤我出，我則以公之出，為惜。」可謂妙語解頤。世奎父喪，世昌輓云「居處愛清涼，置身恰似劉離垢。操持勵貞介，有子還如鄭所南。」生平畏友，若袁世凱之於嚴範孫云。華字璧臣，在津鬻書，長於榜額。聞故都之「和平門」即其手筆。張作霖為帥時，惡此門為馮玉祥所闢，易為「新華門」，屬吾家繼芙代書。繼芙書固有名，於此擘窠大字，亦頗兢兢，全力赴之，自謂去華氏遠甚。十七年馮入北平，復為「和平」矣。繼芙云：各門之「門」字，右手一豎均直下而不鈎。相傳明太祖入北京詣國子監見門傍之「門」帶鈎，謂有意阻其入，輒殺書者。如此則南京之門字當亦不帶鈎者。予意朱氏誠粗暴，此舉似太不近情。門字右豎直下，與左豎相稱，端莊遒淨，於榜額為宜。清代於各門漢字旁附滿字，盤曲而下，如花邊水線，予嘗戲語友人，此新式標點也。專門名詞加花邊之創作家在此。

蒲伯英應試掄元之文字——熟知報紙體例

蒲君伯英於舊都創《晨報》卓有成績，以新法編輯，取材持論，力求接近青年，不違現代，其報盛行於學子，名業俱晉，真識時之俊傑也。蒲之研究報紙，實始於科舉之時。歲在癸卯即清光緒二十九年，侍讀王榮商（浙人丙戌翰林）編修張世培（順天人乙未翰林）同典蜀試，是為八股改試策論之第二年。蒲以第一名獲雋，即解元也。策問「東西洋報館多有裨於國政，其體例若何？中國可否仿而行之？」蒲君對曰「外國報館多者萬家，少亦千計。中國有《申報》三十年，比復得五六家耳，而觸犯之事已數見告，非第體例之疵，抑亦宗旨未善焉。各國報章以時期分者為季報、旬報、七日報、五日報、間日報、日日報、半日報。以事類分者為叢報、學報、工商農事婦孺等報，議論時政，無所於諱，政府亦不禁之，其政體然也。淺者謬欲以外國之宗旨決裂數千年之法教，而犯狂悖之誅，其於設報館裨國政之意，何其戾耶。一國有一國之政，非可附外以訾內也。中國欲廣報館之益，必定官報、民報之限。官報官主之，條教裁判無不公布。民報民主之，地方利病閭閻疾苦學校器藝無一不備。有隸通之美，而絕交訌之患，易所謂「上下交則泰者非耶。」此節所云以今日視之，誠極平常，而在彼時，通場士子於報紙只能渾言通下情，宣上意，及政治人民之關係，若體例則語不能詳。惟蒲作條舉明晰有案有斷，為主司激賞。又「子產不毀鄉校論」甚贊鄭僑之能容士論，重清議，而責其僅於「不毀」未嘗整治，文曰「鄉校造士之地，而鄭人朝夕遊焉，以議執政之善否，終非學校之盛事也。」其所謂鄉校，必無師、無弟子、無矩法，故人得而遊，得而聚議。三代學校升造之法，治萬眾於一陶以進其道藝，純其蘄嚮，春秋時斯道墮地，鄭鄉校猶有存者宜急修復，乃僅以不毀置之，無惑乎浮議滋張而卒不免有鄧析之戮。孔子曰，「子產眾人之母，能食之而不能教，豈不然哉？」是其不滿於學校之多論政治，荒業廢讀，若預為民八以後十餘年之學風，致其警覺者，與胡適極贊黃黎洲學生干政之持論，迥不侔矣。蒲於辛亥秋爭鐵路與鄧孝可同為川督趙爾豐逮入獄，革命時被舉四川都督，旋以議郎入京，共湯化龍主黨務，一度佐化龍於內務部為次長，然政事非所長亦非所喜，報業而外，若文藝、若戲劇皆赴以全力。故都香廠新明戲院即所經營，數年而毀於火。然鄉居鬻書為活。去冬復至北平就醫遽以不起，可傷也。

黃花謠形容科場，不盡可信

八股改試策論，止壬寅癸卯兩科，得名解元三人，川蒲殿俊，浙劉琨，閩林傳甲，蒲擅新知，劉筆清利，林文閎肆，為世傳誦，他省闈墨亦不乏佳篇。至主試官仍以八股進士充選，當時蓋不得不然。報章滑稽者流，作黃花謠，揶揄稍過而風致絕佳。第二三章尤趣「八股復，志士哭，八股廢，志士慰。吾謂志士且毋爾，廢而不廢猶復耳。志士聞之咈且吁，煌煌天語不聞乎。不知此理人易曉，君不見今年兩主考！」「頭場挾何書？經世文編，校邠廬。二場挾何書？盛世危言五洲圖。三場挾何書？箋疏鄭孔註程朱。不則大題文府化整為散亦可供鈔胥。」刻意形容，可云入骨，然非過來人不能道。末首「調停新舊融華洋，不然極口罵康梁，便作空言也不妨。此是元魁真秘訣，不辭稓口為君說，謂予不信看闈墨」殊不盡確。以吾所知，當時主司衡鑒，仍以「清真雅正」為標準，若以「極口罵康梁」為秘訣，鮮有不敗者。闈墨瑕瑜互見，亦非竟無可觀，何乃詬薄至此，故疑為落第之謗書，非文闈之實錄。

懷挾之禁，小試最嚴，鄉會試則道咸以前，搜驗亦酷。同治後，女主當朝，西后於考官請訓每屬勿庸多事，場例遂寬，「考籃式如牛腰麤」，尚不失為紀實。然視近二十餘中之大學考試，有先一週索題者，有携講義入場，欲肆抄胥而驟不能辨題材之出於某節某頁者。有經年不涉校門不登教室，只應畢業一試，臨時挽人代作，而於校課迄不聞問者，則科場懷挾，猶嫌太不憚煩矣。

己未以後，吾聞大學生言，抄夾帶者第一等勤學生，挾書冊者為二等，預索題目為三等，不問何題，信筆揮寫，卷有字，則榜有名，泰然自適者為第四等，並此而厭其太勞，且高呼廢考者為第五等，然則昔之矮屋低吟，風簷細酌，不已迂哉夫子乎？

翁潘務「博」，徐桐尚「純」；曹鴻勛，李端遇互相菲薄

光緒中潘祖蔭與翁同龢同官津要，又以三吳名宿領袖詞林，主持風會，並稱「翁潘」。以年輩論，應曰「潘翁」，潘以咸豐二年壬子入翰林，資在翁先，翁丙辰通籍為後輩也。「潘翁」不詞，乃屈居「翁」下耳。二公南人，與北之徐（桐）李（鴻藻）各張其幟。然尚論人文者輒推江左，祖蔭，同龢，皆蘇州人。（常熟亦

蘇之一縣），蘇州以「產狀元」名，翁氏於咸同之際八年間連得兩狀元（同龢，曾源），潘氏則自世恩（狀元）至祖蔭（探花）鼎甲不絕，世稱「祖孫、父子、叔姪、兄弟翰林之家」，故翁潘尤為朝士大夫所引重。惟山東濟寧孫氏，差可頡頏。道光甲辰（毓溎）、咸豐癸丑（如僅），十年間得兩狀元。丙辰孫毓汶得榜眼若無同龢，亦狀元矣。濰縣於光緒初（丙子）、晚（癸卯）得兩狀元曹鴻勛、王壽彭也。以是逑齊魯文風盛處必曰，濟寧、濰縣。然科名與文事初無必要之聯屬關係，應試之文，自為一格。「文」與「學」亦各為一事。或經或史或詞章或考據，苟有專研，輒形自負。故同是科名人物，亦不免「文人相輕」。安邱李端遇癸亥進士，有淹博名。己丑與曹鴻勛同典江南鄉試，闈中校藝意見各持，竟致口角。李謂「濰縣無一識字者」曹憤甚，謂「安邱人且不知字為何物！更何論於識字」，內簾諸人共勸止之，傳以為笑。然「識字」本有廣狹兩義，必以「小學工夫」為識字，則文豪之盲目者將不勝數，而物執狹義，亦每失之晦澀難通。韓昌黎自負識字，黃侃譏之曰「曹成王碑剜鞣鏺掀，撇掇筴跐，不今不古亦何為哉」，此言是矣。

八股雖腐其「統制思想」則與新主義同一意識

科舉之文名曰制藝，體必「清真雅正」，旨必「不背朱註」，所重在「純」不在「博」。故名流之淹雅，率成於自修或專研於得第之後。自翁潘二老躬為倡率而風氣為之一變，場中不專以四書文為主，二三場經策淹通無復具文矣。清代野記云，光緒己丑會試前，潘祖蔭為同鄉設送場宴，席間以新得魯眉壽鼎刊為圖說，各贈一紙，偽言就正。及試期，潘為總裁，二場詩經題為「眉壽保魯」。得圖者咸大悟，撇去常解，以鼎詁題。榜發，中式八人，同宴者七，時謂之「眉壽鼎進士」。（此事可與樊增祥所記「水烟袋舉人」並傳。光緒初陸潤庠為湖南主考，先期以「水烟袋」三字為關節授其友，命嵌入詩中。）故光緒初期洎中葉，士子多以考據詞章與八股試帖兼營並進，翰林中遂多考據家。北派大老徐桐所謂玩物喪志者，而桐則以空疎見譏於南人焉。

誦法孔孟，篤守程朱，以文學論，誠褊狹已甚。然科舉一事，本與政治、主義為緣，教育、學藝，轉非所亟。統一思想以齊眾慮，奠人心，則今之最新國家戴馬克斯若帝天神聖，亦未嘗容許慎疑。其所戴者不同，而精神統制之「定於一」則無異也。故褊狹不足為科學文字病。即夏震武之痛斥漢學，轉謂八股未嘗無益，亦自持之有故。震武浙之富陽人，甲戌進士，工部主事，清末為京師大學堂教授。專任四書講義者。

惟「循分」者能「偉大」，「無不可居之官，無不可稱之職」

清光緒十一年乙酉，翁潘同主順天鄉試，潘以兵部尚書為正考官，翁以工尚為副。第三題「孔子嘗為委吏矣」一節。張謇得南元。二十一年甲午，李鴻藻主會試，首題「達巷黨人曰火哉孔子。」謇捷南宮，破題「時人口中之聖人，即後世目中之聖人也」。上句扣「達巷黨人曰」口吻逼真，下句非止適合「大哉」氣象，且使大成殿上之「萬世師表」宛然在目，所謂全神入握，開門見山，破題之絕唱也。主司既刮目，八股家尤樂道之。其乙酉得元，破亦甚冠冕，曰「以為貧而仕，觀聖人，求稱其職而已」，時謂張季直之舉人進士皆得之於「聖人」。甲午之文，能寫孔子人格之偉大。乙酉寫孔子亦「循分之人」，所以成其為「大聖人」，尤深刻精警，曰「天下處至卑至貧之地，不必皆當卑當貧之人也。而天下惟不當卑而可卑，不當貧而可貧之人，乃不妨處至卑至貧之地。」又曰「孔子之為委吏，其所處僅儕乎不甚愛惜之官。考其時年亦二十矣，博學多能，譽早成於少賤。使稍存賢事不肖之念，則拂衣而起，風節正復可傳。即不然而下吏浮湛，亦豈有錢穀不知之責，胡為屑屑會計如斯也。子若曰：吾之為委吏也，吾之為貧也。斗升之祿，誠甚細微，而既藉以資我之貧，復傲玩而誤人之事，其居心不祥，吾惟求其當焉」，委宛周摯，曲而能達，為孔子暢舒藏抱，可謂有功聖道者。解元文亦鍊要精沉，惜不記其姓名，而文中警句曾錄存之，如「世人謂貧之外，無他事也。君子謂職之外，無他心也」、「天下無不可居之官，有其官必有其事。天下無不可稱之職，居其職必竟其功」皆至理名言，述孔子即為世人說法。今之人恆諱其出身之卑或侈言偉大，不樂小就，或職微祿薄而作出位之思，耽耽逐逐以展一身之地位，而不借步武蘇張，荼毒民眾，輒學時代名流口吻，謂不滿足現實生活乃有進步，或空羨西方平民風範豔說彼人「總統復充記者」，「元首曾為工人」，而矢口不道孔子之勤勤於乘田委吏，此輩妄人，固宜熟讀四子書，孔子固不可及，即八股顧可厚非耶。嗚乎！「不當卑不當貧之人。乃可處至卑至貧地」，「居其官必有其事，居其職必竟其功」此即「偉大」，捨此亦安有所謂「偉大」乎？三復此種八股勝於詛咒「宇宙殘酷」夢想「美的人生」遠矣。

張一麐為馮國璋嗜財辨雪

張一麐字仲仁，吳縣人，與張謇同舉乙酉順天鄉試，受知翁同龢。文名亞於謇，其父庚辰成進士，亦同龢為座師，父子同門，蔚為佳話。民九己未四月，孫雄組瓶社祭師，一麐詩「兩世虞山一瓣香，記操吳語問鱸鄉。貞元朝士垂垂盡，當日侯芭鬢已蒼」親切安詳，視謇之堅厚未多讓也。二張友誼敦篤，常相戲謔，多雅韻。某日，一麐致謇書，不白所自而筆蹟自可辨，謇以詩答之曰：「遠道書來不署名，心知烏有是先生」，「烏有先生」四字拆用，筆致靈活，亦饒機趣。一麐困於春官，以薄宦遊幕北洋，治事精勤，受知袁氏。民國後入總統府，長政事堂機要局。時府秘書長已裁，梁士詒為皖豫諸派所逼出府，一麐以蘇人入綰機要，或以為奇。世凱方事獨裁，攬大紀。廢國務院，行總統制，以收政柄，設統率辦事處以一軍權，改府秘廳為內史監，專司文札，若清之南書房。機要局，隸於政事堂，上有國務卿左右丞，非直接總統，權力視前之府秘長大殺，一麐循分盡職，亦非若士詒沉毅宏強之可畏也。然洪憲議起，頗持異議。有讒於世凱者，乃出任教育，尊而遠之，代以王式通。式通斯文一派，好好先生，視一麐尤易與矣。馮國璋督蘇，耳一麐名，入代總統，辟為府秘書長，頗相得。國璋下野，一麐亦南歸，後以爭蘇人治蘇，偕諸代表入京，謁徐世昌不得當，坐臥府門作秦庭之哭，復集蘇同鄉政學商各界大會於江蘇會館，馬良（相伯）與焉，馬滑稽而張英挺，盛氣高言，若青年壯士，蓋亦不服老者，國璋以己未之冬歿於舊京，一麐為撰行述，縷敘生平，語無泛設，雖感激知己，不無掩飾其短，而故實充盈，亦足以資參證。如清季之監督貴冑學堂，使王公貴族貼然就範，辛亥長禁衛軍安撫八旗子弟，勸導官長目兵，轉危為安，語皆實錄。又段祺瑞率諸將要求退位，馮以無位則帝號不存。「位」為虛，「政」為實；「政」可讓，「位」不可去，力爭累日，故禪讓詔書不言「退位」而言「遜政」。時人多混「退位」與「遜政」為一談，馮獨慎思明辨之，然則大樹將軍亦自有其可以稱異者在矣。馮氏嗜財，有「細大不捐」之誚。一麐為之文曰：「世言公善自封殖，公嘗語人曰，項城雄主，吾學蕭何田宅自肥之計，多為商業以塞忌者之口耳。」然歟否歟！為總統撫覽三海，竭澤而漁，又何說耶。其系三督王占元、陳光遠、李純胥以工於計贏聞名天下，衣鉢淵源，良不謬也。祺瑞臨其喪，目送而嘆曰「要許多錢，有甚麼用？」惜未為一麐所聞耳。

孫雄之闈墨及詩賦

孫同康字師鄭，戊戌後以避康黨嫌改名雄，蓋嘗以高密先生自期，然其人實擅詞藻，絕異經生。癸巳應順天秋試，翁同龢為正考官，次題「子曰，為政以德，譬如北辰，居其所而眾星共之。子曰，詩三百，一言以蔽之，曰思無邪」，孫以「正人心」立骨，綰合上節之「以德」，下節之「思無邪」，中比曰「古聖君敬以作所，初不矜長駕遠馭之規。而烏弋黃友，輸玉帛以仰惟皇之極，雕題交趾，達梯航以近天子之光。赫赫乎薦壽紫宸，勝輝赤道，正不啻羅五緯十二次，悉視居所之北辰以為翼衛焉，而人心之渙者何難聚哉。」同龢亟賞之，遂以第二名獲雋。孫五十自壽詩句，「華嶽曾居第二峯」，亦南元也。於同龢頗感知遇，其〈輓同邑翁相國師〉上聯云，「秋賦曾膺薦鶚，春官又快登龍，執經荷上相傳心，憶文評屢賞雄奇，壁壘精嚴旗鼓整。」孫氏癸巳甲午聯捷，會試同龢雖不為總裁，而覆試、殿試、朝考固多參與。「雄奇」、「精嚴」、「整齊」皆其評語也。甲午「達巷黨人」題，孫之「百家騰躍，攀戶牖而聞歸，萬象馳驅，仰鴻鈞而獨鈞」。寫孔子之「大」亦殊酣足，然乃襲取廟堂碑成語，用來恰合耳。——（孫氏此篇全文，吾未之見，廟堂碑一節，聞之諸兄口述，皆嘗與孫其闈試者）。

沃丘仲子《名人傳》收孫於「文苑」。列諸「近代」，誤為已歿，稱其工駢儷能詩，而譏其頌聖獵官。民國後，奔走督軍省長間為諮議顧問，斥為輕薄文人。雄貽書自白，沃丘乃於續作《當代名人傳》小序中為之諒解曰：「隱於王城，觀所作感舊詩肥遯自甘，晚節信堅貞矣」。案孫氏於乙巳西后萬壽前，作〈茲壽無疆頌〉，自云代商城師作，（商城當係張巽之，豫人，己丑翰林，癸巳順天鄉試同考官）其詞曰：「育材有塾，惟期面壁十年。選佛無場，不尚背城一戰。焚月府登科之記，甲第何榮？革風檐勒帛之書，乙藜休照」。則立學堂廢科舉也。「爰閱河間之伍，寧儕壩上之軍。萬騎星屯，千乘雷厲，春蒐秋獮，壯宮府之軍威，夏箭冬膠，集羽林之妙選。」則練新軍，舉秋操也。而如「羨畿輔之首善，賴朽國之重臣，組織膠庠，總持綱紀」，「項城宮保忠貫金石，氣鬱風雲，令肅如山，師行若雨」諸句，則不類頌聖，直頌袁耳。結處有歌曰：「樂群雍兮流湯湯，胥鼓南兮弦誦琅」，「不戰屈人兮四海永康，中和平兮外武裝，無為而治兮股肱良！」通體舖張北洋學務，練兵之政績，「慈壽無疆」，特借題抒寫而已。

孫氏晚節，若云肥遯堅貞，似去散原尚遠，而視縱橫排闔之政客則有間矣。顧問諮議，僅食客之流耳。其〈康中金陵感事詩〉於李純似有知己之感，代作不平之鳴。次三兩首云「四十年前騎驥蹶（原註謂馬端愍事），三千里外鶺鴒悲。桃僵李代知非福，蕙嘆芝焚枉賦詩。中夜抽刀痛來歙，三軍破膽奪韓琦。漫天贈繳原難避，市虎訛言莫釋疑」、「斧聲燭影事難言。二十載門牆忍負恩。學射逢蒙真盡道，如生先軫得歸元。能傳衣鉢嗟同命，欲廢韜鈐絕禍根。太息兵氛如火烈，焚身象齒究何存」時謂李氏死事可疑，故有「斧聲燭影」諸句，「太息」一韻，寄情深遠，有餘味焉。又有〈庚申五月觀奕〉六首，指直皖戰事也。段氏好奕，自詡國手，而所部慘敗，故詩中多用雙關語，如「方罫相煎休太急，饒人一著是祥和」。「一枰成毀雲烟過。得失雞蟲莫較量」、「推枰猶作英雄語，天下中分尚可持」、「攻心其奈從心潰，國手應嗟著手難」、「對壘勢成歧路險，爛柯人去舊盟寒」、「法遠曾傳迷路戒，中山空建勝棋樓」皆穩愜，而「勝亦無聊敗更悲」、「東山謝傳不逢時」尤擅韻致，覽之解頤。李慈銘越縵已有〈庚申感事〉之作。時為咸豐十一年八月英法兵入京燬圓明園，第三首云「五朝神籞翼皇州，縱火連宵獨九幽。法物盡隨群盜去，仙山真見萬靈愁。不須華髮摩銅狄，空使孤魂泣水囚（內大臣文豐投水死）。羯餤滔天古無此，憑誰海上博長虬」。氣雄筆嶄，以孫作擬之，瞠乎後矣。

夏曾佑為歐化新詩首唱

黃遠生嘗尊梁任公為報界大總統，「報」字當屬於廣義。任公一生所致力，學術、政治以外，小說、戲曲、詩詞，無不致其勤力。《飲冰室詩話》，為報章中研詩之首唱，所一再表揚者黃公度、夏穗卿、楊皙子、譚壯飛、狄楚青。於公度穗卿之創新尤多特載。詩話云「當時所謂新詩，頗喜撏撦新名詞以自表異，丙申中，吾黨數子皆好作此體，提倡者夏穗卿，贈余詩云：「滔滔孟夏逝如斯，亹亹文不鑒在茲。帝殺黑龍才士隱，書飛赤鳥太平遲。」又有人雄起琉璃海，獸魄蛙魂龍所徒，皆無索解之語。吾輩方崇拜宗教，乃至相約作詩，非經典語，不用新約經典指佛孔耶，言龍者指孔子，言蛙指孔子徒，故以此徽號相期許，至今思之，誠可發笑，亦當時之一段因緣也」。是則新詩、洋典，在梁夏諸公已早赴潮流，且視為過去因緣，付之一笑矣。

夏穗卿，名曾佑，浙之錢塘人，庚寅會元也。主試孫毓汶得其卷歎為超超元箸，親定第一名。首題「子貢曰夫子之文章可得而聞也，夫子之言性與天道不可得而聞也，子路有聞，未之能行，唯恐有聞」，破曰：「戒躐等而篤躬行，所以學聖也」。結語曰：「奈何學者尚求聖人於荒渺而不克聞行之也」，中間警策處如「子貢所謂可聞者而以為不必聞，子貢所謂不可聞者而以為必欲聞也，未識文章何論性與天道哉。夫學以聞為機而以行為實，以云行也，莫我子路若，方其甫聞，未必不行也，而常若未行，方其未行，未必又聞也，而常若有聞，雖其聞於夫子者，不知於文章性道奚若，而要其致力於聞後者至矣」，發揮「即知即行」，「知行合一」之學說，筆意廉悍，安得以八股少之。試帖詩「城闕參差曉樹中，得門字」點題四句曰：「指點雲中樹，參差上曉暾，名城瞻鳳闕，勝境致龍門」，自是富麗堂皇，應制之正格，以與飲冰所舉，「黑龍赤鳥，獸魄蛙魂」合觀，覺後先易轍，絕靭而馳，益復相映成趣。夏以進士改庶吉士，散館得主事，又改知縣，名位均不甚顯。

文廷式「宮井句」，王薖叟「宮井詞」

庚寅一榜知名之士，有文廷式。字道羲，字芸閣。蔡元培鶴卿，又字孑民。元培於壬辰補試得庶常，甲午授編修，嘉研時務，為掌院徐桐所惡，遂請假作汗漫遊，益廣新知，奮志邁進，遂為新學大師，則桐實玉之於成也。廷式以第二人及第，甫留館即典試江南。明年大考第一，升侍讀學士，文采彪炳，以珍妃師受光緒帝殊知，浸將大用，遽為楊崇伊所彈，褫職放歸，流徙江湖，憔悴以死。庚子之變，那拉后挾光緒西行，促閹人墮妃於井，廷式聞而痛之，有〈詠月〉一作曰：「藏珠通內憶當年，風露青冥忽上仙。重詠景陽宮井句，菱乾月蝕弔嬋娟」，用玉谿生「秋港菱花乾，玉盤明月蝕」句，足稱哀豔。王燕泉丈丁卯遊故宮，有〈宮井詞〉長幅，體仿樂天長恨，詞采韻致，兼及吳祭酒，佳句絡繹，文采斐然。如「碧殿當年帝子家，宮槐夾道響輕車。記從戚里將軍第，迎取昭陽姊妹花」。「彤管初賡靜女詩，御園垂柳正絲絲。吮毫小擬簪花格，寫韻閒徵詠絮詞」，「豈少屬車載良娣，分無細馬送昭君，不期九陌傳烽夜，完就娥眉歷劫身」，「官家返袂涕汍瀾，玉碎珠沉不忍看。七萃胥征出海甸，六飛西幸向長安」，「明年迴馭再收京，親奉鑾輿返禁城，母子終全慈孝意，山河難遺古今情」，「茂陵松櫝接昭邱，南內無人落葉秋。紅粉自來關氣數，黃壚一例掩恩仇」。凄清穠郁，兼擅勝場。全篇不及廷式事，丈與為同年生，難於著筆也。溫柔敦厚，斯為風人之旨。

繆荃孫以修史失歡於掌院

是時翁潘維持風會，而徐桐實掌翰林院，自光緒初至庚子二十年之久，翁管國子監，潘領南書房。惟掌院學士為諸翰林之長，握考核薦舉之權，桐平生厭談新學，嚴範孫先生及蔡鶴卿胥以此失歡，先後乞假。若繆荃孫藝風之見惡，則非關新舊，事尤可異。繆以丁卯舉人從張之洞於四川學幕，代撰書目答問，淹雅之譽已彰。丙子入翰林，丁丑留館，即於己卯與北闈分校，蜚聲詞苑。旋與譚宗浚（字叔裕甲戌榜眼）——同任國史館總纂，潘祖蔭為總裁。潘以憂去，徐桐繼之，示以紀大奎易說，命編入儒林傳。繆謂易有經學之易，有術數之易，朱子注參同注，四庫列之道家而不入經部，大奎未可入儒林。遂相齟齬，甲午大考荃孫已定三等一名，桐為覆閱大臣，指其題有誤字，改百二十四名。乃知不復相容，遂挈眷出都，從之洞於湖北，事見其家人所為行述。此事非止繆氏一人進退所關，純博兩系之冰炭，從可見矣。

陳寶琛曾薦楊鍾羲授讀

周君錦瞻（即宗澤）淹雅人也。頃晤談於長美軒，翼賢座上。得陳「太傅」遺聞數則，益我良多，因並誌之。

「太傅」於客歲元旦作詩，自比陸游，復取古人之壽近九旬者一一衡量，似已預知數盡。今正瀏覽張文襄年譜，至中法之役，張佩綸狼狽於閩，已亦掩袂江南，歎息香濤誤友，所聞與吾同。惟吾紀所覽為《中法戰紀》，錦瞻長日追隨「太傅」當較確也。楊子琴太史名鍾羲（原名鍾廣，漢軍人，己丑翰林）輓「太傅」聯：「忠豈忘心，灑淚哀箏傷謝傅。國誰與立，傷心舞鶴負羊公。」庚戌間清室選師時，「太傅」嘗舉楊自代，有阻之者，不果行，故有舞鶴傷心之句。錦瞻令嗣與「太傅」十六歲幼子同肄業於志成中學，又共執贄楊君治國學。一日錦瞻設席款師，「太傅」推楊首座，楊君逡巡稱不敢，「太傅」曰尊師也，吾何能僭。眾益欽其謙德。客冬為熊佛西書聯署八十七叟，吾以為太傅最後之贈。今聞錦瞻言，正月間曾為金拱北少君及某友書。署八十八叟者，僅一二聯，彌可珍矣。

父子兄弟叔姪同榜進士

庚寅春試，太傅弟寶瑨、寶璐，姪懋鼎同舉進士。寶瑨、懋鼎父子一榜成名，為士林稀有之盛。懋鼎十五名在魁列，寶瑨四十名，寶璐六十七名，胥為小郎所屈，尤佳話也。凡父子同年，則子稱諸同年為年伯，諸同年亦共稱乃翁為年伯。「太傅」則為同年兄弟，以本身同年論，故庚寅去「太傅」登第雖念餘年，每與諸弟姪後輩融融一堂，其樂無涘，朱益藩其一人也。

又前記蔡元培會榜出天津王用欽房，係聞諸嚴範老。茲錦瞻謂實長洲王頌蔚所薦。頌蔚字黻卿，庚辰庶常，改戶部主事，即輓孫詒經以焦桐自況者。王用欽字覲宸，丙子進士，戶部員外，亦與分校，或範老記憶偶誤云。

嘉慶、道光、咸豐之尊師，真摯隆重

《清史稿》記杜文正受田獲眷之由，在上書房授讀時。道光帝携諸皇子出獵，咸豐受文正教不發一矢。詢之則以時屆春和不傷生命對。道光喜其有君人之度，儲位乃定，文正有功爰立，故飾終之典，備極哀榮。此說似本於《春冰室野乘》，他書未見。《郎潛紀聞》「杜文正恩遇」一節亦不及之。吾弟一士辨其未確。蓋清代尊師重道，倍於往古，非止儀式已也，篤情誼，正名分，發乎至誠形於文墨，不一而足，如嘉慶師事朱文正珪恩禮之隆即咸豐之於杜，亦何以加焉。乾隆末朱珪由粤督降署皖撫，嘉慶疑為和珅之譖。己未春珅奪職下獄，承訊諸臣奉旨嚴詰，珅對「朱珪因魁倫參奏洋盜案內降調，奴才實不敢阻抑」。《郎潛紀聞》載「朱文正以德行文章受兩朝知遇，內禪禮成，例得進冊，珅多方遏止。既上珅又指摘之。純皇帝諭曰師傅之職，陳善納誨，禮制宜爾，非汝所知也。旋召公以吏部尚書協辦大學士，仁宗作詩寄賀，屬稿未竟。珅以白上皇曰，嗣皇帝欲市恩於師傅耶！上皇色動顧董文恭公曰，汝在軍機刑部日久，律意云何？公叩頭曰，聖主無過言。上皇默然久之曰卿大臣也，善為朕以禮輔導嗣皇帝，乃降旨朱珪仍留兩廣總督之任。旋又改巡撫安徽。觀此可知和珅之所以取死，而嘉慶於朱珪之一德相孚，亦在是矣。十一年冬朱珪卒，特謚文正。諭曰：「憶伊官翰林，皇考特簡為朕師傅，爾時朕於經書已皆竟業而史鑑均資其講貫，其所陳無非唐虞三代之言，不特非法不道，即稍涉時趨之論亦從不出諸口，揆諸謚法實足當正字而無愧。無庸內閣擬請著即賜謚文正。」既親臨奠醊，復以門庭卑隘，家況清寒，命內務府備飯桌，二阿哥代上祭。再命慶郡王永璘奠酒送殯。其後嘉慶每謁陵或巡幸必迂道謁珪墓以志弗諼，可謂極情盡禮矣。陳康祺曰：「朱文正歿已數年其姪錫爵方為山東藩司。山東學政黃勤敏亦文正所特薦。仁宗批勤敏謝恩摺云朱錫爵才勝於德，汝應念石君師傅之舊恩，時加訓誡，毋忽！並令轉諭錫爵令其回奏。御筆於石君二字上空一格，尊師念舊歷久不渝。」常人師弟之恩禮未必稠疊如此。即道光與秦承業雖小有違言，於其逝也仍特贈禮部尚書予謚，又批其孫宗澣謝恩摺云：「覽奏景慕落淚，書齋風況，猶在目前。嗚呼吾師！終身繫念，不能忘也」，心喪永慕，何異孝子事親。陳寶琛每入謁溥儀必扶掖迎導，揆以清代家法，殆不為過禮也。昔之名教以天地君親師並重，康熙詣曲阜謁孔林，以黃紙書「大成至聖先師」覆於墓碑原鐫「大成至聖文宣王」之上，而後伏地九叩，謂之「拜師不拜王」，君威至尊，惟師道足以折之。君權無限，而教權屬於儒者，「敬天法祖，尊師重道」為人君之科律。其心目中有天祖以臨其上，而又有師儒之規範，道義涵濡啟沃於其旁，是以挾無上之權威而不至有過分之泛濫凌越，此「治人者有所受治」之精義也。柳隅先生論帝師作用一文，稽古溯源，語之已詳。因復以鄙見所及附誌於此。

華嶽三峰、嵩山四友、「大總統」之「太子太傅」

袁世凱將稱帝，先繪華嶽三峰圖，以徐世昌、趙爾巽為華嶽三友，後仿商山四皓之意加一張謇為嵩山四友。世昌甲寅年六十壽，袁贈聯所謂「四十年金石論交，布衣昆弟期偕隱」蓋訂交最早也。趙則年齒俱優。李為李文忠猶子，世凱自云平生得文忠提攜，題天津李公祠聯曰「受知早歲」、「一生低首平汾湯」，故於經義寵之以友。張與同遊吳長慶戎幕，書為改竄文字代擬筆札《亞細亞報》云，「今上從吳公習軍事與張先生遊處，交誼在師友之間，故嵩山四友張為一人。元首擬令為太子太傅而張先生力辭不任，因不欲過恃舊恩自居師傅，然江南名士張為領袖，上意甚殷，恐終不免一出」此所云太子太傅不知何指。玩其語意，似袁有意令張課所謂，「今上」之「皇子」，故曰「不免一出」而「不欲過恃舊恩，自居師傅」一語，又似為袁本身之「帝師」，且「太子太傅」久屬虛銜，自明迄清，勳舊循資可加，如李鴻章、寶鋆固未嘗躬任教冑，而入值上書房諸臣則又祇有「總師傅」或「行走」，不能遽加宮傅也。或者袁氏欲使榮銜與實官合一歟。當時怪文百出，多無確解，此其一耳。又嵩山，五嶽之一，自有袁氏，群下援以貢諛。其於戊申五十壽奉以賀聯曰：「五嶽同尊惟嵩曰峻極。百年上壽，如日之方中」。丙辰年袁櫬發京漢路歸葬，則於正陽門西車站松坊，顏以四字曰「神歸嵩嶽」而嵩山遂若高峯之突出。按之毛詩「崧高維嶽，駿極於天。」註「崧同嵩駿同峻」。「山大而高曰崧。嶽，山之尊者，東岱、南衡、西華、北恆是也」。審是則四嶽皆嵩，獨嵩不與於嶽之數。又泰安之岱廟曰「峻極殿」，泰山高處有石勒曰「五嶽獨尊」，則「惟崧峻極」首推東岱，安得謂惟嵩峻極乎。

文蓬萊、武蓬萊

蓬萊自古號為仙境，入於詩人之筆。吟誦低徊，果似海上神山可望不可即矣。實則魯省極東北濱海之一縣，猶之酆都為四川忠州屬邑，而遠地之人，一經道及輒覺鬼氣陰森，若「十八層地獄」「陰山背後」非復人間也。《老殘游記》卷首寫蓬萊異景，筆致生動，而謂蓬萊閣在城東，則與齊河縣南關逆旅同一失實。閣在城之北，背擁丹崖面臨大海，小島環列，若遠若近，有神光離合之觀。又有海市蜃樓之說，古代交通未擴，昧於地形，以為人境極於海出，海皆仙居，蓬瀛、蓬壺、蓬島諸稱，由此而起矣，先君子於光緒授蓬萊令，蓬萊為登州首邑。知府事者為番禺張學華字翰三，庚寅翰林先研甫兄戊子鄉舉同年，以御史典郡，其鄉人陳伯陶（字子礪，壬辰探花，時官編修，後官至提學使），贈聯曰「今夕只可談風月，謫居猶得近蓬萊」。以外簡為貶謫，自是玉堂口吻。（明代翰林至貴，率以中秘為趨向，視外官為風塵俗吏，雖督撫藩臬亦若有所不屑，清則異是，翰詹科道必京察一等始得記名道府。乾嘉時且以翰林七品得四品為過優，命以同知直隸州選用）而集句渾成，情景恰合，彌可誦也。

唐太宗時有「十八學士登瀛州」之佳話，於是蓬瀛、蓬山，為翰苑之代稱。嚴桐之「兩冠蓬山了不奇」，江春霖之「得返蓬瀛豈偶然」及徐世昌輓陳弢菴之「舊望蓬山懷碩果」，胥有仙鄉回首之思，一似翰林皆寄籍蓬萊與吳大將軍佩孚同里閈者。可為莞爾。佩孚於城中築一大樓，雖不逮掖縣張宗昌之皇城，而崔嵬壯闊，亦自可觀。顧未嘗一日居，久為駐軍據作司令部。大將軍，武人也。武人之宅，作戎行之廣廈，俾武士無寒，固其所耳。所閱佩孚為《新北平報》凌君溥申書對，「絲綸閣下文章靜，蓬萊宮中日月長」是將軍燕台寄迹，未嘗無邱首之思。予癸亥夏興時詩詠吳一律云：「眼底吳蒙是可兒，北胡南越任鞭笞，名高百戰雷鳴夏，令肅三軍日向葵。聚米伏波勤策畫。屯田伯約飽讒譏。蓬瀛回首家山在，試撥濃陰聽子規。」時吳氏偏處洛陽，曹氏忌其名位，施離間之策，浸潤之言。同室戈矛敗徵已見。故托微詞，以諷之。彼方高踞爐火之上夢境沉酣，何暇顧慮及此，且此公文理遠不逮徐又錚，亦未必能作解人，今則吾言不幸而中矣。

東方三大、四大

蓬萊文風雖盛不逮濰縣濟寧，而武士之「宇宙大名」轉為通省之最。明代戚大將軍禦倭防海奇蹟頗多。清則宋慶即甲午戰日庚子勤王之「宋宮保」婦儒知名。民國後吳佩孚亦一世之雄矣。武風既昌，將星所集，宜乎海不揚波，民皆受賜矣。乃觀《大公報》記者汪君松年旅行所記，則「臨街店鋪十九關閉。除售青菜紙烟者外，直無店鋪可尋。」、「蓬萊閣到處大書標語，濫塗藍色。雜以漫罵。」、「書畫名鐫，歷代碑刻，為石灰塗平。」結語謂：「所得印象為市面凄涼，軍威可怖。」嗚呼！「軍威可怖！」，難乎其為名將之豐沛矣。諺云，「大水不沖龍王廟」，何太不為諸帥留餘地耶？

《庸菴筆記》載無錫秦瀛以孝廉家居，聞純皇東巡泰山，赴召試之典，過清江浦，偶於市中購破書一本，皆記零星典故。有一條曰：「東方三大」，泰山也，東海也，孔林也。及試題為「東方三大賦」，通場無知題義者。惟秦卷得解，拔置第一，授中書。此中遇合自關運會。三大之說，魯人能詳，他省自然隔膜矣。清季有順天人李熙在山東省垣主《濟南日報》。大書於首頁曰，山東三大，今合《濟南日報》則為「四大」。見者笑其標榜，而亦賞其設想之奇。李字明浦才士也。曾膺經濟特科之試，西后惡其名與高麗王同，弗錄。後大吏特舉人才，以侯選道升學部侯補參議而無濟於貧。聞孫念希言憔悴死矣，可傷也。

工部登兗州城樓詩：「浮雲連海岱，平野入青徐」，壯闊高渾，自是詩人意境，兗州去海岱青徐，何啻雲山萬疊，而海岱遂為山左之表徵。巡撫署之左右坊曰：「岱宗磐石」、「海甸清風」。學使署坊曰：「鄒魯教育」、「海岱文章」。山東學政尹銘綬三小印曰：「海岱輶軒之使」。東海泰山，膾炙人口由來久矣。益以孔林遂為鼎足。然以清帝題聖廟聯：「河海泰山麟鳳莫喻聖人」句證之，則海岱與「參天化育」之宗師相擬，猶非其倫也。闕里聖公府門聯曰：「興國咸休，安富尊榮公府第。同天不老，文章道德聖人家。」偉哉。《西游記》元妙觀之「長生不老神仙府。與天同壽道人家。」與此並觀，直堪噴飯。

大新集、春帆樓，甲午搆和之遺念

李文忠馬關議約為暴客狙擊瀕死得生，其血衣尚在合肥大新集墓享堂中。聞黃馬褂已於十七年張宗昌圍攻期中失去。惟長袍存於木櫥，任蟲蛀風蝕與蛛絲塵穗為伍，日就朽敗。國人之忽於歷史印象於此可見，又可嘆也。彼日人者於甲午之役受德法俄之干涉還我遼東引為奇恥，於是有「還遼紀念會」，又有「日清講和談判紀念會」設於門司之春帆樓，北面置伊藤博文、陸奧宗光、伊東代治之座椅。南面置李文忠、李經方及繙譯書記之座椅。當時使用之筆墨水瓶吸墨紙，洋燈依次排列，即陸奧偶用鉛筆亂書之碎紙亦羅致無遺。乙卯四月舉二十年紀念大會，其國人過而覽者，百端興奮。吾邦僑氏惟餘歎息。吳摯甫東遊視學寓於此樓大書「傷心之地」亦懸於壁間。文忠舊居引接寺室內坐臥處几榻器皿至今存焉。兩兩相形，彼何斤斤，我何落落，尤可慨矣。

「重諧花燭」與「重宴鹿鳴」之難易，張伯苓結婚紀念演詞有裨世道

中國舊時紀念之典亦恆有之。大抵屬於個人或家庭之喜慶，富貴壽考生日忌辰科名嫁娶等，鮮有及於國事者。若「重宴鹿鳴」、「重宴瓊林」則鄉會試獲雋一周——（六十年也，非今之一星期）——之紀念也。「重諧花燭」則結婚後六十年之紀念也。「重宴鹿鳴」、「重宴瓊林」之紀念，難在科名與壽，不易相兼。早捷者不必有壽，壽考之人，又未必為少年得第，故清季有提前出奏之通融，俞曲園所謂為「惙衰赢各競先」者也。「重諧花燭」，則難在夫婦之白首齊眉。假定二十歲合巹，則此伉儷相將，各須壽登八秩。一人得逾古希十歲者無多，況兩人乎。「重諧花燭」例須作新婚裝束，招邀親族戚屬，同拜天地舉合歡杯，舅姑無存則兒孫繞膝堂前異景，其樂無涯。而河清難俟，則有十年一紀念已代之，如今春南開大學校長張君伯苓之四十年結婚紀念儀式整齊，演詞深至，足為摩登棒喝，亦甚有意義者也。所云：「新式太太虛榮心大不能幫助丈夫，還使丈夫為了她，而去竭力在經濟上想方法」，「舊人物只知對於丈夫兒子只應如此，不知道甚麼理論。但不知道的人要此甚麼都知道能說能寫的人好的多。」「青年女子！可別盼著你丈夫發財，他一發財，第一個看著不順眼的就是你！」「除了女的是潑婦，男的無所不為的以外，都不應該離婚，夫婦間應該多體貼。」可稱句句真字字切，足使頑石點頭摩登撟舌。予以為此種紀念演說勝於徒有虛文不務實際之國事紀念遠矣。

北平桃色慘案餘話

月來北平之桃色案轟動一時，實則檢廳訴狀「淫機所至，殺機隨之」，兩語足以包掃一切，「桃色」二字似甚新穎，亦所謂花案之類。桃，花之治豔者也。花案之輕者淫亂，重者妒殺，社會之所不齒，國法之所必懲。本無特感興趣之必要。尤可異者，自「小姐殺人」以至「公堂定讞」，睽睽眾目，嘖嘖群言，悉注於被殺之滕女，就逮之逯劉。獨不思滕劉之前，尚有逯某之元配，以「家庭主婚，感情不治」之籠統考語而飲泣吞聲，甘被休棄。彼獨何罪，而不獲申於法庭，又不見憐於輿論。法庭靜默，所謂「不訴不理」猶可說也。輿論權威，在體人情，察幽隱，同情弱者以鳴不平，而乃熟視無睹，不可說也。「感情不洽」而有子女，是「息夫人三年不言而生二子」，不得目左氏為「浮誇」矣！吾聞大學生冠軍，選手之所以多，謂可以「武進士洋狀元」歸而嚇詐鄉愚，逼父出妻，行所無事。當其身居都市跳蕩洋場，則唾舊揚新，儼然二十八世紀之表表。及其返於故里，則又化身為科第功名中人，武斷鄉曲恣所欲為，對於摩登界曰「離婚」，對於鄉下人則「休妻」耳。噫噫！

江蘇鄉賢，武功類全省三人，宜興得其二

比者國府功令，崇祀鄉賢，頒六項標準，命各省當道，紳耆名宿舉其堪資矜式者，樹之人極，風被群倫。江蘇一區得正位三十人，附祀十人。（一）德行為泰伯、言偃、胡瑗、陸世儀、仲雍、季扎。（二）政治：蕭何、范仲淹、陸秀夫、翟式耜、顧雍、曹參、范純仁。（三）武功：盧象昇、鄧廷楨、周處。（四）氣節：陳東、陳子龍、沈廷揚、高攀龍、顧憲成、周順昌。（五）學術：劉知幾、唐順之、徐光啟、顧炎武、王念孫、錢大昕、惠棟、顧野王、莊存與、阮元、陸德明、劉逢祿、汪中、王引之。（六）有功黨國者：趙聲、熊成基。「武功」一項共只三人，吾宜得其二，盧象昇、周處可以豪矣。

《清代野記》云：「自春秋吳闔閭稱霸二千餘年，不聞蘇屬有諸軍旅者，故世人以吳人柔弱為誚。」因舉張曜、孫金彪作戰治軍之事。為「吳人知兵」二則，以揚張孫二公止戈戢暴之麻，且張三吳子弟允武允文之幟，用心良苦，選例至嚴。著者「坐觀老人」，既隸籍梁溪。孫金彪，為吳江盛澤鎮人。張勤果則世人僅知其以錢塘繼籍大興，而「老人」則謂雖錢塘籍，實世居吳江之同里鎮，當非無據。案有清一代，三藩而後，當以太平天國及捻回兩役之戰爭最為劇烈。湘淮軍由此知名，北洋系從而發軔。獨蘇人望塵莫及，落伍無疑，迄於民國初年，北兵南下，戢然受制於袁家將者亘十餘年。庚申辛酉間蘇代表入北京爭蘇人治蘇，集於江蘇省館。有大呼「蘇人無槍，不殊俘虜」者聲淚俱下。反觀前代周將軍盧督師之威烈，不汗顏乎。

盧忠肅亦英雄亦兒女

盧象昇——謚忠肅——仕明，當崇禎之末運，滿族憑陵於東鄙，流賊鴟張於西陲。初共洪承疇討張李，以功擢兵部侍郎山陝總督，賜尚方劍，總理江北、河南、山東、湖廣、四川軍務。破賊滁州，喪其精銳，賊勢浸衰而清兵內犯京畿。象昇奉詔入衛，承疇亦移兵防北，西寇遂不可制。象昇兵潰鉅鹿，身死蒿橋，其武功之盛，殉國之烈。既垂於史冊，炳若日星。會稽施惠，同里李庚復刊行述奏議，文編詩集都十二卷存之邑館。有〈湄隱園記〉狀陽羨桃溪風物纖微入妙，不讓柳州小品，結尾自為解答曰：「蘭亭梓澤，轉瞬邱墟，何物不等空花，豈必長堪把玩。向者邯鄲盧生，一枕睡熟，畢四十年，貴賤苦樂，此吾家故事，吾園何必不作如是觀，」是其胸次超曠，有林泉招隱之思。更觀家書寄室人一則，曰：為官十三年惟國事蒼生為念，不敢私其妻子，未嘗有負軍民，室鮮冶容，家無長物。今任討賊，艱苦萬端，成敗利鈍付之天，毀譽是非聽之人，頂踵髮膚歸之君父」，又何其悲壯決絕凜然千載猶生耶。詩筆雄邁，意態軒昂。如〈不周山〉云：「不周之山頭可觸，滄浪之水足可濯。撼搖天柱蹋洪流。丈夫氣骨原千秋。我今俯仰何所事，顧影掀鬚只如此。白日升沉無已時，安得長繩一繫之。」浩氣凌雲，恰似武穆騎鶴歸來之句。惟詩餘小令，轉多輕豔耳。有〈春閨西江月〉云：「裁就弓鞋樣淺，繡成鴛枕鍼殘。坐沈紅燭有餘閒，日九迴腸非觸。別館疎櫺風細，孤幃繡榻香寒。昔時雲雨夢中難，欲覓佳期已晚。」〈秋閨疊字韻〉云：「相思相盼何時已。閒把閒愁理。玉人人倚玉闌干。新月新秋新怯寒。日陰陰，夜深深，漏更更，葉葉聲聲響到明。夢兒成不成。」尚有〈長相思〉，〈菩薩蠻〉諸折，亦芳馨妙曼之詞，直亞冬郎，何論溫李。故知方剛之士，莫非本於性靈，兒女情，英雄氣，原不相妨。香草美人，恰副靈荃忠愛。彭剛直之梅，曾文正之藕，王道不外，即聖賢豪傑之所同，不足異也。

周孝侯後裔之賢愚、周延儒、周家楣

周孝侯處，三國時吳將軍魴後，史稱其少孤，膂力絕人而貧無賴。父老諷之曰：南山白額虎、長橋下蛟，並子為三害。遂入山射虎，投水斬鮫勵志為善。今劇本有《「除三害」》則云宜興太守王晉接窯戶狀，訴處不法，乃微服相遇街頭，以三害說之卒改行。或指此太守即樓船下益州之王濬，更不知何所據也，宜興城有長橋，樹石碣曰，周將軍斬蛟處，「蛟橋夜月」為邑之名勝，盛事流傳，象徵漸普。有頌長官之詩鐘曰「射虎斬蛟三害去」、「房謀杜斷兩賢同」——有謔狎友之偶句曰：「三物害人鴉雀鴇。四靈除爾鳳龍麟」。去歲首都厲行禁妓、禁烟、禁賭而「除三害」之標語遍於市間，皆周將軍之遺風餘韻也。除舊布新，涵義至閎。匪止一人一時之嘉話矣。

宜興望族曰周、曰任、曰儲及吾宗徐氏。周氏世系罔不推本孝侯。及於明代乃有周延儒者與盧忠肅同時。兩為宰輔，其再入閣也，爰溫體仁所為，頗負時譽。及自請禦清師通州，軍事廢弛，虛張捷報，察實罷歸。旋復逮京繫置正陽門古廟賜自盡。廟址今屬北寧路車站，雖久廢而遺跡可按也。宜興相國，末路堪悲。殊不稱將軍周處之子孫，若易以象昇則克，繩祖武矣。鉅鹿野史，許德士云：「公環顧中外人情，盡伏危機，尚方告奪，呼天罔應。公指天誓日大曰關羽斷頭，馬援裹革在此時矣！自辰至未相擊四百餘礮，礮盡矢窮，營中對面不相見，副帥挽公馬泣請出圍。公不肯出，以刀刺其手曰。我不死疆場，死西市耶！遂被重創，死年三十九」，此與周處死事絕相類。處攻反賊齊萬年為梁王所忌，有仇無援雖斬獲甚眾而弦盡矢絕，左右勸退，處按劍曰是吾效節致命之日也。遂力戰死。著有《默語》及《風土記》，萬年稱其文武才，尤與象昇肖。若延儒者殊不足以當巨慝，第書生好為大言臨事畏葸，又事張皇以至身名俱敗，庸則有之，奸則未也。相傳延儒少時游蕭寺，僧以山水便面屬題。爰筆立書七字曰「萬里山河在手中」，僧退語人曰周相公才人言肆身必貴，然奸雄也。其不免乎。予意誇誕則有之，若曰奸雄殊遇譽矣。又三百年而有銀臺周公為光緒初名臣，遙接孝侯方正。庶無愧焉。

周名家楣字筱棠，先長兄宇甫之外舅也。咸豐己未翰林，改禮部主事入總理衙門。洊升順天府尹，後遷通政使，權吏部侍郎。久官京兆，治績最彰，大宛及通州鄉人戴以眾母，集資建祠。其故宅在珠市口校尉營今為宜興會館，邑人之旅京者春秋設位以祭，稱為銀台公。關中李岳瑞其及門也。所著《春冰室野乘》亦稱為名臣。曾謁於府尹署，殷勤延坐，詢西垂利病甚悉。所記〈落花詩〉為丙辰下第作，第三首尤淒豔：「春去春來客思驚。花開花落總關情。閭庭晝永人初倦。深院宵長月自明。紅雨醉酣胡蝶夢。綠陰啼老杜鵑聲。無言自下瑤臺畔。肯向人間訴不平。」哀而不怨，彌見溫柔。末首結句：「天涯休自傷淪落，試看明年春到時」，果於次科捷南宮。與桐鄉嚴辰同年成進士，又皆遲至壬戌散館。嚴已得館元，以卷中頌聖語過當，降一等末，改主事。舊例二等前列，猶可授編檢，嚴未出一等遽為曹郎，蓋諸大臣以其既拂上意，不敢再置玉堂，嚴亦自稔無望騰驤，遂襆被離京，作汗漫遊。周公雖改官而文譽猶隆，累典四川廣東鄉試，及入總署受知恭王奕訢，遷擢優越，視翰林官之嶄開坊如望歲者，且遠勝之。故嚴氏感周懷人詩，〈周廷尉小棠同年〉一首有句曰：「同為退鷁獨翺翔，事業文章動廟廊」，紀實也。惟周以丙戌歿於通政使任，不當稱「廷尉」，既權少宰，則如《春冰室》之稱以「侍郎」，尚無不合。宜興周府門榜曰「天官第」即依據所署吏部侍郎，雖非實任，而於所歷官階為最崇也。

老翰林、前輩、大前輩、老前輩

國有敬老之典，女有慕老之風，而「老翰林」乃免於落伍之譏，為眾人所屬目矣。然「老」之解釋，亦至無定。只可以比較得之。科舉之試，終於甲辰，此末科之翰林，有前輩，無後輩，常為翰林之最幼者。而甲辰去今已三十年為世矣。狀頭劉春霖皓首蒼顏，謂之「老翰林」固亦無所不可也。更考前科癸卯，胥已改制藝為策論。八股前輩如徐會澧、張英麟雖膺主試，曾蹙額相告謂非正宗。多數庶常以留學或辦學授職。是為半舊半新。嚴格論者喜畫策論科名為一類。則涇渭似太分明矣。自是而上，則光緒一朝，在有清歷代，康乾而外，其運最久。恩正稠疊，科分最多。約為初中晚三期，元年至十年有丙子、丁丑、庚辰、癸未四科為第一期。十年至二十年有丙戌、己丑、庚寅、壬辰、甲午為第二期。二十一年至三十年有乙未、戊戌、癸卯、甲辰為第三期。舊例每早一科，即為「前輩」，七科以上，則為「大前輩」。徐世昌輓陳寶琛聯上款稱「老前輩」誤也。「老前輩」。乃口頭之便稱，非莊嚴正式之詞。陳戊辰、徐丙戌，恰逾七科應稱「大前輩」，無所謂「老前輩」也。凡口語之加「老」者有尊嚴、輕便、遊戲之殊，如「老師」、「老父台」、「老佛爺」為尊稱之老。

「老弟」、「老兄」、「老同年」、「老前輩」、老妻」為輕便之老，「老大」、「老二」、「老張」、「老李」、「老鄉兒」、「老廣兒」、「老西兒」為遊戲之老。同輩慶賀書款。有「幾兄」、「同年」未有大書「老兄」、「老同年」者，況「老前輩」乎？

陳太傅在日為惟一之老翰林。同治七年通籍時，現今諸老中熊秉老尚未出世，徐菊老則在「太傅」為南洋欽差閣部堂時，尚只舉人一名。朱益藩則生員耳。其餘更何足數哉。曾與林君貽書核計近十年來，同治一朝翰林，只此一人尚存。次即光緒三年丁丑之吳蔚老郁生，今在上海逾八旬矣。以華北言。嚴範老（癸未）既逝，即以徐菊人、柯鳳孫為兩大，皆丙戌也。鳳老前年逝，菊老遂為弢老以下惟一之老翰林。頗聞日前弢老出殯。親族年世鄉誼，各陳路祭一棚。翰苑領班，計資應推徐世昌奠爵，而徐氏曾為元首，勢不能躬臨。忽有瑞洵者出膺斯選，於是世昌之來否，無須重問矣。瑞洵亦丙戌也。

洵字景蘇，先為翰詹官，後升科布多參贊大臣。為錫恒參劾營私妄為諸款遣戍軍台，與宣統初之貽穀相類。（貽穀亦滿州翰林——壬辰——官綏遠城將軍，為文哲琿所訐，鹿傅霖查實坐遣戍）民國後，久不聞其消息，茲忽出為領袖。翰林官最重前輩，不問窮通。雖廢員老朽，此時之「惟我獨尊」地位資望。固不下於水竹老統也。丙戌為光緒十二年。正考官錫珍，即太傅同榜諸少年之一，副考官祁世長、嵩申、孫毓汶。瑞洵中第七名會魁。馮煦夢華、柯劭忞鳳孫、吳慶坻子修，胥為是科名翰林。楊士驤蓮府與徐世昌光宣間一為東三省總督一為直隸總督。士驤以津浦路案憂急中風卒。世昌輓曰：「沽上乍停驂握手驚心，各道艱難歎衰老。眼前數同譜□□□□，幾人揚厲並勳名」——中間四字忘卻，俟後查補——又陳夔龍亦丙戌亦直督但非翰林耳。

總統灌園之印　大臣種樹之圖

周君景瞻即宗澤，楚中世族久客宣南，喜交當代名耆，有聽事三楹，遍懸詞林翰墨，或楹帖或便面或眉榜或長幅或手卷或中堂，縱橫滿目，各盡所長。尤以茶村遺像徵題殆遍。若陳寶琛弢菴，王同愈勝之，沈曾植寐叟，寶熙沉菴，喬樹枬茂宣，王乃徵病山，鄭孝胥蘇堪，樊增祥陳衍等皆與焉。水竹村人一七言對曰：「庭前芳草參差綠，階下名花次第紅。」作大草，騰踔飛揚，幾不可辨識。右角鈐小印一方曰「灌園生涯」。因憶去歲此公慶八十於津，以短衣荷鋤小影諸賀者。退耕風度，固自蕭然。景瞻又得梁鼎芬種樹圖亦西法攝製，著清衣冠，手鐵鍬立崇陵坏土之旁。有其令嗣手誌曰「先文忠公崇陵植樹第一株」款署「孤子梁劬敬贈景瞻二哥。」因思推犁負鍤。本村氓勞力所為，插柳栽秧亦士庶寄情之事，古者興農有典，天子三推薄舉儀文而務本之意備焉。今者總統灌園以蹈下野之實，大臣種樹以申故主之思，而時代名流津要於每歲清明亦躬親耒耜，手起桑麻，風聲所屆，生氣盎然。雖裝服有農式清式西式之分，而短畦叢莽，斬棘披荊則道一風同，抑亦盛哉乎斯世已。

梁鼎芬節菴豐於鬚，有梁大鬍子之號，文言之則梁髯。庚辰翰林，文采炳耀而差運不強，居詞館，頗不得意。以劾李文忠罷官，復依張文襄再起。官至湖北臬司，力彈慶袁弗報乃自乞休去。其疏以病理喻奸邪語至沉痛。及清鼎既遷，獨標孤憤曾於廣眾，斥劻誤國，淋漓悲壯，不留餘地，人皆稱快，劻亦赧顏。其輓陳昭常下聯云：「地下若逢龍表第，為道孤臣種樹，崇陵風雨淚千行」，可謂亡國之竟哀以思矣。雖擁師傅崇銜，未嘗授讀，以其性行耿特，清宮同列，亦畏憚之。及逝，溥儀特謚文忠。先是清室遺臣紛請予謚或追謚者如張亨嘉之文厚，沈瑜慶之敬裕，于式枚之文和，孫詒經之文慤，瞿鴻禨之文慎，凡此敬、慎、和、厚，只以揚其其私德，若忠、正、成、襄，則寂然無聞，時溥儀幼稚，多由侍從諸臣代筆，謂身居民國，已退政權，宜避流言，不用重字也。及張勳終祿，溥年已長，親謚忠武，從者曰此於昔年張國樑、馬玉崑則可，今時似有未宜。答曰張某為吾家破身亡出生入死，此區區者而不之畀乎？於鼎芬亦然，加慶袁以斧鉞，耐風雨於崇陵，危身奉上庶有合焉。前記「太傅」之文忠，創帝師之新紀，或疑先有鼎芬，然而鼎芬之師傅，徒有其名，其文忠之謚，亦不關乎此也。

五四「文學革命」之先，有壬寅之「文變」

文學革命或云始於「五四」潮流，自新體文興而「桐城妖孽」、「選舉謬種」之言聲作。「枯骨僵石」、「土飯陳羹」、「無病呻吟」、「死人說話」鳴鼓而攻，別開景運，可謂壯哉！然文章之變，半係於時勢之要求。在晉戊庚以後維新之際，梁任公、嚴幾道、吳摯甫已稠繆及此。而蔡孑民《文變》一編，更暢所欲言。其序言曰，「先儒有言，文以載道，道不變也。見道之識，隨世界之進化而屢變，則載道之言與載道之言之法，皆不得不隨之而變。自唐以來有所謂古文專集，自今觀之，所謂體格所謂義法，糾纏束縛，徒便摹擬而不適於發揮新思想之用，其所載之道，亦不免迂謬窒塞，貽讀者以麻木腦筋風痺手足之效，先入為主，流敝何已。今科舉易八股為策論，鄉曲士流，皆將抱古文選本，簡鍊揣摩，何異八股乎？不揣固陋，搴當世名士著譯之文。彙為一冊，先哲所作於新義無忤者亦間錄焉。讀者知世界風會所趨，知有曲折如意應變無方之效用，無為三家村夫子頭巾氣範圍」此孑民之言也。編中有「闕名」一作，論〈中國文章宜變〉不知何人手筆，文中累稱「支那」而口氣亦間似日人，或為「親善者」之金言歟。其詞曰：「傳記墓碑誇張失實。其人薄行無取也，而言重厚寡默。不孝於親不友於弟不信朋友而言天性孝友厚於友誼。在官貪默而言清廉耿介其心如水。赴敵退怯而言血戰奮鬥，斃數百人，以眾寡不敵潰圍而出。目僅識丁而言文似韓蘇，詩似李杜。若使後之人，皆以傳記碑文為典要，則中國人行皆夷惠，文皆遷固，智皆良平，忠皆杵臼程嬰，學皆程朱陸王，無往而不偽。」此新文學「諛墓」之譏所由來也。又云：「報章所述，虛構誇張，形容庭園而言花鳥四時纖塵不到，几淨窗明，皓月漏空，而躬踐其境，則煩囂湫隘，鼠矢狼藉，塵厚寸餘，不堪蝸座。形容美人，面共桃紅，眉爭柳絲，親接其人，則怪如嫫母，醜如鳩盤陀。」此鴛鴦蝴蝶之誚所由生也。又云：「余謂改革支那，非先改革其文章，與一代風氣並行不可。今之高談文章，或曰左國史漢，或曰蘇海韓潮。夫左國時代有左國之文，史漢時代有史漢之文。蘇韓時代，有蘇韓之文。今在二千年之後學二千年前之文，是大人強服小兒之衣，」此時代文學之所由起也。又云「嘗觀各國歷史其國家欲興，必有大家起焉。出其心裁。創草新體，為一代風氣之先。德國之施兒列兒，英國之斯可度古爾斯密斯，法國之窩爾的爾，日本之福澤氏。其始舉世非之，斥為生硬粗獷，背雅戾古，攻擊如矢，紛紛聚訟，猶攻經之士，樹新義，植別幟，不笑則罵，而彼悍然不顧，行其所是而不渝，不久而世亦向其風。」此文體革命，文藝復興，努力猛幹之氣所由張也。又云：「天下物類日繁，事端日滋，欲用數千年前有限之死語，寫今日無數活事，安能悉中肯綮哉。夫西文則不然，隨意遣詞期達所見，除詩歌韻文外，一一據事直敘，詞惟一義，不容兩端。凡有一物一事，必撰其名，不須比附爰引，而其文則實嚴正，其變化則尤靈活，固非中文之比。且西國風俗忌矯情飾意，故欲迷離其詞，而兩端其意，以欺罔世人不可得也。故西國之上諭，則下民讀之而能體上意之所在。其傳記墓碑，揚其善而不忌其惡，表其瑜而不藏其瑕，行文之所以妙天下而饒活氣富性靈。以之論性理則析微闡奧能發明天人大道，以之著章程，則明鬯亮白，以之修史則百年興亡，瞭然掌上，以之為條約，則辭氣明白，權限較然。誰言西人所長，唯在器械哉？」此歐體文法化，標點符號之所以風靡也。書名《文變》非「文學革命」而何？蔡君手自選定上中下三卷，嚴幾道之闢韓，黃宗羲之原君原臣，梁任公之自由書，新民說皆與焉。此外多「闕名」。下卷則日人撰著獨繁。如石川半山〈論種界〉、〈日人實心保華論〉、〈文明國人之野蠻行為〉——（中述田口氏目擊各國聯軍入京淫掠不法，惟日軍能保護）竹越三郎之〈中國人種侵略世界〉，清辯滔滔，附以調查比較之圖表。全書都百餘篇數十萬言。光緒二十八年壬寅，商務書館出版。蔡君發揮特見，手訂名編，而文學革命之實施則遲至身長北大之後，蓋抱此雄圖，鬱而未申者垂二十年，始得一行其志。有學府為之基礎，有教授與學子為之張目，挾大勢以馳驅，得群泉為後盾。登高呼而萬山應，其所藉者厚也。是故豪傑之成功得其時，尤貴得其勢。設非馬神廟一片地，二十餘年惟一大學，為用武之地，際會之揚。雖有百博士千教授萬時代名流，一盤散沙，築室道謀，何益哉！

文學之文與實用之文，非一事也。文學賴文字以傳宣，中國文字具形象之美，有整潔之觀，方體單音，便於偶韻。凡此諸長，胥為聯體拼讀之西文所無。苟發於真誠，熟於運用，則眾妙之門，江河不廢，此當與科學化之歐體文，並行不悖，斷無可疑者也，清華文學院長馮芝生先生極贊吾說，平大前校長房德三先生設宴同和居介紹相會，芝生曰極文學之用者徐先生是也。吾固不識芝生，芝生為有名學者，亦決無取於周旋，因或其意，附誌於此。

王闓運、開運　高壽大名俱足累

王闓運壬秋與李慈銘蒓客於同光間，各為文壇主盟，一湘之綺，一越之縵，一雄於南，一炳於北。慈銘之《桃花聖解菴筆記》於王有鄙夷之詞，則和輕之積習，非定論也。闓運發軔於咸豐肅幕，迄袁洪憲，亘五六十年。壽高而享名歷久不衰，詞章家服其儁麗，古文家驚其蒼嚴，經生稱其淵雅，史氏舉其典贍。清之晚季，勝流輩出，文幟各張，闓運獨併眾長，左宜右有，幾於無思不服，亦可豪矣。陳斗元先生名光煦，川人，尊經書院生也。久相親炙，悉其生平，為予述湘綺幼時夢「天開文運」四字，因名開運。咸豐七年丁巳補行壬子乙卯鄉試獲雋第五名經魁，榜名猶開運也。典試者常熟楊泗孫、泰州錢桂森。其時洪楊之燄方張。地方時陷時復，科場則或停或舉，常於一次補足數科之額。中式者可多認同年。闓運於宣統末鄉舉重逢，加侍講銜，蓋以壬子舉人論。與張之洞似同膺秋薦，實則之洞是真壬子，闓運則假壬子也。其以積學名耆特賞翰林院檢討，略似清初之博學鴻詞。人謂真翰林已絕，洋翰林朋興，有此野翰林，與毛朱前輩相輝映亦藝林盛事云。

瑞安宋平子名恕，俞樓弟子也。於當世號稱鴻儒如張之洞、吳摯甫、張廉卿諸氏各有微詞，即其親炙之曲園先生亦若有所不滿。獨於闓運傾倒百端。丙午歲，宋君以增生膺楊士驤聘，為魯省學務諮議。僦居院署西更道，自署門對曰：「人是談天衍，門對太平洋」予嘗訪之，詢江南人物，其所語如此。又曰《湘軍志》一書譽以《史記》《漢書》似太過，然欲儕諸唐宋以下又不能。又曰嚴幾道以西方文哲見長，乃私淑吳摯甫，摯甫之道益尊，然摯甫固不足以比湘綺，以其研討入微而氣格竟難越八家以上云。薄湘綺者李越縵外。則有張其鍠氏，謚以「剽竊」二字。其鍠桂人甲辰進士從吳佩孚入川，中途戕於盜，才士也。而言太侈。斥韓昌黎曰「不離娘家」，曾文正曰「舉業」，康南海曰「先施公司」，胥足以見其人之自負不凡，顧如韓、曾、王、康者能有幾人哉。

尊經書院以脂粉首飾為獎品之用意

闓運主尊經書院，於諸生月課優者，獎以婦女所需之脂粉首飾諸物，命歸遺細君。眾以為異，則詳為之解曰男女居室，婦與夫相關之切，什百於師生。師能教導於外，不能敦勉於內，督責止於一時，又不能如閨人終身依倚，耳鬢厮磨，所繫於稿砧前修得失成敗利鈍者至大。故為夫者不可不有以悅其婦，婦知夫之勤學於己有利，則枕邊密語，窗下閒情，無往而非勸讀勵志之金鍼矣。此老設想之奇更逾於詹天佑之敬妻主義，審思一過，未為無理，而闓運權術，周於細微。略似陳平宰肉，志在經世，亦可略見一斑。其自輓聯云：「春秋表未成，賴有佳兒學詩禮。縱橫計不就，空餘高詠滿江山。」是「縱橫家」，已自為論定矣。

詹天佑之敬妻主義

庚子以前出洋留學之風，未盛行也。少數得風氣之先者，大抵犯難而往，刻苦自勵，期有所成。故凡成學歸國，多堅實沉至之士，克自樹立，最為當道所禮重，士林所稱道者，一則詹天佑一則嚴復。一專工程一研文哲，一實一文，道不同而以內心求深造則一。然詹之所學，與其所成事，若京張鐵路，（即今平綏路）——舊時名宿，不能贊一辭。而嚴所譯《天演論》則吳汝綸於西文無隻字片詞之識，遽揮其斲輪老手，恣為筆削，稿成。嚴氏祇有嘆服更無異辭。蓋精神之學，吾華孔墨莊列各家，所貽已富，益以宋儒之窮理，佛老之言玄，與彼達爾文、斯賓塞、赫胥黎諸家所慎思而明辨者，足相印證，綜覽而心會之，自可豁然貫通。擷其旨、約期辭、攬其綱、釐其體。苟全神在握，成竹在胸，則信、達、雅、之效，固桐城義法所優為。其義不爽，其文益彬雅而有餘味，嚴氏安得而不降心耶。若詹之工程係於物質，凡測繪、推算、設計、勘驗、機械製造，皆須步步踏實，節節呈功，非玄想所能濟，文事之道，至此而窮，以此衡之，詹視嚴尤難得已。詹以工師兼總辦。常誥全路職工，必敬其妻，不敬妻者不能忠於事，以是群下戒懼，即家庭偶有訴誶亦莫敢張揚。聞詹夫人甚賢，勤樸操持，使無家室之慮，因得壹志為國建樹，名業俱隆。他人不必皆有此良內助，以是或議所見之偏，然中國夙重夫權，女性終為弱者。男子不爭節操，率任意而行。不敦琴瑟者，恆荒於色，不重糟糠者，常悖於情。若夫歐風，輕於離合，挾持新義，流弊尤多。誤人滋甚。如遂明者原非洋八股出身，乃土木工畢業，已任平綏路工務員，實學實用，造成匪易。設詹公尚在，即其首次棄絕髮妻，已為環境所不許，上峰意旨所不容。除安心用其所學所能，於路局於公務，更無「追逐」、「別戀」、「厭故」、「喜新」、「三角」、「多角」之餘地，又何至身名一敗，至於斯極耶。

嚴復之自白

嚴復博士國文本有根柢，早歲負笈重瀛，思想穎異，著述精審。庚子後，時尚競言西學，資遣出洋漸多，而成材尚尠。復以先進，特賜進士，居京師，凡留學歸國諸試，恆任分校，稱宗匠焉。所譯《原富》，《群己權界論》、《群學肄言》、《天演論》，諸書，詞雅而意新，取材於西哲，而以舊學融貫之。遂有旌旗變色之觀。學者嗜之，比於周秦諸子。名以日隆。迄於民國之初，袁氏禮遇有加。不幸遭逢洪憲，身與籌安。袁運既終，嚴名亦敗，不可復振，鬱鬱以終。而綜厥生平，究於學者為近。趨時牟利，當非本心。觀其致江西熊育錫兩書，何言之哀耶。述籌安會列名原委云：「去秋楊晳子以籌安名義，強拉發起，初合之頃，僕即告以共和，君憲，孰宜吾國，此議不移晷可決。所難者孰為之君。此在今日雖有聖者，莫知適從，試武斷主張，危象立見。於是請與會而勿為發起。楊不待吾辭畢，飄然竟去。次日報紙已列吾名。楊以書來謝，謂極峰聞吾與會，極深歡悅云云，則早知其不軌於正矣。籌安開會以後，請願勸進、慶賀，僕身未嘗一與其中。任公論起，洹上謀所以抵制之者。內史夏壽田誣諉發言，主張帝制，僕終嘿嘿，未費一詞，區區私旨，可以見矣。不幸年老氣衰，深畏機阱，當機不決，虛與委蛇，由是嚴復之名，日見於介紹。虛聲為累，列在第三。此則無勇怯懦，有愧古賢而已。過是以往，猶皦然也。」其述袁氏致命之因云：「項城反對者眾，最制其死命者莫如日本。故財政無復活之機，梁士詒倡停止付現之院令，以逢洹上之意，取銀行預備金，為應急之計。乃京津外，舉不奉令，則事已全反。無論何途借款，日本皆有力敗之。」其述袁氏將去之善後布置云：「責任內閣成立，項城不能不去，惟是新舊更迭之交，措注不可不慎，否則魚爛瓦解，將成不可收拾之局，此其用心亦云苦矣。」其論當時人物云：「西林自是君子一路人，然僕讀中西歷史，小人固覆邦家，君子亦未嘗不失敗。段黎諸公居心無他腸，自道德言當為海內所共信。特當此一髮千鈞之會，其幹略足倚與否，真不敢言耳。梁、葉、顧、朱諸人不必論矣。」。其述袁氏眾叛親離衰象云：「若宋教仁、若趙秉鈞、若應桂馨、若鄭汝成、若張思仁、若黃遠庸，海宇譁然皆以為洹上所主使。夷殺吳宋，雖公孫子陽而外所不為，然猶有說。至於趙秉鈞、鄭汝成皆平日所謂心腹股肱，徒以洩秘滅口之故，忍於出此，則群亦幾何其不解體乎。」此文所陳委曲固不僅係嚴一身，當時剝復之機，與後日魚龍之變，頗多暗示，足供史家採擇，而情文悱惻，亦可誦也。嚴字又陵似慕「光武故人」，後者文名，乃稱「幾道」，幾於道也。民國三年，報紙每書作「畿道」。嚴亟登啟事曰「僕字幾道。從人作幾，不從田作畿。近有人書作畿道，令人作惡。不得已登報聲明祈少注意。」案畿道為街名，若「中京畿道」、「西京畿道」昔之察院在焉。京畿兩字。有官僚氣市井氣，宜乎幾道先生之不能受也。

顧鼇之今昔

所舉人物，各持修短，獨於「梁、葉、顧、朱」，（梁士詒、葉恭綽、顧鼇、朱啟鈐）卑之無高論。以予觀之，梁、朱皆才士，熱中功名，葉小有才少年得意仕途，頗慕名士。顧鼇於洪憲大典籌備多所周章，尤為眾所戮笑。至以「顧鼇、薛大可」對，「潘驢鄧小閒。」工甚，亦謔甚矣。袁時設內史監選舊翰林及文士之嫻掌故者為內史，蓋仿清代南書房。撰擬及代書褒揚錫賚文字外，須選輯古明君、賢相、將範、吏才，分類依序日進一頁，每頁一人一事，限至多二百字，字大而光，勻整若殿試策，便於瀏覽。旁注某月日內史監進，袁則手批一草書「閱」字於結尾，名曰居仁日覽。鼇所進獨勤。又當於四年元旦獲賞「福」字，自為謝呈，用駢偶，如前清謝恩摺子。其中佳句如「受茲介福之文，著於周易，錫爾純嘏之什，載在毛詩。惟五福備乎箕疇，斯三多殷夫華祝。喜值金甌鞏固，玉燭調和。遂頒鐵畫精嚴，銀鉤燦爛。龍潛虎臥，飛白齊珍，鳳翥鸞翔，硬黃並煥。」一切「福字」沿用成語，而筆無滯機。第一篇雲章初睹，勉賡蘇軾之詩。尺五天時論同歸，慚誦杜陵之句。看樓台之得月近水偏多。敷兩露以從天，戴山知重，末句用六鼇戴山典，切己名，自然合拍。如此官樣文章，仍多趣致，其才調自有可稱也。頃過虎坊橋見北向一巨廈，大門之左，高張法院諭帖。東方人壽公司控顧巨六債務此房已拍賣與朱姓，以後與顧某無干云云。哀此巨鼇，樓臺何處。蓬山不遠，而今而後，其將問諸海濱乎？

《亞細亞報》編輯法自佳

薛大可以《亞細亞報》著聞於甲寅乙卯間，其新聞紀事閒雜以文學掌故，而文苑一欄則有桐城之古文，有西江之佳什。姚、馬、樊、易、黃、梁諸陳之作，罔不羅而致之，故能以雅韻，自標一幟，自籌安會，迄於洪憲紀元，連篇累牘莫非頌聖歌功，宮中未見新君，乃先稱「今上」，行省猶多強項，則代書「群臣」。豈止「劇秦美新」直是「慣修降表」。古云：「文人無行」，薛氏其最大之表徵矣。然日報文字而兼文學興味，使新聞與舊記相參資人回感者，實為此報之所長，固不可以人廢也。其編裁之法若善用之，亦可以一洗塵囂之氣，祇不用作貢諛可耳。乙卯冬有記事一則云：「國老院以位置名流。自嵩山四友外，竭誠禮聘者，如王闓運、湯壽潛、梁鼎芬、章炳麟、錫良、瞿鴻禨、伍廷芳、唐紹儀、程德全、譚延闓、馬良、湯化龍二十餘人，中以闓運年輩最先，春秋八十有四矣。衰老殘年，重見天日，儒生晚遇，當世榮之。觀其電陳說明故記，有味乎其言之。延闓資望甚淺，惟為故粵督譚文勤公鍾麟之子，翰林世家，上嘗稱其才可用也。」所云：「電陳故記」，似指闓運釋「當塗高」一電而言，電文曰：「近聞伏闕上書勸進，不啻萬餘人，竊讀漢語記有云：代漢者當塗高。漢謂漢族，當塗高即今元首。又明識云終有異人自楚歸，項城即楚故邑也。其應在公。歷數如此，人事如彼，當決不決，危於積薪。伏願速定大計，默運淵衷勿諉過於邦交。勿撓情於偏論，勿蹈匹夫硜守之節，勿失兆姓歸命之誠，使衰老餘生重見天日，闓運幸甚。」袁覆以「勉徇群情，力肩大局，尚冀老成碩望密抒良謨，匡所不逮。」則例行酬答而已。王闓到時，寒雲親見乃翁大笑曰「王壬秋老不正經，詭辭罵人」。蓋「代漢者當塗高語出漢末。」袁術以其字「公路」可應「當塗」，遂自謂合以土德代炎漢為帝，而不知此讖應於曹魏也。要之勿論曹操袁術，胥非莊言正意，托於符讖，尤見揶揄。項城熟讀《三國》且稔知此老一生詼詭，故識為「劉四罵人」也。既就國史館長惟以詼諧取容。時人為之詩云：「差勝癡頑長樂老，素餐演作口頭禪」，以湘綺於人間館事輒曰：「吃飯，吃飯」，有且食蛤蜊之意也。又一首云：「八十年來賦隱居。徵書忽下便乘車。文人言行原相反，意遺康成見本初。」責備誠是，而袁時固與曾左不同。左金錢而右白刃，行所無事，富貴不淫，祇須風骨。威武不屈，或危生命。此嚴幾道所謂「年老氣衰，深畏機阱，當機不決，虛與委蛇，」譬之垂暮孤孀，猝遭強暴，原心略迹，當有哀矜。吳熙輓聯云：「文章本氣數所關，時際末流，高壽大名俱足累。人物卑晉唐以下，學成別派，霸才雄筆而無倫。」極贊而深諒之，真史筆也。鄧典謨聯云：「事功異咸同諸老，經術薄乾嘉大師。八十年遊戲人間，自成一格。帝秦非荀慧薪傳，美新豈子雲手筆，數百卷名山著述，獨有千秋。」代為之解，溫柔敦厚，亦近詩人。其龔福燾之「傲盡公卿，差能不作禰衡死。」謝盛唐之「嬉笑怒罵，為曾、左、彭、李、丁、張諍友，袁以下自鄶無譏焉。」，頗不失為痛快淋漓。袁於湘綺，亦有一聯，其下句云：「處世有羲皇大道，時人安可置雌黃。」則指周媽等事而言。周媽者向在湘中為王傭役。兩番入都，皆攜以俱來，返湘則同去。時下好事青年，遂肆譏彈，騰諸報紙，至以「周媽」為「壬老」之代稱。或故為烘托，一似果有「同居關係」者。其弟子費君嘗援禮為辯，予意即捨經典，度以恆情，亦甚平常，不值相驚伯有。老年需看護為便，傭媼以久役為宜。吾人家庭生活，亦未嘗專任男僕，中戶以下，以一二老媼兼應門戶庖廚灑掃者，往往有之。民三四間曾訪馬相伯翁於府右街培根女校，所居室中，左右承應，亦只女傭。是時相翁年已古稀，起居飲食，自非茶房聽差所能任，湘綺亦猶是耳。耄耆衰齡更不必為之設想及於牀第也。惟周氏以鄉愚觀光京國，無識而泰，主寬而庸，專擅壅蔽，如當時所傳與代懿公子、杏元小姐度支泛濫官缺予奪諸事，度非無因。湘綺晚節盛名之累，不待言矣。綜厥生平，誠不應以衰朽餘生，輕犯物議，而九州之錯惟在北京一行，此行可已而不能已，勢為之也。「美人自古如名將，不許人間見白頭。」名士何獨不然。顧湘綺雖為袁犧牲，袁亦不免為湘綺所誤，自謂曾李所不能致者，竟為我屈，人歸天與，居之不疑，當塗代漢之詞，直以遊戲。居之爐火之上，袁氏既有所悟，仍不能戢非分之圖以瀕於絕境，亦勢為之也，不更可哀歟。

民國初元之女子服務社會

女子不囿於閨庭，男女須同向社會，為時代自然之要求。自清末維新盛唱女權時期，已有多數志士令女，躬踐實行。初不自民七八解放運動始。而晚近少年喜尚標榜，一似「五四」以前中國婦女束於禮教，人人足不出戶，必待文化家出而高呼，乃脫樊籠、離幽谷，此亦不察事實之談也。光宣之際，以顯宦家庭，躬為解放者當推趙爾巽次山，在督撫中，有識時俊傑之名。沃丘《名人傳》謂其在奉時，設巨牀於公署，日與妻妾擊彈其中以示開通。虔支司朱鍾琪、勸業道蕭應椿皆其私戚，白言維新以自文。所言皆非無據。朱蕭亦兒女親家久宦山左，以道員分綰洋務、籌款、農工商務、學務商埠諸新政，兩家閨眷，恒參與集會演說，吾親見之。湖南本維新首倡之區，爾巽撫湘，咨熊希齡以新政，深相結納，薦於載澤為三省財政監理，奉天鹽運使，從趙最久，多所觀摩。故民國二三年間，其夫人熊朱其慧女士與朱啟鈐三女所稱「朱三小姐」者，以擅交際服務社會，馳名京國，賑濟慈善諸義舉，每假公園及臨時開放之禁城西苑諸勝地行之。時見諸總長、公使、總裁之夫人小姐或持捐冊，或司獎品，勤勤碌碌於其間。與八埠名花，各方女士上下同流，破除皆級，成一萬緣萬善之道場，既非為優遊放浪而來，自不應任情輕薄，乃龍陽才子易順鼎氏，老悖荒唐，輒自詡規撫洛神、依稀神女，恣其佻蕩造作豔詞，於是有《亞細亞》之風波。時在甲寅五月有女子敦誼者於東廠胡同舉音樂遊戲為貧兒院募資。熊秉三、章仲和、孫慕韓、梁卓如、葉譽虎諸家眷屬及歐僑名流瑪丹密司皆與焉。新界女士會者如雲。順鼎入座參觀，忽爾詩才飇舉，撰為長行，綴以小序若者驚鴻倩影，若者林下丰標，一一品題，佚麗飛揚直與《數斗血》、《萬古愁》、《國花歌》、《賈郎曲》無異。諸女見而大恚，相約共執順鼎，興師問罪，復詣報社，詰以嚴詞。薛大可窘甚，祇有俯首引咎，更刊啟事，深致歉懷曰：「昨潘連璧女生及某夫人偕法國二女士惠臨本社謂哭菴此詩，有妨女界名譽，本報不應登載。潘女士云，作詩原可，但不應恭惟及於相貌。對於詩註之顏色尤豔四字，深不滿意。餘人所談，或謂阻撓善舉，或謂毀損名譽，均各義正詞嚴。本報對於諸女士之熱心公益，久懷傾仰之忱。特誌原委以謝罪，並求社會之諒恕。」而薛氏自加六字於首端曰：「吾過矣！吾過矣！」未知是何意態，幸得息事寧人。事為湘綺所聞，因復諧題一律曰：「侵晨聞說武功坊，寶玉今成何事忙。才子幸承財子薦，佩花猶帶乳花香。吟成豔體催官格，夢想梁風舊戲場。連累可憐亞細亞，潘蓮熊掌實難當。」財子謂袁思亮，即薦順鼎為印鑄局參事者，湘人，前粵督袁海觀子，家饒於資，順鼎篤交也。

順鼎艷詞啟釁

順鼎世家子清代歷官道員，屬張之洞弟子行。既擅才名，資格亦不同新進，顧以謔浪不為世凱所重。久之，始得由參事一躍局長，有詩自慶，喜不自禁矣。詩曰：「迂儒沉吏忽騰騫。未必餘霞尚滿天。詩境塌留三海內。朝儀班列十名前。（原註國務卿左右丞以下即五局長）幾經雨雪冰霜後，乍到星辰日月邊。劣敗合歸淘汰例，死灰豈意得重燃。」樊增祥與為狎友，有唱必酬賀以一律曰：「鵲語清朝噪舫齋。龜符左顧好安排。鳳雛展足當千里。皇甫承恩轉一階。弄印誰云堯可易，彈冠或有禹相偕。質明謁謝中書省，莫遺烏巾掛玉釵。」末句與湘綺「佩花乳花」之意同，施之龍陽才子，可云謔而不虐。

湘綺丙辰逝世後，國史館長一職擬及增祥。時黎黃陂繼任總統，夙以鄉耆禮重樊氏。國會議郎，聞而不服。議員李夢彪、高杞濾提質問，通體儷黃妃白，居然才子文章。其中警句有云：「溫冬郎無其輕薄，李笠翁遜其頑強。擬之庚子山，則詞賦罪人。目為袁子才，則詩家惡派。罪浮少正，幸逃兩觀之誅。惡比劉歆，未致羽山之殛。」、「一旦廁身東觀，秉筆蘭台。淆亂是非，顛倒黑白。竊恐正大光明之事蹟，反類謗書穢史以流傳。不僅求米而湮沒丁儀，挾私而妄評諸葛已也。」或謂二君屬草時如非為樊山而發，胸中當不預儲如許文藻，是確論也。館長之議竟爾銷沉。

樊增祥不願並稱樊易

樊山、實甫久號二難，楚北湘南，如參之靳。世論等於一丘之貉，而增祥乃抱薰蕕共器之悲。易氏先樊數年逝世，樊卒於辛未年八十六。身後事，賴其鄉後學傳治湘——（名嶽棻，壬寅舉人）——為理。於書叢複壁中，窮搜得股票存款摺據，共值三萬金。五十外吏，封殖僅此，不為厚矣。黃君秋岳，（名濬，閩詩人，今行政院秘書）出樊山手書盈篋相示，書中力辨樊易不應共論者凡十餘箋，乃知樊固羞與噲伍，而常苦無以自明。秋岳與樊易皆稔友，亦難為之辭也。予與一士熟商，抽選一二。關於順鼎敗行各端，特予刪節，只就原文表白處，撮要言之，載於隨筆，樊山之靈其可慰乎。

以樊易之文對勘，高下自有不同。「上弔」、「自成」之句，惟易於劉喜奎、鮮靈芝則然，樊氏之某女歌，某郎曲，所未有也。樊之駢偶，多可誦者，只嫌輕側太過耳。其師李慈銘尤長詞藻，自擅風裁，無懦詞，有新意。樊氏為袁頌珍物，上書，「眾民溥濟，惟帝為能。草木含生，於天不謝。」斌媚甚矣。越縵集有是乎。此之謂文格。

太史與翰林有別

「翰林」與「太史」，名實不盡同，多有併為一談者。《庸菴筆記》謂其鄉先輩某太史，以拔貢舉乾隆元年鴻博科授翰林院庶吉士。後以不能對「增廣生員」出處之間，散館以知縣終。是此君迄未一為太史也。文中屢以「某太史」稱之，不知翰林院中惟修撰編修檢討稱太史。侍講侍讀及學士則侍從之班，雖兼日講起居注官若古之左右史，記言行，而與明清之太史已不相符。若庶吉士且非實官，或留館或分內外用，須散館後定之。且庶吉士在館習文亦與史職無關，例稱「庶常」。有預奉以「太史」二字者，則善頌善禱，為留館之兆，非正稱也。翰林官或大臣之曾官編檢者得謚「文」，庶吉士則否。是以陶模只謚勤肅，若鹿傳霖之謚文端，則以大學士，非以庶吉士也。庶吉士在館時，朝珠貂褂，可享翰林待遇。若散館為部曹或知縣則立即免去，惟散為吏禮兩部主事仍得掛珠耳。常州沈同芳以庶常散館河南知縣。宣統初從袁樹勳於山東撫幕。樹勳為敘勞績，奏請授職編修，竟得俞允，實為異數。其時庶常館已廢，癸卯甲辰兩科庶吉士多由「辦學」或留學之成績而授職，同芳蓋援此例耳。

貢士與進士之分

前云陳散原與楊雪橋為己丑同年進士，病蝶疑其誤。來書以陳於丙戌登會榜，楊則己丑不得為同年見質。不知散原己丑始補殿試，不經殿試不能成進士。故與楊為進士同年，與徐菊人世昌、柯鳳孫、劭忞等，僅為會榜同年，二者似同而實異。常人以「會試獲雋」為「中進士」，固不免語病，即科名中人亦往往「由而不知」，世傳光緒帝嘗問孫家鼐：「應殿試者何以自稱舉人？」堂堂狀元師傅竟不知所對。又清室君主優卹大臣加恩子弟，偶有「賞給進士準其一體殿試者。」之諭，亦不成辭。翁曾源於同治二年殿試，以既奉旨賜進士，自不便稱舉人，又以時方對策，尚未傳臚，若預稱進士，則分甲以後，將如之何。乃斟酌二者之間，「以應殿試貢士臣某」開端。然貢士出於禮闈，曾源未歷試事，果孰貢之？亦堪莞爾。若上諭審度其詞曰：「准其作為貢士一體殿試」則兩得之矣。

補殿試多為練習書法儀注

會試所錄曰貢士，貢於朝廷之舉人也。故會試之監臨曰「知貢舉」，而大廷對策仍稱「應殿試舉人」，君主臨軒，自為主試。雖循例派大臣分校，而祇稱「讀卷」，以試策皆以「臣」對「君」之語氣也。揭曉曰「臚唱」。一甲曰進士及第，二甲曰進士出身，三甲曰同進士出身，斯為釋褐登朝。故秋闈捷報可書「中式第某名舉人」，而春試泥金則只能書「中式第某名」。若曰「進士」則及第乎？出身乎？二甲乎？三甲乎？顧習語之誤亦有由來。一則會殿試期相密接。二則，會試中後除特別事故外，罕有不與殿試者，既與廷對，又無不「進士」或「同進士」者，雖不完卷，亦附三甲末。蓋殿試以「一榜全收」為原則。僅於甲第判高下，是獎勵性質。非如鄉會試以「於多取少」為原則，是甄選性質也。會試聚天下鄉舉之士，拔其優良而貢諸殿廷，君主策問而察庸之。故春官之捷，實與「進士服官」相聯帶，雖聯帶而不得併為一談。舉人不應會試或會而不雋者，仍可以乙榜資格歷仕，或大挑或考職或捐納均為正途。會試中式而不經殿試則其春捷為徒勞，若正其名，仍舉人耳。凡於次科補殿試而出於自請者，大抵殿試朝考，文式書法，體裁，既細瑣繁重而「天顏咫尺」、「堂陛森嚴」，又有矜持失措之虞。「翰林秘訣」謂「一筆之誤，一畫之訛，不得高等」，又曰：「分甲之高下，即補缺先後所關年連捷固好，不然還有下科可待。」會試則無下科可待者。讀書人至此高峰，無復退步，千鈞一髮，宜乎臨事而懼，與其失足千古，不如稍緩須臾矣。

蒙古榮慶（字華卿，謚文恪，清協辦大學士）癸未會榜與嚴範孫同年，丙戌成進士入詞林與徐菊人同年。對範老則稱「同年前輩」。秀水沈淇泉衛，庚寅貢士，越壬辰至甲午始殿試，乙未授編修。夏孫桐、寶熙諸壬辰翰林皆其前輩，而春官試實遲沈一科。蔡孑民庚寅而壬辰，梁用弧乙未而戊戌，大抵每科二三百人補殿者恆有十分之一或二十分之一，此中有遭大故而不獲入場者，有因會試文受磨勘，或其他過犯而罰停者。予嘗謂舉人、進士、翰林各有整個，有半個。副榜貢生，半個舉人也。雖與孝廉公同榜顯名，而仍須鄉試。清初偶有「兩次副榜，準作一舉人」者，然未為常例。舉人與副貢則為同年。故多中一次副車，可多認一次鄉試同年，而終不得為鄉舉。會試之貢士，可名為半個進士，翰林院庶吉士，則半個翰林也。

昔之太學，今之大學

貢士，貢於君，貢於朝廷，同時貢於太學，貢於國子師。故狀元以次須詣成均謁聖拜祭酒。祭酒正襟危坐，不許稍作撝謙。威嚴逾於父而同於君，師道尊也。或曰進士未嘗一日居監，其進也由科場，何師之可云。不知貢舉之於學校，似為二事實乃一脈相關。而學校實為正統，科場得第仍須於太學註冊作為畢業，否則無源之水，莫測所自矣。太學之制，由來已古，而其中組織，更與今之學校，乙乙相符。祭酒為國學總司即校長也。司業居訓迪之首位即教務長也。繩愆廳記錄功過，考察行誼，即學監也。（惟並教習之勤惰而考察之，範圍視學監稍廣。）博士廳，掌課程，稽學業，則註冊課也。典簿廳，掌文移，治吏役，則文牘庶務也。典籍廳，掌書籍碑版之藏，則圖書館也。「率性」以至「廣業」共六堂，按班定額，各有班長，有月課，有講義，有積分，有升級，則學級也。有助教，有學正，有學錄，則正副教員也。八旗班有武課。算學班有數理課。雖內容不備，而規模宛然。且在有明，凡舉貢生監均得入學，歷資課績，卒業服官，即為進士出身。清班美授，此其淵源。而卒失敗於科舉者，平滯無奇，人人可計日以待，而熬資格，循故事，又與典攢小吏之九轉丹成者同其苦悶。以內心不感興趣，故授受亦成具文。名場逐鹿，競趨科舉一途，而堂堂惟一國家學府，淪為「魚龍混雜」的監生之掛名處矣。白丁求仕，必先納資隸籍，俗語「捐監」。「監生」亦出身也。而以金錢得之。人知為買賣之具，故以「太學生」之美稱，輒遭社會群眾之白眼，為士林所羞道。昔民十左右，大學林立，純以文哲為主課。辦學者惟廣招徠，多收容。及期則以文憑一紙酬之，而大學生遍九城矣。一私立學校生語予曰，吾輩以繳費證為學位之左券。只須年滿費足，而上課聽講與否，無關係也。予曰私立學校經濟仰給學生之弊，一至此乎！此文憑非成績獎證，直捐監執照耳。答曰公以為私立之弊也，而不知國立有甚於此者。吾輩須按期投資，為顧惜血本計，尚能自動上班，冀知識有所獲。彼國立者考入時納費一次後遂不責償。無所縈心，鴻飛冥冥，儘可「另有高就」。屈指計時，將舉畢業試矣！則從容以返，款段升堂以答夫「我的文學觀」、「哲學的人生」之試，文不加點，言必有中而功成行滿矣。予初疑為不類，後乃信其有徵。既退物質而榜精神，捨實驗而趨文墨。又不復科舉則變相之國子監，固其所已。

丁巳戊午間北大蔡、胡、陳諸領袖倡學制革新，首廢工科。其在校未畢業者，立即遣送北洋，若不可一日再留者。時土木門首班畢業吳次風諸友方在鄂境粵漢路服工務，凡念餘人。得訊合詞函促力爭挽回。予於東長安飯店楊風穆席上晤蔡，於京漢食堂晤胡。稍一叩詢，則以事關全局改造，且日後一切皆當進步，大學必不同於專門，為言，予以諸大學者所見既同，當靜觀其發展，且身單力淺；亦無以抗此潮流。時新舊之爭甚烈，更不願涉足漩渦，自是以還，教室之講義，博士之演台，無往而非文學哲理，杜威、羅素、泰戈爾、愛羅先珂接踵來華，托爾斯泰、叔本華、歌德之大作，口碑載道。青年作家，新式文豪，如雲之興，如林之茂，印局書社，機緣大至，無不獲利者。而私人主辦大學只須「文法商」，莫非「形而上」矣。前歲教育部鑒於「文勝」之敝，將無底止，令大學必有「理科」重實驗。一時諸學府多失措，何謂物質儀器？如何設備試驗室？雖名流博士亦復茫然。而大學之以缺理科不許成立或延緩立案者尤比比皆是。或為之語曰：「順理成章」，無理則不成其為校章也。若本年四月教長王君對客所談則又否認貶抑文哲之主張，謂不過汰其過劣而已。此中是非得失，吾今不欲論之。而復憶及數年前「踏海沉湘同此憤」之王國維——（「踏海」句為陳弢菴輓王聯語）

王國維主張大學設哲學科最早

王國維字靜菴，以國學而兼西學，知名當世。清華教授兼清室南書房行走，新舊各方咸禮重之。戊辰有感於時勢巨變，斯道難容，遽投昆明湖以歿。識者哀之。生時辮髮垂垂，與新文化派若馬牛風之不相及，而當清光緒末，實力主大學，設哲學科，則與「五四」巨子，先後同揆也。有〈經科文科大學章程書後〉一文，專駁起草之陳毅及奏定之張之洞。一則曰：「根本之誤在缺哲學一科」再則曰：「南皮尚書之必廢此科，理由如何？」又曰：「言哲學之害，必自其及於政治上者始。自由革命之說，雖與十八世紀哲學上之自然主義稍有關係，然寧屬於政治法律方面，何不廢直接之法律政治，獨於間接之哲學而廢之？」又曰「不逞之徒，何地蔑有？昔之洪楊，今之孫陳，寧皆哲學家哉？苟研哲學，必博稽眾說，惟從真理，反側既安莠言自泯，疑此學為釀亂之麴糵者，全無根據。」，又曰「余輩研究哲學者，亦必昌言為無用，以功用論哲學，則哲學之價值失。哲學有價值，正以其超乎利用之範圍。知識之最高滿足，時求諸哲學。叔本華所以稱人為形而上學的動物，而有形而上學的需要。無論古今東西，其國民之文化苟達一定之程度，無不有一種哲學。所謂哲學家，無不受國民之尊敬，而國民亦以是為重輕。光英吉利之歷史者，非威靈吞、納爾孫，而倍根、洛克。大德意志之名譽者，非俾思麥、毛奇而汗德、叔本華。即號為最實際之國民之中國，於易之太極，洪範之五行，周子之無極，伊川晦菴之理氣每為歷代學者研究之題目。其為歷史之光，寧他事可比？今若以功用為學問之標準，則經學文學等之無用，亦與哲學等，必當在廢斥之列。而大學之所授者非限於物質的應用的科學不可。坐令國家最高之學府，與工場闤闠等，必非國家振興學術之意也。」此其立說已。「五四」改制者如出一口。而所擬改之經學、理學、史學、中國文學、外國文學，五科，莫不以「哲學概論」、「哲學史」為主要，每科十餘課，關於哲學者居其半，（惟史科只有「概論」及歷史哲學兩項）——更與十餘年之大學文史科目若合符節矣。夫政治哲學，博積眾說，崇真理，息莠言，此其原則自闔甚高，徵之歐西，亦不乏前例。而在外力交迸，眾志紛漓之中國，安有慎思明辨之餘閒。降心定慮之多士？求新之慾，誇大之狂，異幟各張，互為傾軋，衝決泛濫之勢成，以亂濟亂之禍亟矣！當日南皮之欖轡在手，豈得謂之無所見乎。王君之踵迹洎羅，固逖聽夫「裸體遊行」，「毀辱孔像」，「打倒廉恥」，「膜拜李寧」異聞怪舉，接疊而來，不勝滄海橫流之痛感，以有此身速盡之決心，庸知若輩之如是云云，莫不挾最新之主義。滔滔雄辯，非舊時「不逞之徒」所能有也。夫「五四」之中堅，固以「德謨克拉西」相標榜，同時唱導「思想充分解放」，極端邁進唾棄「中庸」，則舊者固當視同芻狗，新者又將何以鞏其藩籬?!佛云：「慎勿造因」，非謂因之不可造也，慎之而已。王君臨流悲咽奮然一擲之時，其亦稍悔前言之期待過高乎？

王闓運有〈圓明園〉詞，王國維有〈頤和園〉詞，並皆佳妙。頤和之作，清運已移，宮黍之悲，銅駝之感，抒情狀物，無盡低徊，寫昆明湖數句云：「西直門西柳色青，玉泉山下水流清。新錫山名呼萬壽，舊疏湖水號昆明。昆明萬壽佳山水，中間宮殿排雲起。拂水回廊千步深，冠山傑閣三重峙。嶝道盤紆凌紫烟，上方寶殿仿祈年。更裁火樹千花發，不數明珠徹夜懸。」寫湖山勝景如畫，豈意十餘年後，其人即命盡於此耶。述清室遜政及優待事，如「那知今日新朝主，卻是當時顧命臣。」、「寡婦孤兒要易欺，謳歌訟獄終何是」。「深宮母子獨淒然，卻似灤陽遊幸年。昔去會逢天下養，今來翻受厲人憐」諸句，蓋深譏袁氏悖義負恩，而結尾「定陵松柏鬱青青，應為興亡一附膺。卻憶年年寒食節，朱侯親上十三陵。」又似以愛辛之覆，有循環之天道存焉。篇中敘咸同光宣四朝關目，亦若局外冷觀，無所諱忌，殊不類遺臣口吻。綜厥生平，言論思想有極新穎脫越之時。其在清時，官資微薄，亦無「受恩深重」之可言。而晚年蹇蹇，匪躬，以身殉變，居然板蕩誠臣，是時溥儀隱迹津門特謚忠愨，蓋取「危身奉上」，行見中外之義，以褒之。——（愨字正書為慤）——其卹旨書「五品銜南書房行走」。王某云云「五品銜」甚平常，南書房則向稱名貴。《竹葉亭雜記》云：「南書房非翰林不能行走，嘉慶己未朱文正公薦黃鉞為內廷供奉，乃以候補主事入懋勤殿。每日入直例，南齋供奉，由乾清門出入。懋勤供奉，祗帶領匠役由石門入。黃以年近六十，且多病，有浩然之志。歲甲子駕幸翰林院，黃格於例，不得與。上以黃當差有年，特賜翰林。」讀此可見南齋壁壘之嚴，即翰林入選者亦自無多，觀張百熙「七年供奉殿西廊」之句，所幸溢於言表。國維一無資格而獲詞臣難得之榮譽，感慨君恩，當在於此，至昆明畢命，則重以世道之憂傷。不然，辛亥移鼎，甲子蒙塵，地坼山崩，在遺老胥為痛之大者。獨於戊丁之際，跼地蹐天，不可終日，何以故歟。

「領袖人物」與「領袖慾」

近數年中各大學府，頗重實益的歷史研究，佳象也。燕大君岵瞻為專研「領袖人物」之一人，昔曾貽書見詢關於「曾國藩」應閱之書籍及參考資料，吾弟一士已舉所知，逕覆矣。吾今引申一語曰「領袖人物」以「無領袖慾」為第一義，此曾公之所以成功，亦即其可資現代英雄借鑑之處。李鴻裔輓詞：「位冠百僚而勞謙自牧，威加四海而盛德若愚，不震不騰，隱几獨居勳業外」，暗用宋史孟珙傳語，恰能道出「有其能而無其慾」的領袖人物之特點。若洪楊之役，曾公聲威全盛而不肯自為。淺者笑其甘於異族之臺隸，即賢者亦嘆其無勇而失時，以為功虧一簣也。《清代野記》「彭玉麐革命思想」一則謂安慶既克，玉麐迎曾東下。先以急足，賚密封，內只十二字「東南半壁無主！老師豈有有意乎？」文正變色曰：「不成話，雪琴還如此試我，可惡！可惡！」撕而團之，納於口而咽焉。著者述此事為巡捕倪人塏所親見，或非無因。又文正之女公子，清末巡撫聶緝槼妻也。今八十餘尚健在。去歲曾參預北平市府招待遊園，眾稱之曰「聶太夫人」其自著年譜，則自署「崇德老人」所記，皆閨閣女紅，紡織庖廚，婦道母道，家庭瑣瑣，惟記湘中匠役造屋時，所唱秧歌曰：「兩江總督太細哩。快到北京做皇帝！」當時民眾心理可見一斑。然則曾如有意，事或可為。可為而不為者，知其終不可為也。曾以讀禮家居，初起練團，祇以扞衛鄉里。而湘軍之出境討賊，一以羅山講學，樹立名教戰爭之基礎，一以洪氏之「天父天兄」蛇神牛鬼，促成狂瀾共挽之同情。且清雖以異族攬國政，而降心俯首於中華文化者二百年。益以鴉片之役，庚申之難，雖敗於晳種，而正義不撓，人心未去，曾公翼下，濟濟群材，所以竭誠效命者，有政治中心維繫於無形也。合忠君翊教之信念，以成廓清摧陷之豐功，若夫成功之止此，實亦運會之自然。若為非分之圖，則清運固不可延，而群龍亦將有以自見，五代之禍不旋踵，真前功盡廢矣。妄人祇蘄一逞，賢者常策萬全，故曰可為而終不可為，領袖之慾，領袖之賊也。辛亥以後，無限「巨頭」迭為強霸，豪俠俊偉心雄萬夫者有之，褐衣芒屨安於粗糲，若古志士者有之，雖百番振厲而鮮有成功。大抵有領袖之才而誤於領袖之慾。嘗讀昔人名句「一將功成萬骨枯。」，悲涼沈激，信哉仁人之言。而今則「功不必成亦姑以萬骨能枯為快」不已，每下而愈況乎？予癸亥夏興句云：「昏媾仇誓翻手易，健兒白骨已邱山」、「魯衛弟兄滕薛長，從知世亂患才多。」即此意也。故曰「領袖」之所以為「領袖」，在力袪「領袖慾」，曾文正如是，其他諸前賢亦無不然。近五年中全國傾動之「六三紀念」，謳歌「林則徐先生」之標語，遍於人間矣。抑知林先生之壯烈非止焚毒，尤在國防之有備。英人船堅礮利，不能入領土一步，而清廷是非顛倒，迫以西疆萬里之行，朝命一頒，恬然就道，是亦領袖人物之本色也。使人人盡其在我，則全國皆急公之人而國基定矣。彼東西列強之所以萬眾一心，蒸蒸日上，豈有他哉。

曾國藩

去年丁慕韓先生招宴為平民大學事與鄭韶覺、王稚垓、房德三、吳柳隅、胡石青諸公會談，酒食肴饌，一次並進，無多盛設而適口充腸，各如其量。慕韓曰此曾文正會餐法也。予曰，文正之偉大非止軍事政治文學，一事之微，罔不井井，公可謂能知文正，善學文正者。鄭韶覺曰吾昔在滬，勞動大學演題，即「中華民國與曾國藩。」予曰：此題甚佳，似新穎而實有充實發揮之可能。慕韓曰：左文襄逢人詆毀曾文正殊不近情，當是故為不黨之宣傳，防清人之猜忌耳。以《庸菴筆記》「左文襄晚年意氣」一文觀之，覺慕韓之說。自有灼見，以社稷之臣，心膂之寄，而卒不能泯息危疑，充其展布，甚矣種界之為害也。竭一代人才之全力，削年大難，僅為愛新苟延殘息，獲短時期之小康，豈非運會使然歟。

「庨」字韻、皇帝詩、上將軍詩

楚梅鄧文濱渭卿著《醒睡錄》十卷，都為四類。曰天地、曰世運、曰人事、曰鬼神。「人事」篇目獨繁，自卷四至卷九皆是，實掌故叢書而托於消閒遣興者。筆記體裁，而標題皆對偶，若小說中之章回，尤為創格。其「押韻偏能得高榜」。一則云：「咸豐年間都中考試最重詩得題解。某科「賦得，秋色牆頭數點山得庨字」乃御製詩句也。通場不解「庨」字何義，有一卷以不解解之。詩第二句押庨字作頌揚體云：『宸題韻限庨』竟得高榜。」予按所云：某科應是辛亥咸豐元年登極恩科。主考有兩正兩副，杜受田、柏葰皆正考官。杜即咸豐之師封謚文正。柏即戊午科以正考罹重辟者，欽命詩題「山色湖光共一樓」得庨字。按日下舊聞考樓在長春園內蒨園後河北岸思永齋北高宗書額，詩曰：「渭竹環臨水，巖樓出竹梢。漪瀾常映帶，罨黛亦兼包。了識智仁樂，宛成仲叔交。契神疑畫舫，悅志即書巢。已足供吟眺，奚煩事豁庨。羲經設觀象，育德聖功爻。」此題與限韻所由來也。「庨」字太突兀，群相驚詫故有全場不解之訛傳。如四十六名鄭沅——（大興人，與光緒甲午探花鄭叔進同名）——領題四句云：「霽景蒼茫裏，高樓俯豁庨。山環秋色共，湖隔水光交。」結尾云：「御園宸賞愜。珥筆侍蝸坳」，是於題之出處，固已了然矣。鄭之名次非甚高，可知得解者非止一人。第以此字過冷，引人興趣。故翌年翰林院館課，紛紛擬作，互期履險如夷，而鮮能愜心貴當。如易堂俊之「繼承欽聖德，宸翰韻拈庨」亦在解與不解之間。許其光之「天上瓊樓敞，觚稜勢豁庨」依然以「豁庨」相連，蓋除「豁」字外，若綴以他字，則生澀更甚也。從來詩壇有窄韻、險韻之說，窄韻為同一韻目中字數稀少者。險韻則韻腳字之枯冷無意味者。科場試帖，本應制體。只取堂皇安雅，不宜蹈文人弄巧之習。乾隆詩格，向極平常，乃以冷韻自鳴益形其不學耳。嘗幸翰林院製七言律命群臣和。有「穀登萬寶真成瑞，菊先重陽已泛撙。拂楹葱籠木有本，相隄汪濊水宗源」、「笑語從容伯兮叔，獻酬交錯弟於兄。一堂敦睡家人吉，卻陋山河帶礪盟。」及題貢院之「得失千秋非慮也。咫尺雲泥亦幻哉，若有淚眶啼桂落，那無笑口對花開。」以詞義論胥可當「三撾漁陽」之誚。惟老氣橫秋，行所無事，頗合於「皇帝詩」之一格，皇帝固無可不可者也。近日偶見報載段祺瑞七十一自詠律，謂之「懺占」詩曰：「少年意氣沖霄漢，徒嘆幾回列上台。德薄難挽已成劫，隨遇而安任去來，門生故吏滿天下，與進豈能與退哉。虔修未滅宿世業，求生淨土徒復回。」覽者罔不解頤，或曰此正是「上將軍詩耳」。

戊午科場案禍首平齡之「奇字」創作

「集註不知出何書」一則謂乾隆年，考差題「賦得也亦作乎得張字」，通場翰林無人知其出處；又咸豐間朝考論題「二子之心非夫子孰能知之」，新進士亦茫然，皆糊塗了事，幾不能完篇，後知皆論語朱註語，一在「問十世」章，一在「不念舊惡」章。案薛庸菴筆記「四子書集註宜熟讀」亦記此事。惟「也亦作乎題」係大考翰詹，非考差，有老翰林從容交卷，自云當出人頭地，榜發果居第一。與鄧氏說略有出入耳。薛記又云某拔貢舉乾隆元年鴻博授庶吉士，一日高宗問，增廣生員始於何代，見於何書，太史錯愕不知所對。高宗謂論語且不能熟讀何得為博學，遂散館改授知縣以終。且曰子適衛章註有唐太宗都廣生員句。為朱註不可不熟讀之證。案乾隆不學無術，慣弄狡獪狎侮文人。某筆記載其以「燈下觀書」命題，顧彭元瑞問，出何書，彭逡巡莫對。乾隆曰：「朕昨夜偶於燈下觀書耳。」復顧群臣曰：「朕今日難倒彭元瑞矣。」此種難人法，已鄰於無賴，然尚可謂之私人諧謔，無傷法度。若殿廷考試巨典攸關，豈宜嬉戲。「也亦作乎」四字無可發揮，本不足以命題，而四子五經詮註繁瑣，儘多無關宏旨，乙乙記誦，亦常人所難。使乾隆返躬自省，得無「燈下觀書」偶見「也乎」，遂乃乘人不備乎？假使群下以其道，治其身，任擇一瑣屑冷僻之字句，驟然相質，乾隆能不瞠目乎？所謂冷僻文不必皆屬墳典索丘，眼前事物儘有眾人所忽略者，眾人所忽，已獨斤斤，恃其居上之勢，求全責備於眾人，不亦謬乎，不亦陋乎。

今日莘莘學子，何「平齡」之多耶？

大凡考試之事其格不一，有驗記憶力者，有觀察學力才思者，或鑒賞文字，或衡量器識。若記誦之學，已非真儒所尚，冷僻自炫，更不足以升大雅之堂。近十餘年各學校為考試問題，眾口喧嘵，驚潮迭起。或唱廢考之高調，掩其游惰之故習以自誤。或主各級學校悉用無範圍之考問，使莘莘學子耗腦嘔心卒全力於勉強記憶以應風簷寸晷之難關，祇成一時之機械作用。皆不明考試性質之所致也。予在舊京各校執教鞭近二十年矣。歷經校閱入學試、畢業試各卷，覺「白字」之多，——（「白字」不應作「別字」另有說）——至足驚嘆。凡應大學或專門考試者，年齡二十左右，自小學始至高中畢業，歷時十餘載，求其文從字順者百無三五，若繩以科場磨勘舊例，所謂「文理荒謬」、「字句疵累」屏而弗錄，則各校當空其大半。而或於號舍中作情書，寫浪漫小品，則又津津有味，滔滔不絕，此誠文海之逆流，青年之浩劫也。昔清咸豐戊午平齡以票友中式舉人為御史，揭參遂興大獄，世僅知演劇為禍因，不知其文字荒謬實出情理之外。如「至」字寫作「㞢」，「徵」字作「徴」，「瀓」字文作「瀓」之類，磨勘官迭批「不成字」、「不成字」，若使生當今日一覽夫作家學子之高文，得無自笑其少所閱而多所怪乎。悲夫。

俞樾——萬立鈞——以題目為兒戲

「巡號如閱獄」一則云咸豐初年河南學使某編修場規嚴酷，枷鎖載道，以題目為兒戲，當是俞樾。曲園本隨園之流，持節中州，時甫三十餘歲，意氣飛揚，又自負南國人文，睥睨大江以北。鄧君記其於兩縣同日覆試，一題「獸蹄鳥跡之道」一題「鷄鳴犬吠相聞」，謂「字不成字，文不成文」則謔虐已甚，尤非考試所應出。滋物議，掛彈章，從此沉淪，一蹶不振，固其所也。因憶光緒中南昌萬立鈞為宜興縣宰以以名進士恃才傲物，於同城荊溪令屢狎侮之。荊令不能堪。值縣試出題「如有周公之才之美，使驕」以刺萬也。萬則於宜邑試題出「驕其妻妾」報之。兩縣生童傳為笑柄，此皆所謂放浪才人之所為，不足訓也。

朱復明、馮思道及清代廟諱御名之缺筆改字

康熙癸酉江西鄉試放榜日，六名以後寫完，拆彌封首名為朱復明。監臨謂明已失國，有關忌諱，斷不可中。商之主考請易之，而榜上已寫「朱」字，於副榜中得朱軾卷，遂定為解元；此事極似《兒女英雄傳》安驥之得第六。馬代功以詩不中程，而被撤，朱復明以名涉忌諱而扣除。是誠所謂「咫尺雲泥亦幻哉」者矣。清人崛起長白，入主中原，忌諱最多，「朱復明」一名，似有「光復舊物」之意，使果巍然榜首，其為禍當不下於「奪朱非正色」一案也，清初諸帝，雍正猛鷙，十三年中文字獄最多。乾隆頗喜察察為明，見有姓名不愜意必特旨糾正，湖南巡撫陸耀奏以靖州知州馮思道署沅州府。乾隆諭曰：「該員取名，其意欲學馮道。試思馮道身事五朝，敗名喪節，係一無恥之徒，有何可思，而必取以命名。此必係該員不通，父師代為取名，而該員又復不知更改，著將此名另易咨部註冊。」此則無關避諱，祇以原名印象不良，重勞皇帝費心改正者。又庚寅恩科鄉試順天府進呈題名錄有宣化人張照。諭曰：「張照係舊日大臣，且學問字法近所罕有，豈新進後生所能及。即使心存慕藺，亦不應矜妄若此。宣化為直隸邊境。見聞僻陋，或偶然適合亦未可知。商禮部查明，即行更名註冊。」此則以原名自擬不倫上煩綸綍，予以指導者。而其自身之「御名」轉不甚介意，曾諭：「內閣票籤內於宏字缺寫一點，甚屬無謂。避名之說，朕向不以為然，是以即位之初，即降旨於御名上一字，止須少寫一點。後因臣僚中有命名相同，心切不安，屢行陳請者，始許其易寫宏字。其實臨文之體，原可不避。至臣不奉

君惟在殫心宣力，為國為民，方為克盡誠敬，豈在字畫末節。且宏字已屬避寫，與本字無涉，若因字異音同，亦行缺筆。展轉相仍，必至八紘等字概從其例，勢將無所底止，復成何事體耶。」又《郎潛紀聞》云：「廟諱御名前代所懸為厲禁者，列聖諭旨亦祇令避下一字。世宗朝，臣工有避嫌名，輒怒曰朕安得有許多名字！非朕名而避，是不敬也。」此正論亦快語也。幼讀韓退之諱辨所舉諸例，支離附會，如聞夢囈，為之失笑，而在皇室既以億萬斯年自期，而復禁用御名，是曰矛盾，是曰不祥。藉使萬世萬萬世，果可必也，則字典中將無可用之字，如曰御名廟諱有限，不與字數相仿，是明言帝祚之不能久，則「永綿弈載」之謂何。（永綿奕載乃嘉道咸同四代御名第一字。載字下為「溥毓恆啟」皆預定之序）——清帝之聰明者為求兩全，乃改己名用冷字如嘉慶之「永」改「顒」，「道光之綿」改「旻」。咸豐以後皆不諱上一字，下一字如詝如淳如湉，皆非日常習用，至於溥儀之「儀」則國家典制，社會風俗，人民交際，胥不可須臾離，自己酉至辛亥三年間非改避，即缺筆，而「儀」字乃絕迹焉。昔者順治名福臨，特諭勿避曰：「不可因朕一人使天下無福」所見良是。而宣統乃因一人使天下失儀，不祥孰大焉。

朱佑明、王志洋、陳繼舜

《郎潛紀聞》載清初莊廷鑨私撰明史之文字獄。發於罷職歸安知縣吳之榮，以告訐謀起復，且怨南潯富人朱佑明思嫁禍謀產，指其姓名為證。此一案死官吏士民七十餘人，婦女並給邊，之榮卒以此復官，並得朱佑明之產，仕至右僉都蓋，小人之尤也。朱佑明與明史撰作，一無關係，祇以其氏則「朱」，所「佑」者「明」，以此獲罪固冤，而命名不慎亦召禍之某也。《醒睡錄》所記，癸酉朱復明為康熙三十二年事，在朱佑明案後——（癸卯為康熙二年）——宜乎監臨官之談虎色變矣。

光緒癸卯西太后六十九歲，王壽彭大名合於「吾皇萬歲！」遂得狀元及第，世知交矣。甲辰為西后七十正壽，狀元本定朱汝珍，後以劉春霖之名堂皇富麗，臨時以劉奪朱，此皆以名得福者。若戊辰之王國均，以與「亡國君」同音而降甲。則以名受累者。其不關忌諱而以座師之命更名者甲辰有二人焉。一為「王志洋」中式二十一名。正總裁裕德謂其「志在學洋人」而惡之，乃改王賡字揖唐，然此人卒游東瀛學陸軍・志洋之志不可奪也。第四十名之陳繼舜，為副總裁張百熙之鄉人，百熙謂「以陳繼舜」意欲何為。乃改「繼訓」，此皆朱復明、馮思道之類，惟「馮思道」或「士志於道」之意，未必便是「思馮道」，猶之「志洋」初意不過「抱負偉人」，未必便是「全盤接受」，有裕德一番提醒，而乘風破浪之雄圖以決，詎非「玉汝於成」乎。

明清於吏禮戶刑四部輕重相反

孫師鄭雄上月間逝於故都，年七十矣，此君舊事略見《正風》第八期，茲復憶及其鄭齋存稿內稱陳散原為「伯嚴前輩」，友人以伯嚴非翰林何論前輩見詢。予曰此係吏部前輩耳。衙門中之分前後輩者，翰林院而外有內閣、都察院、軍機處、吏部、禮部。須上稽前明典章，方能洞其源委，內閣本與翰林院一體，禮部三堂及吏部右侍郎以翰林官升授為常例，吏禮兩部司員及科道官皆進士出身，清貴之班，僅亞於翰林，非他署所及，皆明制也。清之雍正立軍機處本由內閣分設，故一切規仿內閣翰林院。六部則重戶刑而輕吏禮，恰與明代相反。吏禮兩部曹郎，不限進士，又可以捐納得官，惟仍須正途。（舉貢）主事得掛朝珠，同官論前後輩，清範猶存。告朔餼存，賴有此耳。陳散原吏部孫師鄭吏部，葉煥彬吏部皆「吏部」之卓卓有聲者。

戊子順天主考兩正兩副

師鄭作翁文恭九十生日詩云：「八百孤寒感念深，廿年五度棘闈臨。」註曰：「師於光緒庚辰壬辰兩典春闈乙酉戊子癸巳三典順天秋試」。按庚辰乙酉翁為副考官，壬辰癸巳則為正考官，惟戊子科亦正考官而名居第二。齊耀琳詩：「躬依絳帳經曾授，頭點朱衣遇獨殊。」註曰：「戊子癸巳順天鄉試公均為正考官。耀琳於戊子中副車癸巳登賢書兩列弟子籍。」吾兄龢佛曰戊子典試者四人福錕居首，翁似非正考。吾弟一士檢閱《翁文恭日記》乃知光緒本意實以福錕、翁同龢各為正考。翁以名既居次，故於所「中」卷，只標一「取」字，而正考遂若為福錕所專矣。陳康祺云：「嘉慶以前會試總裁多一正兩副，咸豐以前順天主考或兩正兩副成一正兩副。自嘉慶己未科春闈，同治甲子科後京兆闈，無不一正三副。」此所記可謂考訂詳明。凡鄉會試各正副考皆平分中額，惟解元或會元文例須正者裁定，房考曰「薦」，副考曰「取」，正考曰「中」，定於一，正其名也。又不論鄉會試，上諭中一律名之曰「正考官副考官同考官」，闈中則會試一律稱「大總裁」，鄉試一律稱

「大主考」。若正考臨時有故不能入場，則副考須專闈政，故以概大總裁或大主考為宜，惟同考官無專名祇稱「同考試官」。

庚午癸酉兩科磨勘之厄

《郎潛紀聞》云「北場鄉試，不利午科。遠則乾隆庚午幾成大獄。近則咸豐戊午，按法誅放數十輩。今年庚午十八魁中以錄舊自請註銷者四人，解元李璜綸與焉。亦所罕見。」案清自開國二百年中，午科六七十，不利者只此三科，遽為「午科不利」之論斷，證據殊不充分。文中所云：「今午庚午」為同治九年，倭文端公艮峰相國為正考官。先君子中第六名，張幼樵文佩綸中十六名。幼文次年辛未連捷入翰林，乙亥大考開坊，不數年擢至侍講學士，癸未以署左副都史知貢舉。距成進士未十年，遷擢之速，與「陳太傅」並轡而馳。馬江一敗，墮厥聲名，抑鬱終身，視「太傅」之晚福盛名，又不可道里計矣。是科榜後循例派大臣磨勘，時有鴻臚少卿梁僧寶自詡鐵面，歷科奉派磨勘，刻意吹求，盡情參揭，眾皆側目，號為「魔王」。李璜綸之第三藝全錄成文，初意只求完場，揭曉竟得解元。慮干重咎，自行檢舉，部議李璜綸能經自首，應仍將舉人增生一併斥革，惟據順天府查明實係冒雨致病，錄舊完卷，別無情弊，准以原名就應童試，於是堂堂鄉舉名元，一變而為童子。第二名查佐清與十八名王振銖第三藝雷同，經磨勘大臣吏部尚書單懋謙等勘出，查佐清革舉人監生，王佐清則先以廩貢指刑部員外至是興舉人同時褫革，主考官皆罰俸，而庚午科乃無解元亦無亞元。同年錄以第三名為首亦奇事也。

次科癸酉，同治十二年，主試者全慶、胡家玉、童華、潘祖蔭也。第十九名徐景春第三場策問「公羊」二字拆分兩處，以視「伯夷叔齊」分為四股之笑談，可謂吾道不孤。磨勘官籤出，交部議處，而禮部吏部各執一詞。禮部則例載「文理悖謬者舉人褫革，同考官革職，正副考官降二級。」，吏部則例「文理荒謬革舉人一名者，同考官革職，正副考官降二級。」此曰「悖謬」，彼曰「荒謬」，一字之差，遂致兩不相謀。禮部謂景春卷無違悖字樣則不得以悖謬論也。故援附他條祇以罰俸降留，從輕議結。吏部謂經書名目，竟至拆分，非尋常疵謬可比，應照荒謬例重處。禮部無以難，乃奏請依吏部，且自請罪焉。得旨同考官革職，四考官均降二級調用。潘文勤咸豐壬子探花藉文恭恩廕，同治初已官左副都御史，及是以侍郎復降京堂。全慶道光己丑翰林為倭文端同年。咸豐時已尚書矣。壬戌追論戊午案讞失當，鐫級，是科以尚書為正考，再降官。胡家玉道光辛丑探花，童華戊戌翰林皆資老望重並遭蹉跌，「公羊」二字拆分，事本滑稽。而四大主考之不幸則遠過於庚午，（庚午四主考皆正罰俸九個月）自是以後，公卿相戒弗談公羊，謂之不祥云。

壬寅癸卯「北貝」改「南皿」應試

北闈鄉試名額特多，主考同考人數同於會試，規模宏闊，非他省所能比肩。名曰「順天」，實兼奉直。名曰，「鄉試」，實為「國試」。全國生童或出貢或捐監，胥由國子監甄錄送考，合二十餘省之濟濟群才於一榜，而「北闈」遂為特異之名詞。順天兼奉直，奉直又兼東三省察哈爾及滿蒙各旗。應試者有「貝」字號，有「皿」字號。「貝」即生員之員，「皿」即監生之監。全國之監既雲集上京，乃復析為三皿，以明其序曰「南皿」，蘇皖兩湖閩浙之貢監也。曰「中皿」則川粵桂滇黔。曰「北皿」為直魯豫晉陝甘奉。惟「貝」只限奉直，而順天屬大宛兩首縣之生員，又可析為兩類，一上著，一繼籍。繼籍即寄籍，南人得試籍於北者，則書履歷時，以繼籍為主。故若惲毓鼎為「大興」，袁勵準為「宛平」而此兩人者實皆江蘇常州，非直正之北京人也。吾家亦江蘇宜興，自先祖父道光中入宛平籍，後三世皆應縣試遊庠食餼與北人一致。無須捐監，不歸「北皿」。庚子亂後，外人禁大宛兩縣及直省曾經拳鬨之州縣應試，載入條約，。先三兄以宛平生員改蘇籍監生入闈，以「南皿」取中，於是壬寅癸卯順天人皆「皿」而不「貝」矣。昔清雍正藉口「名教罪人」案，停浙江歲科鄉舉各試，謂之懲戒，實乃侮及無辜，梟雄作用，大抵如是也。不意虬鬚碧眼之徒亦復洞察國人科名之癖，增其恥辱，想入非非。廢科舉之動機於此端矣。

大成殿中之孟子

乃者國府崇聖之典漸具體化。四聖裔至京，禮遇優渥，揖讓雍容，重見官儀，克彰文物，可謂盛哉。案大成殿四配之序。有位之先後，有時之先後。顏曾為至聖及門，子思則子與氏所由請業，故孟居最末，此位之先後也。若夫升配之典則孟僅後於顏，而先於曾思。史稱漢高帝東巡過魯以太牢祀孔子，以顏子配。宋仁宗七年以孟子配，而曾思升堂侑食則在度宗咸淳三年。顏曾思孟，自此不易。至明洪武覽孟子「土芥寇讎」數語，謂非人臣所宜，詔罷配享，有諫者以大不敬論。刑部尚書錢唐抗疏爭之，且曰為孟子死，死有餘榮，洪武尋悟詔曰：孟子辨異端闢邪說，發明孔子之道宜配享如故。清康熙丁卯夏建孟子廟御製碑文，引申韓愈、蘇軾之說，推其功以配大禹，謂洪水之禍止於人身，楊墨之禍隱然直中於人心，不有孟子使楊墨濫觴於前，釋老推波於後，後之人從千載之下探尼山之道，孰從而求之。更繫以詩句曰：「尚異實繁，楊墨競煽。陷溺之禍，酷於昏墊。」曰：「嶽嶽亞聖，巖巖泰山，功邁禹稷，德參孔顏。」，稱揚功烈，極致推崇矣。而「貴民輕君」之說，則語焉弗詳。人君身在局中，誠難乎其言之也。孟子曰：「民為貴，社稷次之，君為輕。」實為吾道至精之詣。所以闢邪說者在是，所以彰聖教者在是，所以昭告後世統治階級使之時為修省，凜乎「無輕民事惟艱」者亦在是。當民十六間國府奠都金陵，固曾議存孔祀。新文化領袖某公堅持不可。曰孔氏為君主所利用，今為國民之國，祀孔與國體悖，遂不果行。時閻百川氏在晉將舉祀孔之儀。或執某公之說以詢，閻答曰果為君主利用，亦惟利用之者尸其咎，於孔子何與焉。善哉，要言不煩，彼一武夫，理明詞達，識解乃超乎學者名流之上，此無他，無新舊界無領袖觀，則目無所蔽而言必有中矣。

大學堂中之朱子

乾隆元年僉都御史李徽奏請進程子顥入大成殿，總理事務王大臣議駁曰：「朱子熹羽翼經傳，闡發義蘊，薈萃群言，衷於至當，《四書集註》章句，親切詳明。聖祖特進入配大成殿，所以為天下萬世學者樹之標準，俾知所趨向，非以朱子賢於周程諸儒，如李徽言則周程張邵皆附十哲，踵事日增，將貽後議。」三年三月徐元夢援朱熹例為有若請升配，謂聖祖既以朱子昌明聖教升位其次，是十哲可不必拘。考魯論次章即載有子言行氣象皆似聖人，則宜升堂配章，確然無疑，禮臣議子張，孟子稱其得聖人一體，得於宋咸淳升補十哲之缺數。有若最為游夏所服，孟子亦稱智足知聖，從前未躋十哲，實為缺典，應如所請。是孟子不惟己身上躋顏曾，即子張有若亦賴孟子片語之稱揚，為升配之依據，孟之權威如是，宜乎朱洪武一時之喜怒，終不能奪其配位也。

朱學為體　西學為用

京師大學堂初建七科大學，每科別為一二門二三門不等。全校濟濟數百人各專一藝，有學習，無發明，當時王國維以缺哲學為病，後之新學制家嫌其職業實用，性質太重，皆持之有故。然謂大學全係專門，止以學問為手段，不知「為學問而學問」則亦不盡然。因奏定章程，大學之上，有通儒院，為分科畢業有志於高深研究者入焉。無常課亦不拘授受迹，惟重著述。期創造，養成專家，略似西方之博士院及近人所擬議之研究院，是則「為學問而學問」自有其地有其時，固不必遽求備於大學，而大學有朱子學派之專師，於精神主義亦未為忽略。主講者富陽夏伯定先生名震武又字滌菴，生平夙負理學。光緒初以甲科官工部主事，遽上書論劾諸軍機大臣，以楊繼盛自擬。不得請，則拂袖歸田。庚子變起奔詣西安行在，自請為專使。偕洪嘉興出洋。以正義說各國。上諭謂「以國事為兒戲」。又請置王文韶於重典，諭斥其冒昧。「姑念迂儒無知，雖其言過甚而心尚懷忠免其置議。」然其人實孤介戇直，中有所守，自信力極強，志在衛道，躬行薄踐，有旁若無人之概。總監督劉幼雲（名廷琛，贛人甲午翰林）亦道學家也。卑詞厚幣，致之於大學，講四書，復推舉安曉峯先生專講「大學」，（安名維峻，庚辰翰林，甲午劾李文忠。詞連西后。遺戍張家口。宣統起廢員，賞內閣侍讀居京）安訥於語言，恂恂如老儒。夏操浙音。雄辯滔滔，而急莫能明。又常於課餘輪喚各生便座縱談，詢所志所慕，平生師友何人，諄諄於身心性命為求學之本，又出靈峯存稿以貽多士，則皆闢漢學西學力尊朱子。復以白鹿洞教義語錄、格言，命學校司書端楷精繕，諸講堂，及齋舍間，若近數年之標語然。其覆楊正夫書曰：「天下賢智少而愚不肖多，其日思放欲於飲食男女之私。而苦於存理去欲之教，有所禁制而不得逞，以為深忌積恨而欲甘心者久矣。一旦有桀黠者起而為之倡，則其說之可以便吾私群然歸之，如流水而不可禦。以至人人樹敵於朱子者勢也。」又覆廖養泉曰：「前書教以禪學不必辨，漢學西學不足辨。夫禪非真有斷嗜欲、棄名利，刻苦為己者不能。今天下實無所謂禪，其黷貨爭權勢自絕於人道者，皆借漢學西學為播間壟斷。」又覆張季玕曰：「責吾辨隆王，闢漢學為意氣過激，夫學問思辨皆所以求至於聖人之道。秦漢以來，百家披猖，聖道幾絕，賴程朱修而明之。陸王漢學者出其偏見私智，與程朱爭，顛倒瞀亂為世大患，吾恨學不充識不足不能大張聖人之道以廓除之，非有所謂激也。」是與孟子「予豈好辯予不得已」如出一口，故當時學友稱夏夫子，有逕號之以「孟子」者，大多視為迂闊之談，故民元之北京大學，即將此課廢止。

夏震武中肯之言

——以實心實政行中法，則中法自善。以虛文虛名行西法，則西法必敝。

然夏先生精警之言，固自有不可滅者。如乙未覆徐季和書——（徐為夏之癸酉鄉舉座主，）曰：「西人以實心實政行法，中國以虛文虛名行法，此強弱之分。以西人之實心實政而行中法，則中法自善。以中國之虛文虛名行西法，則西法必敝。今日即令火車偏達十八省，鐵艦增置數百艘，一丁汝昌出即盡為夷人所有，羸病劫劑，實速其死。」則至理名言，及今思之，有餘味也。又丁酉覆安曉峰書，曰：「聖道之不終絕者理也，不能不中絕者勢也。既幸理之必然，又懼勢之不能不然。由周以來，聖道未嘗一日得行於天下，一聖數賢，雖不能用不能救，而相望千百年中綿綿延延繩而不絕，人道不至為禽獸，中國不至夷狄者，亦空言垂世之力。」此數語可以作「非孔」及「自居於孔教徒」者雙方之棒喝。又曰：「朱子之學遇聖祖而昌。乾嘉漢學起而叛之，詖邪淫遁，蔑理畔常，今其誤國罔世者議論皆萌蘖乾嘉。暴秦五代之禍可立而待，自否而剝，自剝而復，當必百有餘年。此百餘年中世道之榛莽、民生之塗炭，當不知若何，而我朝之天下已不可問矣。」當清之世，身為下僚，而敢斷清運之將終，可謂大言炎炎。自辛亥以後一二十年軍閥割據，戰鬥循環，民生憔悴，南北仳離，所謂暴秦未必然也。而五代則絕相似，又何不幸而言中歟。

辛亥武昌事起，夏先生始猶鎮靜，繼聞武漢淪陷，各省警報迭聞，乃大震。特編講義，切告諸生有「毋效康有為、梁啟超之莠言亂政，毋若黎元洪、湯化龍之甘為戎首。」雖痛哭流涕以進，而人心已多數趨向於革命，充耳不聞矣。宣布共和詔下時，吾方避地濟南，私意如此巨變，在此老心目中必有跼地蹐天之感。昔人為伯夷、叔齊文曰：「甲子以前無天，甲子以後無地」，先生必熟誦之。勢且踵迹首陽，否則沈湘蹈海矣。乃更閱六載，吾弟適僉入浙省公署為祕書，托詢蹤迹，知其捲髮深衣，山居高隱，有時招邀舊侶尚論羲皇，罕涉城市，義熙甲子，無愧高風。而視庚子時漢滿兩祭酒之殉道殉國，則似有所不逮。

庚子殉國之兩祭酒——國難與國子師；長城死綏之七勇士——無名之英雄。

兩祭酒者一福山王懿榮一長白熙元。聯軍薄京師日皆自盡。是時諸王公大臣或扈蹕西行，或留守都下，或云君未死社稷，國未亡，人臣無死法。而兩祭酒則以國子之師，士林之望，赫赫王城已見旌旗變色，何殊地坼天崩。主辱臣死，安有身家。若復遁辭以自解，將何以存人紀、張國維。是以從容就義，大節凜然。視聶士成、羅榮光之死於戰陣為尤難；聞景瞻述蓮生祭酒投井情景，歷歷如繪。蓋嘗相度深淺，顧視旁皇，復經家人告曰：「可矣！」，而後奮然一擲，似決死而仍畏死，似勇而又怯者，此心理自然之動象也。吳柳堂遺摺云：「罪臣無古人學問，豈能似古人從容。昔有赴死而行，不復成步者。人曰子懼乎？曰懼。曰既懼何不歸？曰懼、吾私也，死、吾公也。罪臣今日亦猶是。」至哉言乎。樂生惡死，人之恆情。雖大節精忠苟有「從容」之餘地，則不能免乎「天人交戰」之一關。人勝天則身免而氣盡，終為庸夫；天勝人則身殲而行全，卓然一代矣。彼兩祭酒者誠須臾無死，則回鑾以後，掌文衡如故，涉卿階如故，浸假而台閣封疆，豈不與光宣間諸顯貴共其安富尊榮，而必守取義成仁之訓者，太學之長，天下之師也。他人可以不羞小節，曲自解脫，而堂堂人倫師表，非此不足以昭其素履，風示後來也。夫以八國之聯軍據中華之首會，其為空前國難，苟非事過健忘，當知此恥遠過於「九一八」、「一二八」、猶幸有「臨難無苟免」之兩祭酒樹之坊表，蔚為國光，此所謂「重於泰山」者非歟。前歲長城之戰，彼軍入古北口，得縱橫山谷斷肢絕脰之英骸七具，曰「僅此七人乎？」已而曰「不為少矣。」，乃收輯而禮葬之，築豐碑其上，大書曰「支那七勇士之墓」，吾不知國人之過其下者，亦有所思否。

安維峻之俄國尊孔說

安曉峯先生，清介有餘，學識不足，甲午劾李文忠一疏，盈篇累幅，荒謾無稽。其坐台日不知從何處得一流言，謂俄國建文廟，改冠服，尊孔子，行聖道，馳書以告夏。夏先生慨然曰：「俄有人矣，中尊西學，俄尊孔教，興亡之數，不待智者而決也。為道既幸俄之必然，為國又幸俄之不然。」又曰：「天下之亡，不亡於夷狄盜賊而亡於學術人心。」又曰：「明代雖佚君亂政迭作，而其士大夫持清議立名節維風教，毅然冒萬死而不顧，此朱子之功，可上配孔孟而無愧。」若夫道咸以後，外患迭興，兵戈稍有不及，則笙歌洋洋盈耳，如狄平子〈庚子圍城感事〉所云：「國自興亡誰管得，滿城爭說叫天兒」之悲象，以及順民之旗，壺漿之眾，在夏先生論之，皆以惠、戴、紀、阮為放縱之禍魁。觀夫明季流寇及清兵所至，士大夫往往舉家殉節，死亡載道，則知其說自非無據。又三年前得友人自扶桑寄書，知日人為朱子立社誠敬禮拜，而忠君愛國之念益堅，是朱子之學又為彼善用之矣。又憶昔於孔教會晤陳煥章博士，問朱子於孔教若何，得無太狹乎？博士曰未可厚非也，立國之道有益。吾今靜默以思，其言良信，然則世之好言中國人無國家思想者，殆不免「數典而忘」乎。

全國水災泛濫，應是新舊學說紛雜潰亂之象徵。清康熙治河之盡心竭力

二十年夏秋之交，長江水溢，泛濫數省，繁市邱墟，巨浸稽天，空前浩劫。今歲之夏，又幾不免。若夫黃災，夙號「中國之憂」者China's Sorrow，幾於年年而有。魯西、豫東接壤數十縣，久不堪問矣。中國古有「三山二水一分田」之說，南北中三部各以長江大河貫其腹心，而溝渠湖澤，或伏流隱現或支脈交錯，無地無時，無水，故治水自神禹以迄有清，常為謀國者心力所專注。康熙二十八年己巳南巡至會稽，謁禹陵獻頌，並序其豐功，謂「昏墊既平教稼明倫由是而起，有功後世，非特當時利賴。」又曰：「朕自御宇以來，軫懷飢溺，留意河防，講求疏濬，漸見底績。周行山澤，益仰前徽。」，因親撰祭文，率群臣行三跪九叩之禮。諭「有司修葺陵廟，春秋牲醴，必豐必虔，以志崇報。」可知康熙於大禹印象至深，當時內外名臣如張玉書、佛倫、靳輔、于成龍反覆研討，周遊詳察，誠如齊宣之言可謂「盡心」也矣。其諭勘河諸大臣曰：「朕素知河道最難料理，治河之法，自十四歲即反覆詳考。」又諭九卿曰：「朕於河務留心甚久，崔維雅治河書，亦曾細閱，於治河之事，皆慮永久，不計目前。」江南道御史郭琇參劾靳輔治河無功。遂令郭琇跪近御前顧九卿曰：

「河道必親歷其地，然後可議其事。朕南巡時往勘河道，高家堰南北及清口以南高郵等處。朕俱沿堤步行，親加詳覽，河上情形，頗深悉之。爾等俱未親歷，徒然懸揣，安有定論。」又與河督王新命問答，及於築壩之材料，民田之安危，推敲入細。一時治河諸臣衷心聽命罔不欽服。六十一年《實錄》關涉河工者幾三之一，使輯為專集亦累累十數萬言，皆躬歷有得，語無泛設，遂奠三百年中清宴之基。夫水患與火災迥異，非臨時所能力挽。吾兄龢甫民國後在山東河務局任秘書垂二十年，嘗泛覽專家言論著述，綜厥大要，不外三端，一曰「治」、二曰「防」、三曰「堵」。「治」者統籌全局，策其久安。如賈讓三策主不與水爭地，張勤果公嘗試行之，而利害不足以相償。劉鐵雲則晉疏導之法，著意「禹抑洪水」之「抑」字，但陳概略，而未詳其條貫，俱見《老殘遊記》。「防」者沿江河設官守，防其未然，僅屬消極作用。然咸豐以前有南河東河兩督，其下有河道、河同知、通判、州同、州判、縣丞、巡檢各職，謂之河務官缺自為系統。約為三級制，河督視督撫，河道視司道，同知以下則視州縣（故《兒女英雄傳》安水心歷任通判州判即為「河工令」）其所轄區則沿河之地也。咸豐時黃河改道，棄江淮而與魯之大清河匯，至武定府之利津縣入海，而南河總督廢。光緒中東河總督由濟寧移駐開封——（官名河東河道總督，即指河南山東兩省河道）——山東河務全歸巡撫，及其所委之三游督辦，沿河河員之缺雖由河督提補，徒尸位耳。庚子後東督亦裁，於是河無專責之大員，督撫於每年霜降奏報安瀾，視若具文，藉以開保案為營進者作終南捷徑耳。其於大汛，循例設防，委員四出，或買料或監工，祇以調劑寒員，如「催錢糧」，「查保甲」之「例差」。楊士驤為魯撫，輒預計候補道中應給紅頂者若干人，知府中應過道班者若干人，州縣中應升府廳者若干人，列名「隨摺保舉」，以酬親故，而漸保中有生平不識河務為何事者。蓋自康熙籌治以後乾隆以至道光，尚能以峻法課河員之責任。如有決口，視災之輕重，加之刑罰，常以一二品大員，枷號河干，雖治水多疏，而河防仍重。咸同以後，軍事迭興紀綱漸墜，即有衝決，惟事截堵，官員暫行革職，俟報合龍，立予開復，更舉勞績，遷擢依然。且止於直隸山東河南三省，黃河以南無所問也。自光緒己亥李文忠任道鎔一度銜命勘視黃河，略有「治水」之意。後乃寂然。民三四間，袁世凱特命徐世光督辦濮陽大工，協款者四省，耗及千萬，在事諸員皆優擢以去，工竣不半載而濮工大決，傳為笑談。蓋世光固名士，久患貧，袁與總角交，畀以津要則知其不勝，姑以此為調劑。夫河工大舉，公帑多耗，猶其次也。以民生命財產所繫至巨，而乃等閒視之，作私誼救貧之用，袁之不稱為帝於茲可見，自古豈有玩視民瘼而能成為天下主者乎。

《春冰室野乘》「大臣微行」一則，劉文正公督中牟河工，一夕出河干，見鄉民輿送秫稭數十車相對飲泣。收料委員每車索錢數緡，錢不出，料不入。公自驅一車偽為繳料者，往試之良信。急馳回館命材官持令箭委員至，命斬之，河帥長跪緩頰，乃釋回重杖數十，荷以大校。諸員震懾，後遂不復留難。予憶李秉衡撫魯日，亦屢易裝為平民，察河工虛實，得某委員浮冒狀，立具摺劾罷其職。孰意巡至次段，浮冒益多，人人如是，不勝其劾焉。蓋中國官員無俸給公費，向持陋規苛罰及浮濫之報銷，為公私取給之資。貪者多方婪索自肥固可誅，而自好者亦不能枵腹從公，故藉差索費，視若當然。上官止能去其太甚，不能絕其根株也。康熙時江西巡撫王騭陛辭奏曰：「臣向在四川不取民間粒米束草，惟帶一二家童，往家中取盤費，不敢有私。」康熙曰：「身為大臣尋常日用豈能一無所費，若必分毫取於家，勢亦有所不能。但操守廉潔念念從愛百姓起見，便是良吏。」又諭大學士等，「近見支用修造等項，該部駁回者甚多，官員未必捐費補給，亦止派取民間，如此百姓愈苦。」此等語出之君主似嫌失體，然在舊時政治，則確為平情論事之言，積重難返，非朝夕之故也。

李秉衡手裂「黃河大王」

《庸菴筆記》後數卷最喜語怪。其述河防故事，若「黨將軍」附優人體申飭李伯相，若「元將軍」水困某提督，蛇神竈鬼光怪陸離，如披山海之經而言之鑿鑿。按河神之有「大王」，大王之為蛇類，為愚氓所共信。當官者神道設教，每因其所信而利用之，為綏定之一術焉。甲午乙未間魯黃河迭漲，逼省垣。李秉衡督工於灤口，時民夫迷信「大王」怠於工事，齊呼「請大人拜大王！」李視所謂「大王」則金黃色一小蛇也。已先期供漆盤中，諸河員皆曾瞻謁專候大帥來。咸信大帥拜大王則水可退。秉衡審顧有頃，乃當眾與大王約「吾為汝九頓首，汝為我退水三尺，有不信，如此箭。」語訖取河防營令箭折斷之。立傳司儀者左右侍呼導行大參禮畢，坐河干待至向夕，水痕如故，且有續漲之勢。李公起語眾曰：「安有神而不信者，非此神也。」即親握「大王」中裂而擲於河。復傳令兵民曰：「心乎徼倖者神亦不佑，敢怠於工立斬無赦。」眾乃大奮，群事防堵，卒獲安全，若李公之控制群眾，可謂有術矣。

清宮司及金鑾鎖記

清人筆記，自以《庸菴》四卷為上乘。薛氏以名元、名幕、名宦，具中西新之常識，閱世既多。文亦名通安雅，宛而能達，筆無滯機。雖在當時不無忌諱，亦常以微詞彰實錄。如「肅順推服楚賢」節，曾、胡、左傑胥賴肅調護免於讒謗，以竟勳名，就遜清一局而言，可謂功在社稷。「嘉順皇后賢節」、「慈安太后聖德」兩則，不須重筆，而那拉氏跋扈不仁之狀躍然紙上，此皆傳世之陽秋也。清亡以後，野史紛紜，大都下石之談，恣其詬詈。惟梁溪坐觀老人《清代野記》、沃丘仲子《名人傳》較平實，有識斷。裘毓麐之《清代軼聞》則纂輯體述而不作，無所短長。其以勝朝中秘學李供奉話開天遺事者，則有吳絅齊（士鑑）之《清宮詞》，高蔚然（樹）之《金鑾鎖記》。吳、壬辰翰林，久值南齋，高，己丑進士，用兵部主事。充軍機章京。基弟城南（枏）同捷會榜，入翰林，擢御史。兄弟聯翩，迴翔清要，事多躬歷，足廣見聞。兩作皆以詩為經，而緯之以註。吳旨在諷咏，典雅高華而無多敘述，每首綴一二語見意而已。高於文辭不求甚解，而隸事特詳。其七絕各首，信筆綴成，似專為提挈之用，可名之曰「詩式之標題」，文中資料雖豐，而舛誤掛漏之處，亦數數遇之。卷尾自云老醉頹唐，頗冀閱者為之補輯更正，想見此公坦率安閒，不失為矜平躁釋之老成人也。

重文輕武之謬

高君有兩詩述清代重文輕武之事：（一）武弁翩翩駿馬驕，花翎紅頂缺襟袍。司官端坐容恭謁，提鎮參游要掛刀。（二）長壕百步向東南，三角紅毯費討探。領隊大臣副都統，射完步箭要堂參。註云：「堂參雙膝跪地，見司官總辦掌印，屈一膝跪地報名，兵部相沿慣例。自項城廢邱部舊制，崇尚武人，天下割據爭鬥，至今未已。」案明代武官，品秩極崇（五府都督皆正一品，六部尚書止於正二，外官都司正二，布政使則從二，按察使正三。）。而體制甚卑。所云堂參報名卑躬屈節，大率沿自有明。清初康雍乾諸帝力矯前失，一再申戒文職，大吏不得輕侮武員，知府等官不得與提鎮抗禮。歲時大閱，輒命督撫代行，若明時以司員監紀，科道官閱軍，使專閫之戎，趨蹌承奉，畏罪不遑之劣象，已一掃空之。而積重相因，武秩終不為朝廷所倚信。若文武官亂紀違法，往往同罪異罰。光緒甲辰年陝西學政沈衛劾道員郭人漳率兵剿匪，慘殺殃民，督撫查實止於革職。滇督丁振鐸奏普洱鎮總邱高某縱兵妄殺擬遣戍軍台，廷旨猶謂不足蔽辜，著即正法。兩案同日宣諭，覽者僉曰太不平等矣。山東萊陽民變，魯撫孫寶琦迭為言路所攻，則歸罪於登州鎮李安堂開缺而寶琦無恙。甲申中法之戰，馮子材以百戰勳舊，久官提督，躬當大敵。廣西巡撫潘鼎新視如屬官，子材不服。潘氏遽以不聽調度，嚴參，得旨軍前正法，若非總督張之洞，欽使彭玉麐合力保全，將見長城自壞，全局不可問矣。此皆重文輕武之弊，明社之所以墟也。袁氏練新兵，優遇軍人，矯枉過正，泰而無勇，李炯華一疏已窮形盡相矣。新軍受成於練處，後併兵部為陸軍部。舊兵部本無過問權，遑論節制控抑。然陸軍部司政，軍諮府司令，事權既歧且無實力，宣統時特旨以皇帝兼陸海軍大元帥先由攝政王代行，亦只一紙具文，所謂中央集權者如此，而在外之督撫儘可威脅「老大傷悲」之提鎮綠營，不能干犯簇新壁壘之新軍鎮協，此為變相之藩鎮。益以辛亥之舉；未嘗力征經營，而侈言兵不血刃，無事兵爭，而歡迎兵變，倒戈犯上，宏獎百端，割據稱雄，躊躇滿志，五代亂象所由成也。弗戢自焚，久垂明戒，酷矣大造，謂之何哉。

新軍驕縱之禍

日前壽登九秩老將軍丁衡三（槐）逝於舊京，此公戰史之多，視陳太傅之政治文學不多讓也。第報載中法殊勳，則稍有溢美。諒山大捷，勝負攸分，奇績大效實成於馮王諸將，策畫援助者李秉衡、蘇元春，總持調護者張之洞、彭玉麐也。此役初發於甲申，擾於滇邊，雲貴總督岑毓英繼唐炯而當其衝，丁槐隸岑部，屯戍越南，職止偏裨，無特立之勳績，次年乙酉克蕆全功，賴廣西諸將，丁無聞焉。惟少年時，驍勇善戰，毓英平滇回亂頗得其力，故與岑春煊交至契。光緒二十九年癸卯廣西匪熾，元春為提督，春煊由川督特調兩廣督師，劾元春虧餉釀亂，褫職解京治罪。及匪平，敘丁槐功由石江鎮總兵擢提督。越三年張鳴歧為桂撫，以後輩為槐所輕，鳴歧密揭其回護部勇通匪諸狀。總督人駿亦弗善丁之所為，遂交部嚴議，降三級。得旨加恩革職留任。此光緒丁未事也。元春既下刑部獄，屢議大辟，卒賴宮庭念舊勞，免死長繫。一說元春多金得助，非張勳、李蓮英營救必無倖，亦近事實。光宣間御史秦某為乞恩寬罪斥回原衙門行走，逾年張人駿專疏敘舊勳。蘄恩全保全末路，乃釋令回藉。張於光緒中以給事中外簡桂平梧道升按察與元春同官久，而病傳霖以庶吉士起廣西牧令亦夙交元春，時為軍機大臣預為先容，設非兩元老大力，不死西市，亦將庾斃囹圄矣。高君詩曰：「越裳西附有強鄰，一戰諒山國憤伸。何事欲誅檀道濟，黃門抗疏救功臣」註云：「癸卯秋菜市張棚，人言殺蘇元春，法兵庸至，欲觀行刑，給諫城南弟謁張文襄曰，將殺元春。公聞之否？公曰諒山一戰，法兵至今不敢越廣西界一步，元春功甚大，何可殺也。弟曰何不救之，公沈吟有難色。弟曰，公未便言，小子言之。奏言諒山戰勝，元春之功。謂不能靖盜，當治罪，撫臣王之春何不同下獄。王相讀疏笑曰此高君救元春也，與眾樞臣商議，言於太后，元春遂出獄。」此事可與陳弢菴疏敕午門護軍一案並傳。然如所記，似蘇之脫罪，胥出於其弟高枬之一奏則稍失實。張人駿，得請之諭摺，昭然於當時之官報，高君其不免記憶之訛乎。至高枬所奏援王之春為元春解，自是公平仁恕之言，無如文武不平等，昔已八方同慨。巡撫免官則提督不死亦囚，即相當矣。《近代名人傳》述甲午敗將衛汝貴臨刑呼號，實秉鴻章戒，退兵，何彼巍然為使相而罪獨坐我－此言亦合於理而昧於勢，可代答曰：「汝何不為使相乎」。乾隆時柴大紀積功封伯爵，累承手詔褒嘉，以福康安嚴彈而誅死。道光時江督裕謙以虐殺西人，被洋兵攻迫自盡，則咎提督余步雲坐視而正法，（步雲從長齡西征，蕩平張格爾部，有大功，加宮保，予世職，為繪像紫光閣四十勳臣之一。）《清代野記》，咸豐中湖北學政俞某－（案當是俞奎垣壬子翰林）－在胡林翼座，遇提督鮑超，竟席不與交一言，鮑憤言「武官不值錢」－至欲散去。夫危性命，捍衛國家者武人也，而性命懸於文員之手，曲直勿論，是非弗明，不平甚矣，則辛亥以後，督軍團之跋扈，有搶者之驕橫，馴至參謀武弁，輒藉其主之威權，片語提攜，便已迴翔台閣，文人政客無不仰其鼻息。具自辛亥以迄戊辰內亂頻仍，大小數十戰，而實未嘗一戰，能使人倒戈者勝，被倒戈者敗，合力者勝，內潰者敗，如是云耳。段祺瑞深惡吳佩孚，吳佩孚痛絕馮玉祥，張宗昌餉畢庶澄以彈，張作霖陳郭松齡之屍，人人不樂有倒戈之部屬，而最喜躬為倒戈或慫恿以倒他人之戈，是以亂止亂，以暴易暴，循環起伏者垂二十年，皆清末之驕縱虛浮誕妄偷惰，有以致之，可勝嘆哉。

夏司龢、翁同龢、夏壽田、裕壽田

近得滬訊夏壽田以疾逝，此戊戌榜眼也。狀元為夏同龢，臚唱日，翁同龢、顧裕德曰吾二人其不安於位乎。首名「下同龢」，次即「下壽田」此惡聲也，胡為乎來。裕大笑，同列皆笑。乃不旬日而翁同龢開缺回籍之諭下，又僉以為語讖。然裕壽田固未嘗有所下野，是時方由左都晉理藩院尚書，遞遷兵部協辦，旋正揆席典春秋試，以大學士終於位，予諡入賢良祠，固未嘗有所挫跌，則所謂讖者亦偶然耳。星相乩卜預言，大半作如是觀可矣。壽田為裕德之字，同龢則翁相之大名。清代避諱之例限於「廟」，「聖」，「御」三類，若幼避長，卑避尊，如吳鋆避寶鋆而改「均金」，李鴻章父名安，其屬下不敢書「鈞安」改用「鈞祺」、「鈞綏」則非常例。夏同龢以全榜狀頭而犯師相二字，自不能無所凜凜。高君「執贄」一者，似即為同龢而作。詩曰：「執贄摳衣大卷呈，春闈畢後避師名。誰知臚唱魁多士，借用師名永不更。」註曰：「某君大卷課為常熟所拔取。會試贄見常熟曰僭師相名例應改避，禮部試前不允請俟鬧熟領之，喜其知禮。及殿試後常熟去位，遂永不改。」此節當是確然之事實，亦奇巧之關目也。此狀元姓名之下兩字與翁同龢同，上兩字與夏同善同，尤奇。

同善浙人，同龢之同年，丙辰翰林，大考屢前列，疊晉至侍郎，歿於江鮮學政任，又曾與同龢同被命為先緒師者也。

學政及提學使

戊戌一科實可謂翰林之終局，其下雖有兩科而已景不殊，舉目山河之異矣。翰林之可貴者，在明曰與機務，在清曰掌文衡，此指機會之優先而言。戊戌庶常未及留館遽逢庚子之亂。閱四年至壬寅有試差，得與考差者惟榜下授職之鼎甲三人。狀元夏同龢，探花俞陸雲，一湖南，一甘肅，各有文衡之樂，而壽田獨向隅。次科癸卯則非翰林之錢能訓得廣西副考——（能訓父寶廉道光庚戌翰林，同光間曾典桂試，尤為佳話）而壽田又無與。而科舉遽停罷，其前科之榜眼喻長霖亦然，翰林若不得試差學政，則虛此玉堂一夢。至若癸卯、甲辰兩科之太史公，更復無文可衡，無試可典，如王壽彭、如袁嘉穀，只為提學，使聊以解嘲。而提學使固不足為翰林之表徵。係督撫屬員司道一班，體制略似明代之提學道，明除兩畿外各省學道以按察司之副使僉事充之，以弼教明刑為一事也。然猶須進士出身，而清末之提學使則舉人如羅正鈞、盧靖、黃以霖皆是，且有貢生出身者，與舊提學性質截然異趣。此兩科只為老翰林多得衡文地耳。新翰林入進士館可得年津二百四十兩，即有月三十元之生活費，較勝昔時前輩之窮。（中書津貼與翰林同，部屬一百六十兩）又奏定「進士館畢業翰林，得獎者，將來外省高等學堂畢業奏請簡放試官時，應請即以此項人員開單請簡，部屬中書畢業得獎，雖未經補缺，一體請節，並準其考試科舉試差。」蓋此章程決於科舉停廢之前，各省學堂畢業亦有簡放考官之議，厥後並成虛話。

愛國狀元駱成驤

乙未狀元駱成驤公驌蜀人，先研甫兄典試四川門下士也。其得大魁，適當甲午大挫之後，試第不循恆格，有「主憂臣辱，主辱臣死」兩語，光緒動容親看第一，世多知之。乃高詩：「狀頭拔取君恩重，禪表書名隆裕驚」註，謂駱因目疾不能完卷，楊叔嶠為預備三抬策料，駱上殿照寫「添君辱臣死等語得狀頭。辛亥山西聯名請禪位表至，隆裕泣曰，愛國狀元亦出名，勢不可挽矣。遂將大權交出。自云得此說於李姚琴，恐不盡碻。駱時官山西提學使，巡撫陸鍾琦北殉難恇禍進表或有其事，隆裕之退位詔實袁所利誘威逼與各方警報促成之，乃歸功於駱之附驥一名，豈彼所敢承耶。李姚琴名稷勳，亦蜀人，戊戌翰林，其殿試策亦依定式書寫，未識是否目疾耳——（李事見其及門金梁所者《光宣小記》）

光緒朝邊省多狀元，科場重經策之故

舊時傳狀元為文曲星下降，若某省出一狀元則天眷所及不世之榮也。聞某省有狀元金為終身之奉，故狀元即閒居亦不虞寒餒。江南通州先得一兆曰狀元將於茲出世，甲午張謇果大魁矣。眾建「果然亭」以志慶幸。而謇乃弗以自居，曰世間事皆適然耳，改為「適然亭」。江蘇一首號稱狀元極盛之區。曾孟樸——（近在常熟逝世）——著《孽海花》，有極詳之統計，蘇州一府尤為「文曲」之林，然截至同治末歲甲戌一陸潤庠後遂無所聞。光緒一朝即江蘇全省亦止庚辰一黃思永江寧，甲午一張謇通州耳。高詩曰：「江浙文風本最優，盛時鼎甲帝恩稠。轉移邊省翁師去，卻少甘家一狀頭。」註謂：「清末年，鼎甲漸及邊省，蓋以籠絡天下士人。川人甘大璋曾荷常熟期許為狀元，而未果。」又曰：「張如翰大卷為常熟所賞，人呼為張狀元，己丑元旦自書紅箋曰：『張獎元開筆大吉』。是科果為張狀元建勳廣西人。」此說或為江南狀元，「歉收」之一因。案光緒朝，貴州得兩狀元，丙戌趙以炯貴陽，戊戌夏同龢麻哈州。四川於乙未得駱成驤。廣西有己丑張建勳、壬辰劉福姚皆臨桂。山東有丙子曹鴻勛、癸卯王壽彭皆濰縣。福建有丁丑王仁堪閩縣，庚寅吳魯晉江。直隸有癸未陳冕宛平、甲辰劉春霖肅寧。各得其二，尚為平均，文曲星殆無私照也。廣西科名自嘉慶而始盛，三元及第，惟桂林陳繼昌（嘉慶庚辰）與長洲錢棨（乾隆辛丑），清代二百餘年，止此兩個三元，為世豔稱。光緒中析津張某為桂省市政有月課，張建勳、曹樹藩、劉福姚以書大卷工整常互列首選，張曹於己丑，劉於壬辰三四年間皆入翰林，牌坊旗竿林立，浸浸與蘇州抗衡矣。大卷課者，官課之一種，專為察驗諸生之大卷子－（即殿試策）工夫，以決其「文曲星運」之前途。楷法書式一如廷對，題目則有定式之八字－（兩字一段，如「河防」、「度支」、「學校」、「武備」之類，每科雖不相同，然周而復始，可以預揣。）故無所謂文，只憑書法，必須習於平日。有經驗者，觀其書可以判斷將來甲第之高下。翁常熟為光緒帝師，朝殿試最有權，故舉子之與大卷課者，得其賞識，即有翰林可以期待，惟會試有糊名易書之一關，不中會試則根本無對策之資格，故甲午殿試，翁氏能向首席讀卷張之萬為張謇力爭狀元，而壬辰會試自為正總裁，全權在握，不能得張謇為會元，會試之關係如此。至清末癸申兩試，不用謄錄，故張百熙能辨譚延闓之文而置於金榜之首位。

場前中進士、榜前中會魁

高君與其八弟城南成進士，各以京秩歷清要，其九弟竹園止以舉人為知縣於直隸。然兩進士公之得意春風，胥出幼弟指示之力，亦嘉聞也。其〈鶺原錄〉——（專為追念兩弟而作，在《金鑾鎖記》之外）——「經文弟屬要趨時，已丑春闈兩便宜。」句下註云：「已丑春闈將入場，九弟自容城縣快馬馳函告曰，弟在京候選時，聞友人言，近年風氣一變，諸兄須留意經策。我與八弟中式，皆取經策，我之經文，房師批字甚多，皆稱賞之詞，非有九弟告知，中否不可必。」此實錄也。翁潘兩公所唱導，即是場中風氣所趨依。「眉壽鼎」之事是其一徵，已丑人材以淹雅著名亦在乎是。其後庚辛壬癸甲乙鄉會各科皆重「滿卷」，即二三場之經古策問，須充實有心得，癸巳北闈先由菴兄頭場被擯矣，以貳場五經翔洽為全場之冠，遂登上選中第四十二名。翁常熟為正主考，房師則丹徒高葵北太史（名覲昌丙戌翰林，後為廣州府知府）薦批於《尚書》《春秋》兩藝，尤致推許一曰：「精通許學，引伸頗富。」一曰：「卓識鴻文，不為目論。」五經總評曰：「決是高材宿學之士」，故硃卷中於循例刻四書文試帖之外，附經藝兩篇──「曰霽」──書「洪範」，二，杞子來盟，吳子使季札來聘──春秋襄公二十九年──最為常熟所賞。次年甲午得第五名會魁。則李高陽鴻藻為正總裁，房考為寶應劉鎮卿（名啟端己丑翰林）。在揭曉前數日已於「吃夢」中，得其消息，其事甚巧而趣。「吃夢」者北京科場故事，以局外人招應試熟友聚餐，局外人謂之「夢神」，揭曉後，餐資由中者任之，設皆不中，則夢神破鈔矣。先只既定第五，在前十本內。前十本例於榜前呈皇帝御覽。在座某京官身與捧進之役，默記數卷之破題，為同席朗誦之。至「大道之寄在聖人，惟知之者能言之也。」先兄聆之，知己卷已入彀而不便說破，榜發後，眾乃恍然。謂之「榜前進士」。視《清代野記》之「場前進士」，似更饒興味。野記云：「咸豐十年庚申科會試各省士子到京，不及往年之半，以遭亂離不易成行，邊省竟無一人。惟雲南有一倪恩齡，字覃園，乃早年留京，既入場，不能不中，故場前親友皆向之稱賀。倪得館選改編修後，簡授知府以終。」著者云聞之光景卿戶部自非無據之談。倪公為先涵齋兄己丑房師，籍昆明，先官翰林出為郡守，惟係丙子進士非庚申或另為一人，光君記憶疏真歟。丙子為光緒二年，清晏無事已久邊省赴試無所阻也，若曰庚申會試中式，丙子補殿，則差遲十五年亦不近事實，故疑有誤。

溥儀之儀為「儀字加兩點！」

戊申之冬清宣統即位，其名為通用之字，於是群下紛紛改避。衛署則禮部儀制司改禮制司，鑾儀衛改鑾輿衛。地名則河南儀封縣改蘭封縣，人名則唐紹儀改唐紹怡，王儀通改王式通——（紹怡諧音民國後改回原字。式通則「儀」、「式」義近，未再改）——於是天下無儀矣。而覽高君所記，同時曾擬兩「溥儀」，且正確之「儀」字，乃不屬於「宣統」，此可異也。「勤政殿前湖水青，二人執筆侍樞廷。錫名滿字無人識，慶邸推敲我細聽。」註：丙午二月，入值西苑，樞堂在勤政殿朝房。命滿漢章京各一，携筆墨往。樞堂召見下，言醇王生子滿月請賜名。滿筆正擬溥宜、溥義，慶邸曰皆有，皆有，又擬溥儀，慶邸曰仍有。筆正乃於儀之西角加兩點。慶邸讀如凝之去聲曰得之矣。命太監捧入兩宮御覽，須臾傅旨允行，開盒觀之，已蒙硃圈即今宣統御名也。」信是，則「宣統」之名，非儀，乃儀加兩點，字與王儀通之名不同，音與唐紹儀之名亦有別。此或滿文中之奧妙，而「儀」與「儀加二點」則判然兩字，已彰彰矣。「儀」字固未嘗圈出也。然則「宣統」果何名乎？

瞿鴻禨向惲毓鼎索命!?

光緒丙午瞿鴻禨以協揆軍機為侍讀學士惲毓鼎參劾開缺回藉，與戊戌之翁同龢如出一轍。瞿惲於民十以前，先後作古。高君有「果報神靈不可以欺」一首，註曰：「某公病中囈語，言瞿相控於冥王，王曰為清室耶，氣數已盡，為生前劾汝耶，所劾皆實事。瞿曰某不應得賄。冥王曰此言是也，聽其索命。某移寓避之，到寓而歿。其過財介紹人亦囈語喃喃而斃。」此事近於神怪小說與《庸菴幽怪》一卷「故相索命」——柏葰——及「鬼罵陳尚書」——陳學恩——相似，殆神經自亂耳。惲與高為己丑同年，過付人則楊五也。

「詩史」談何容易！

今歲乙亥，前一亥則癸亥也。更前一亥則辛亥也。易旗以來，至是歷「三亥」矣。吾之新聞生活，起於辛亥之秋，迄於癸亥之夏，前塵歷歷，憑弔無端。辛亥間事，往者既有所述矣。若夫癸亥則黃巾豕突於關東，孟德鑾行於河朔，「莫愁華族」，裂眥武林，「齊東野人」，揎拳建業。蘇張之類，縱橫家言。鼓唇舞墨，撮弄其間，而亂機並發，寰宇騷然。且復語雜言龐，出奴入主，榜護法者手碎憲章，造共和者輸誠舊主，子矛子盾，孤搰狐埋，掉臂而行，何顏之厚歟，生不幸為文人，又不幸為新聞記者，為此輩無聊口舌，兒戲干戈，編要聞、拍專電，兢兢業業，如影隨形，夜以繼日，此何異重翻五代史，復製相斫書，猶不及帝王左右起居注官，即云一姓輿臺，尚覺彼善於此，乃覥然時代前驅，妄詡斯民喉舌，侈然效顰「無冕之皇」，視彼武夫策士，不更可羞乎！乃賦夏興十二章於國會於元首，於方鎮連帥，於魁碩名流，各有贈言。冀其返省而結之以自懺自傷。復以滬報駐北專員一職托之同社蔣君，而退居於藝人史氏之林，於今忽忽十年強矣。適與友輩話及亥年多事，復思曩昔小詩，頗辱知交酬答，佳章絡繹，故實充盈，當日未逢不諱，詮註缺如。而今回首沉思，覺無往而非國難之反映。自山黑水間，所繫於近年急遽之變遷者尤巨。愛新與張氏之代謝，可深長思也。其詠張者，拙作云：「遼東一豕亦凶頑；鐵騎當年壓漢關。緘口金人如有待，銜箋青鳥祇空還，春秋九世勞魂夢，季三都豈等閒。婚媾仇讎翻手易，健兒白骨已邱山！半夢云：「長白山高戢翼歸，全收炎赫歛餘威。三遼交遠真奇策，百道言和述戰機！鵝鸛軍中薪膽苦，鳳凰城外羽書飛。魚龍曼衍終遊戲，看樹東南射虎旂。」紅葉云：「捧心早恨說東施，怪僻奇談只自知。氣短非關戀兒女，情長反羨說分離。鷺肩孤聳詞心老，桂影參差皓魄移。一杯勸君且盡醉，原來世事類彈棋。」夫曹張本於庚申之役，合刀扑段，遂乃並轡入都，矢言携手，聯為昆弟，申以婚姻，膠漆相投，山河不改，稠疊如斯，自必猜嫌盡泯矣。乃時逾一稔，遽爾操戈，禍結兵連，莫能挽解。國事不須問，民命不足惜，獨不為骨肉天親，稍留餘地乎。抑以三國之袁呂李郭朝暮恩仇，為可師可法。嬌女佳兒，本為政爭機械耶？讀紅葉「氣短非關戀兒女」兩句，為之破涕，刻劃深嚴，詞長依然溫厚，真風入遺韻也。

清宮大火，衰象畢皇，為越年移宮難作之先聲。或曰閹宦窮亟，盜物過繁，乞庇祝融，掩其罅漏，或可信也。使紅樓索隱者論之，「狗彘奴欺天招夥盜」一節不又預言乎。哀之曰：「家居壞矣百無端，十載玄黃歛手看。烈炬騰空驚萬戶，故宮午夜走千官。白山黑水靈安在，止鵲興龍迹已殘。舉國燎原同一盡，好擎雙莫淚輕彈。」紅葉曰：「聰明悔讀五車書，幽患多從職字餘。一炬安知非福命，十年早策是荒墟。漫云姑息留滋蔓，偏愛天機怕荷鋤。如此江山空付與，清風徒見吹徐徐。」尤擅史筆，寄慨遙深。緣清室禪位優待條約，本為移居頤和園，所以遲遲不遺，在袁氏自有深意。居奇者大有人在。縱虎出柙，勢且無以善後，非有以眷眷於曼珠也。甲子之變，二馬回戈，遽告肅清，空其所有，盲眾相之，取快一時，而「來日大難」則非所慮，謀國者可輕率如是乎?!

象坊橋，曾一度名曰「國會街」，亦一史跡也。自清資政院，民初臨時參議院，正式參眾院，袁氏參政院代行立法院，段民安福國會，民六民八，再起再撲，分合糅雜，正譌新舊，光怪陸離。霸者摧殘於上，黨爭自亂於中，人民漠然於下。迄於曹氏選舉，甫繪凌烟，遽悲秋扇，而勞勞於南天異地者，依然法夢沉酣，不自知其天祿之終，不可追也。於是有象坊之嘆曰：「象坊橋畔月如霜，舊雨新歡總斷腸。頻轉法輪無善果，似聞人世有空桑。東勞西燕誰為主，此俊兩嬚各擅場。大好頭顱爭斫取，可能療妒得奇方。」吳景濂有「大頭」之目，時曹已脫囊而出，視諸議郎若贅疣，手術將施，而議長之爭未已，愚不可及，此之謂矣。半夢曰：「蜃霧昏昏汩上京，金光銅氣綰長鯨。共銜天憲分南北，喜賦錢神殉死生。月冷象坊秋慘淡，霜凋狐社鬼縱橫。群情冰炭終難合，怕聽胥嘲咽不平。」幻晴曰：「小雅繁憂正月霜，寥天無處訴衷腸。善居奇貨宗陽翟，投止私門餓翳桑。覆轍相尋車失馭，號槃有靦粉登場。淮南雞犬終凡畜，白日同昇若乏方。」逾數日，幻晴復以〈無題〉五律見貽，詞旨哀豔，含義尤深，似專詠國會矣。其一曰：「秋風紈扇棄如遺，凄絕班姬有怨詞。佳麗三千翹獨秀，情懷一八莽相思。數錢姹女盈盈串，織錦天孫乙乙絲。腸斷昭陽鴉背影，金門未許玉顏窺。」其二曰：「昭儀新出梵王宮，管領群芳日正中。情定絳紗慙將種，妒生金粉逞雄風。小星三五誰安命，好月團圓望托空，求牡雄鳴終脫輻，可能獅吼餤熊熊。」其三曰：「淚掩長門復幸難，相如詞賦已叢殘。風姨肆虐千紅萎，月姊憑虛一白寒。贈美支機仍鑿空，裁成錦被怯孤單。夜深未敢嚶嚶泣，宛頸神傷好夢闌。」其四曰：「輕裙利屣狎群雌，半老徐娘尚弄姿。故劍勤求恩愛在，偏房專寵婢奴嗤。鴛鴦新本翻難巧，孔雀華屏中待時。多謝澣紗諸好伴，綺羅隊裏扶持。」其五曰：「侯門深鎖日沈昏，茵溷隨緣未易論。燕爾黃粱同入夢，蝶翻翠袖尚留痕，杜鵑橋上溫芳訊，鸚鵡杯前述誓言。省卻陌頭楊柳恨，新官強比舊官尊。」末首似兼及曹氏之覬覦大位，人謂民國總統五人袁、黎、徐、馮以下，若曹錕尤「望之不似」，其人實鄙庸已甚，雖無賄選，亦將不終。生平幸福惟在得一吳佩孚而專任之，端拱以聽，讒謗不行。段祺瑞之於徐樹錚亦復如是。此皆善師後漢阿斗者。言君仲遠為予述，曹吳共命之跡。先是吳在曹部僅一微弁，有譖之者曹立撤吳職，旋升營長，又譖則又撤，又撤則又升，如是一再翻騰遞晉至師長，而羽毛豐矣。諸譖者，烘托之力，而曹氏庸庸之福，亦自有其致之之道焉。癸亥既撮黃陂上台，欲藉其聲名以召舊國會。及兩院既集，復迫不及待，始嗾軍警圍黎邸譁逼，繼遣王承斌攔車奪印，如飢鷹攫食，貽笑萬方。此君本自昏昏，何須深責，所太息者黃陂公起義武昌，手立民國，復代袁而躋總統。以勳業論，以名位論，胥屬一邦之望。丁巳之難，始之以振紀綱，維法紀，「不怕死，不蓋印，不違法。」信誓旦旦。氣壯山河，海內傾想風采，罔不曰有此元者，有此元勳，中國前途，其庶幾乎不殆。乃張勳進逼而國會遽解，復辟變作，而一身僅存。跟蹌下殿，一去津沽，引咎陳詞，祇自況於「墜溷之花」。此在匹夫匹婦喪名敗檢者用以懺情，猶有可說，而固民族英雄，開基肇紀，師表群倫之第一尊者！胡乃「千古艱難」竟與息姬同慨，以視彼北洋舊閥所謂官僚戈什領袖之袁世凱氏新華夢覺，醇酒自戕，羞惡猶存，不可愧乎。壬戌之起，其所素信之陳宧攬裾力爭，卒被簇擁登場。復侈言為裁兵廢督而來，志不得行則去，且指「白河明月」以為誓。而甫逾半稔，又辱泥塗。昔日隆名，掃地以盡，曾不及歷代「文死諫，武死戰」者萬一，以道德為世推重之元首元勳，所風示者若此，其他偉人巨子之流，又何責，中華民國之「人格」，將誰信乎？吾曰：「如何薰穴歸來後，身世依然墮溷花」。誠不勝一再失望於茲也。今之洋場寓公，墮溷者何可勝數，有一「不入租界」之吳佩孚，而已翕然稱之曰：「堅貞模範」，國事前途尚可問耶。半夢曰：「杜宇津橋不忍聽，蕭條下殿賸孤星。花飛燕市腸初斷，浪湧吳江眼更青。欲去還疑頻戀戀，嗟來無伴惜惺惺。蒼天厚福安排定，未許庸流恣乞靈。」幼晴曰：「海上訛傳有眩人，魚龍曼衍慰蒙塵。伐毛幾度權偷食，剜肉千瘡計療貧。涕泣抵軒傷漢后，紛紜劫駕詈唐臣。不祥早兆非時出，形好云胡即是麟。」黃陂以南系武人寄迹於北洋諸悍帥之上，形單影隻，不殊孽子孤臣。赤手排揎，厲精圖治，揆之「努力」、「奮鬥」之義，有足多者。所志不申，繼之以死，克踐夙盟，聿昭大節，名且不朽，而乃色厲內荏，弱不禁風，「厚福」、「庸流」，嚴於斧鉞矣。十七年夏六月國軍迫北京，張作霖携府印東返。黎氏即於是夕西歸，白日青天，一新壁壘。章炳麟輓曰：「繼大明太祖而興，玉步未更，綏寇豈能干正統；與五色國旗同盡，鼎湖一去，譙周今日是元勳。」然則黎之可紀，祇在一五色國旗耶。五色旗始於黎元洪，終於張作霖，而實肇始於平等閣之〈庚子圍城紀事詩〉曰：「太平歌舞平常事，處處風翻五色旗。國自興亡誰管得，滿城爭說叫天兒。」雖然五光十色之各國旗而言，而「五色」恰為紅、黃、藍、白、黑之符，正如梁任公著《新中國未來記》之「黃克強」，發於無心而後果有黃克強應運而興也。

頃於報端見一筆記，述梁巨川於丁巳奪門之役曾為張勳進策：（一）宜虛君共和，（二）不成則以身殉之。勳皆不能從，身敗名裂，梁仍敬其忠篤，謂為南海諸人所誤，而自恨時不可為，翌年遂蹈積水潭以死，此王國維之前一人也。民國以來有草澤氣之悍將如張勳、張作霖、張宗昌皆粗鹵蠻橫，然世猶有以豪俠多之者，顧何以不羞失敗，時伏時動，雖歷至不堪之挫辱而猶強顏苟活，此而謂之豪俠，朱、郭、荊、聶，皆撫耳矣，勳藉贛之奉新，初隸廣西提督蘇元春部，介於世凱，從袁於小站，後復相隨至魯，自是遂為北洋系之中堅，癸亥夏，仲遠讀吾夏興諸什而善之，因以所作感舊詩並袁克定、田文烈和作錄寄。媵以小序曰：「光緒乙未丙申之交，項城即淮軍故壘，開幕府於天津之東南鄙曰新農鎮一名小站，人才極盛。時奉新張紹軒方領行營中軍，己亥重九集紹軒家攝影記事，朅來垂三十年矣。癸亥秋九，京師話舊，趙君湘辰出當日攝影展視，不能無感。疊己亥韻質呂生煥亭友白諸公」詩曰：「堂堂歲月如流去，彈指光陰三十春。絮語且談前度事，萍緣曾是坐中人。應劉早逝黃爐慟，稽呂交親白首新。老眼天留看世界，平原作健莫逡巡。」田文烈云：「畫圖三十年前事，作客因循不計春。蝶夢喚回驚逝水，鴻泥踏迹愧陳人。一從日下依光近，兩見畿南劫火新。且喜晚晴相愛重，當筵何惜酒三巡。」序云：「癸亥重九，仲遠來京，過訪湘辰，見己亥重九在張忠武家所照片，話舊感事，議重印分贈各老友並紀以詩。篤念故交，意殊可感。圖列諸子，大半凋零，獨我等數人於滄桑屢變之餘，猶約當相聚晤，把臂談心，感幸何似。」田與仲遠同以道員擢總兵，迥之文武，民國後，為魯豫巡按，有廉幹名。水竹總統時迭長農商、內務。值錢閣與安福交訌，或擬擁登揆席，則畏其繁劇，辭避至再，動止俱僵，要不失為君子人也。仲遠自民初一為內次代部即不復出，時論高之，今田言皆古人矣。袁克定亦步韻一章曰：「將軍援筆知名久，戰馬如龍踏麗春。昨見流星殞水夜，今從合照痛伊人，七千健兒三千客，半是饑寒半美新。公等暢行炳燭樂，金吾寄語罷更巡。」其弟寒雲多才藝，有陳思之譽，而境地亦相仿，舉世皆羨克文之文，未聞克定如何，今知亦能吟咏，而高文奧義，使人莫贊一詞。寒雲足追子建，克定能繼曹不乎？非吾儕所能詳矣。

梁巨川以進「虛君共和」說不行，歸咎南海，按之事實，恰得其反。南海之主「虛君共和」，容當較梁更具體耳。丁巳秋，吾與六弟適翕報先世父喪，詣美森館。南海出所撰虛君制下共和組織洋洋萬言，綱舉目張，非空虛大言之此，予謂此公之苦心孤詣也，亟應白於當世，南海與適翕略有斟酌即允吾寄《時報》公表，其後北京之某地方報紙轉錄之，且作小冊印行焉。南海晚歲，遊興轉酣，所志不衰，逢人輒道。遇有力者則牽衣密語，自有其鍥而不捨者在。或以傳食諸侯目為頹廢，乃皮相之論也。癸亥間，吳佩孚駐洛陽，積勝之餘，不可一世。其五十壽日，名流耆碩，悉往舉觴。南海與焉，贈聯曰：「牧野鷹揚，百世功名才一半。洛陽虎視，八方風雨體中州。」佩孚悅，敬禮逾恆，奉教惟命。南海曰京保之間，宵小所萃，公自營營，亦徒勞耳。果何為者？佩孚默然久之，曰實告先生，吾今日恍若有人扼吾吭，搤吾背，雖感支離，而呼吸飲食，未能絕也。果至無法喘息之時，自有辦法。南海曰總而言之：「事非其主」！佩孚唯唯。當時適翕親聞一人閃爍其詞，為之失笑。乙丑年徐又錚遇狙於廊坊。南海為哀詞有曰：「嘗言非君主不能安中國兮，吾願從先生之郵。惟吾受恩不能背所事兮，容有俟於春秋。惜所忠事非人兮，坐視慘戮不報仇。」蓋視段若曹、邱之貊，故於吳於徐，胥致明珠投暗之悲。此老心情，有觸輒發。是非得失不必論，要非漫無主宰，可云始終如一。時不與，志不行，勞勞卒歲，白髮蕭條，詩以傷之，「猶是東西南北人，白頭底事尚風塵。慈航有願回諸劫，木鐸無靈又一巡。洛社群英推上客，崇陵斜日泣孤臣。繫瓜韞玉傷遲暮，盍向空山嘆鳳麟。」越四年，丁卯春逝於青島，年七十。梁任公為設祭於畿輔先哲祠，縞衣款客，竭哀盡禮，口誦祭文，沉痛而周至。輓聯如葉恭綽之「廿年終遂攀髯志，異代應思導竅功」，江亢虎之「一時風氣之開山，一代耆獻之結尾。百日維新者事業，百世不朽者文章」，皆整飭而有意致。頃接舊篋得康舊著《中華救國論》一冊冠以小識，開宗明義：「孔子曰大道之行，天下為公。選賢與能，故書稱堯舜，易稱無首，春秋據亂之後為升平太平之世。禮於小康之上，進以大同共和之義也。」從知原則無貳，惟技術各殊耳。「大道為公」數語，今已定為國歌，斯亦可已。

語有之「秀才造反，三年不成」，言其多虛文而寡實力也。民國以後軍閥輩出，馳騖雄圖，迭相博擊，黷武厲民，厚自期許，而莫能睹其成績，如吳佩爭如徐樹錚，當其盛時，各顧盼非常，終於百無一妥。吳氏幼年入泮，早有秀才將軍之名，徐氏則非止秀才，且是廩生。其行述云：「年十三補縣學生，旋以一等第一名食餼，應試江南報罷，輒不復事舉業」其人生於庚辰——（光緒六年）——十三歲係光緒十九年壬辰，時督蘇學者內閣學士長白溥良也。髫齡觀光鄉舉，誠不愧神童矣（行述謂其生而穎慧絕人，數歲能屬文，有神童之目。）聞人言齊燮元亦秀才，且嘗主《津報》筆政。今者樹錚墓木已拱，燮元以津門寓公作華世奎家嬌客。佩孚徜徉平市，舊夢銷沉，「秀才無成」此之謂乎。馮國璋之履歷尤奇，甲申乙酉間已入天津武備學堂，年假回里應科試，時功令特設「數學附生」額。番禺許應騤提學直隸，馮以明算，一試而捷，且應戊子順天鄉試，膺房薦焉。設使豪情不替，再趁秋風，則桂苑杏林，安知非斯文之秀出，乃一發拋空，斷然投筆，戎行騫舉，遂以建牙開府之案，躋代行總統之位，此或劉季子所謂「與仲業孰多」者乎？（張一麐敘馮生平有云：公諸兄皆入縣學，仲兄以拔萃貢成均聲譽尤著，時方右文，公常愧不如諸兄，無以承老父歡。）

頃有署「寒儺」，者寄示乙亥感事十律，筆健能舉詞，哀以思，循誦生悲，同茲危幕覆巢，應有同情之淚。今錄其遷保途中四律：（一）征途褦襶泣驕陽，感氣應飛六月霜。鼠穴殘魂猶震悸，蟻柯噩夢劇荒唐。顛翻魁斗渾無柄，刺促攙搶似有芒。車外天風喧欲沸，萬靈茹怒歎苞桑。（二）木雞乘障識神全，語澀聲盤議播遷。碑石重刊佑禁，衣冠幾厄廣明年。六州大錯空輸鐵，八表同昏莫問天。猘口崖柴甘縮甲，河湟甄鼓總凄然。（三）萬竈潛移剩劫灰，徙戎江統泯驚猜。飄零桃蕊迷秦洞，嗚咽鐃歌逼楚垓。終古臨洮窺虜騎，他年廣武既庸才。于思皤睅螢謳頌，梁麗奔塵棄吹台。（四）鬼車扇醜變修羅，草際寧論喚渡河。已分奇愁塞鰲極，何當赤手剪鯨波。龍蛇歲月傳烽盡，松杏山川掩涕過。那見癡兒能了事，吳鈎拂拭動微哦。」又一詩似是自述，有「薄宦升沉憑狗監，勞生朝暮事狙公。」知作者隱於下僚，身經顛沛，故其言親切不同凡響。昔王小隱評吾癸亥詩云：「言之有物，非但工感慨，便名家之比」，今以移贈寒儺，深冀續有發揮。時勢如斯，新聞家太半潛抑其詞，求如曩日之恢張暢而不可得。惟詩人微旨，稍留印象於將來耳。

情感，有史料，斯可觀已

孫雄師鄭喜為感事詩，自負「詩史」，今「西江正統」以野禪視之。吾以為孫詩獨不合於所謂「冥心孤往，澀外腴中」之水磨格調耳。其屬詞比事機致圓熟之處，亦能士馬飽騰，未可屏諸門外。而「詩史」兩字，又談何易耶。必有史材　有史識，尤要在持客觀重事實，必其慎其難，乃可信今傳後。夫詩詞騷賦，本屬感情文學，獨於史筆不能縱任感情。自古敘事之詩，曲折周詳莫過於樂天長恨，然玉環固以壽王妃入侍玄宗。（陳衍《然脂新話》所考，為壽王妃十一年，年二十八矣。）而曰：「楊家有女初長成，養在深閨人未識。天生麗質難自棄，一朝選在君王側。」是何言耶？通體有悲緒，無貶辭，結以倘況迷離之神話，而「紀實」之義非矣。師鄭庚申金即事，似李純死非自戕，已無疑義。然「斧聲燭影，」千載而下，未有定論，「逢蒙后羿」果可相方乎。當時異說紛紜，終為疑案，轉覺水竹村人七言輓帖：「六朝烟水淘遺恨，四十功名惜盛年。」較為含蓄耳。

皖人周馥字玉山，清季仕至兩廣總督，起自白丁，久從李文忠於直隸。有謂原名周福，曾為人僕，此疑似之詞，近於望文生義。晚歲僑寓津貼，刊《玉山詩集》行世，乃知此君文墨殊佳。丁巳年清宮復辟，忽授為協辦大學士，集中數首，專記此役，有「恩命傳來成一笑，朝廷誰識有斯人」句。馥於光末在粵督任，特旨命開缺，故語涉牢騷。而若「殘冬薰得花如錦，轉眼都成憔悴姿。」為寫盡當時一切之象徵佳句。「何故奪門同景泰?有誰感泣似興元?!」用典熨貼，警動而不浮，而「深仁遠軼元明上，多難原因氣數終。」則識量淵懿，斷制謹嚴，而太息憑弔之神理，栩栩欲活，歷來清室遺臣，今時詞客所詠勝朝因果未有明暢元實若此者。其撫東日答訪德國總督於青島有即事一首云：「黑風吹雪海天寒，老眼滄桑不忍看。故國尚存周典藉，士民猶著漢衣冠。是誰握算盤盤錯，對此爭棋著著難。挽日回天憑大力，可憐筋骨已衰殘。」蒼巖激壯，恰是此地此人口吻，雅肖文忠，誰謂科第外無文人乎?馥諸子皆才士，學銘壬辰庶吉士，出先研甫兄門下，以縣令官蜀中。學熙癸巳舉人。學淵則詩酒名流，一第未償，而才調乃越諸兄之上。頃孫念希兄示其近作一首，題曰「江河俱潰，賦此以誌巨災」詩云：「誰堪砥柱障橫流，曲突無人失上謀。城郭淪胥悲水劫，魚龍驕蹇苦清秋。迴腸午夜頻推枕，放眼平生獨倚樓。賸有哀吟歌瓠子，父書不讀愧前修。」其尊人生前著有治河書也。

楊昀谷——「貧賤驕人一卷詩」

詩人楊昀谷化經年，其沽上吟侶為刊遺集行世。陳三立書簽，王揖唐、楊壽枬諸氏作序，稱之曰：「冥心孤往，澀外腴中。晚歲浸淫內典，玄旨奧義，一出於詩。」殆不為過譽。楊名增犖，贛之新建人，戊戌進士用主事，與王儀通書衡、陳曾壽仁先，同官刑部，並稱淵雅，又皆能詩。增犖致力尤勤，當清晚季，已為儕輩推重。庚戌秋冬間，得知府指四川，弢庵以次，如陳衍、林紓、曾習經、羅惇曧胥以詩壯其行色。楊氏亦有留別一作，中間數句，其志可見也。曰：「吏隱誰能兼，望古不可即。酒闌一登樓，搔首天地窄。蜀中名山窟，峨眉峭天壁，江源繚繞之，意可鍊金魄。」又題話別圖後曰：「貧賤驕人一卷詩，白頭相守歲寒姿。夢中去國難為別，意外回車坐失時。萬事固非君所料，他年應悔路多歧。徘徊桑下浮屠迹，留與空山證導師。」孤懷自勵，情見於詞矣。自來騷人逸客，慣為無病之呻吟，晚近結納愈工，「紗帽黨」中，亦喜以文事通聲氣。聲色貨利，極盡歡愉，乃歎愴之音，偏能入妙。設非察其素行，驗於平時，而衹憑墨韻，想像清標，鮮不墮入霧中。昔人云：「聆音察理，鑒貌辨色」，司讞者，奉為箴言。吾謂觀察詩人之詩，亦必盡覽其生平，無堅貞肥遯之實，而托於清放，猶不如樊易之儔，荒唐滿紙，為能率真而自行其是也，增犖蜀行不果，轉而作幕嶺南，亦不得志，晚歲貧不可支，乃為人說詩，諸聞法者集資月致薄奉贍其身家。踽踽寡營，而篇章不廢，此留仙蒲氏所謂，「驚霜寒雀，抱樹無溫，弔月秋蟲，偎闌自熱」，陳散原外，罕其匹也。

陳散原——「道在人群更不喧」

閱南京《朝報》，汪君辟疆有〈近代詩派與地域〉一文，於南北諸家淵源衍繹，述記頗詳。其論任公曰：「梁卓如以南海高弟，雅負時望，以文學革新為天下倡。戊戌變政乃遁扶桑。日草雜誌文數千言，尊黃遵憲、夏曾佑、蔣智由為詩壇革命三傑。邱菽園氏所謂：『日對天地悲飛沈，傾四海水作潮音』也。梁氏雖喜論詩，所作乃傷直率，未能副其所論。壬子返國乃從趙熙、陳衍問詩法，稍稍斂才就範」。案四十年來，詩界宣傳，賴有雜誌。派別之形成，時期之亶變，陳編在手，歷歷可徵。而任公實司其樞鍵。《新民叢報》有《詩界潮音集》如製作之叢。其《飲冰室詩話》，乃述評所萃。至《國風報》之文苑則風格已劇變矣。黃夏蔣楊（皙子），善歌愛國男兒，吹沸疆場勇士，至若梵語、番音、櫻花、金塔諸般色相，太半消沉。而京朝派之老宿名流，乃一壅而入。瑒（昀谷）趙（堯生）三陳（弢菴、伯嚴、石遺）為之砥柱，羅癭菴為之介系，冒鶴亭、胡漱唐、溫毅夫為之驂靳。其人則翰人也、御史也、曹郎也。其題材，則慈仁寺也、陶然亭也、西山也、翠微也。氣派則發揚蹈厲，頓易寧靜安和。聲調則萬玉爭鳴，忽復疏鐘清梵。譬之歌台舞榭，《新民叢報》之「潮音」恰似海洋派，參以西式新劇，十色五光，稍嫌囂競而取精用宏，自是時代先驅之一幕。《國風》之「文苑」則腔板穩愜，台步安詳之北京供奉，梨園白髮，不失為斂氣歸元，其病在狹小空疏。舊都一隅，山林寺院宴會雅集外，幾不知天地為何物。正似北京所謂「顧曲內行」者目力所及，只幾輩老伶，起居授受，而謂此區區者可以涵萬有以範群倫，亦豈其然哉。任公斯時蓋已壹志政聞，不暇兼營文藝，〈憶南海〉、〈哀朝鮮〉數作而外，〈辛亥元旦雜感〉，果已「名家氣息」，然細按之，仍不失其恢張之個性，此關於情致之真，非可勉強易轍者，故梁之自作與其報中選錄體裁轉變，要非一事，此皆在壬子以前。至辛亥鼎革後返國，於天津起《庸言》文苑一門折為文錄詩錄，風範一循《國風》之舊。三陳、楊、趙建瓴高呼，任公以輿論斗山，優崇國耆，後生聞風興起黃梁（秋岳，眾異）翹秀出群，裁成益茂，荊門萬壑，其勢沛然。重以陳衍之《石遺室詩話》，言之津津，宣之報章若電機之有廣播，傾動既繁，浸執牛耳，號為雅奏正宗。繼而承此統續者有民四五間之《亞細亞報》，有民七八間之《公言報》以遞入近年《國聞週報》之〈采風錄〉，人物每有變滅，風度不失故常。惟此揚叟以「國風」始，以「采風」終，且其說詩，出之口授，宛然任公說法，依稀絳帳傳經，此又非陳石遺詩話，僅宣楮墨所能共論矣。猶憶其在《庸言》〈訊伯嚴〉一作有句曰：「夜聽海潮知夢短，口銜石闕閱人多」。與邱菽園之「傾四海水作潮音」比互以觀，頗感奇趣。《新民叢報》之「海潮」萬派朝宗之巨潮也，流動而闊大。《庸言報》之「海潮」，詩人之心潮也，靜默而蕭閒，二氏之佳章，非兩大時期之徵象乎。

散原之人之詩，標格清俊與昀谷大略相同，惟作而不述，罕有評識。其論詩所見，止於《石遺詩話》中偶露一斑耳。衍謂伯嚴最惡俗惡，嘗評某也紗帽氣，某也館閣氣，殆居恒與衍便談，非公然論列也。新派海派固不通唱和，即在諸京式吟侶中亦似落落寡合，每見離群孤往。昔年北政府盛時，閩贛派詩團優游於江亭後海，或沽上之中原酒樓，往來頻數，酬唱無虛。陳則駐景南天，煢煢匡廬鍾阜間，冥索狂探，自饒真賞。及戊辰首會遷移故都荒落，詩人太半南去，此叟忽爾北來，依其師弢菴太傅得「殘年小聚」之歡。覩所輓弢菴諸作，似將投老此間，無復南人歸南之想矣。壬子間楊叟贈詩「四海無家對影孤，餘生猶幸有江湖」，足為詩人寫照，而江湖兩字，要當隨時會之遷流而別為詮解。曩者春明勝流雲集則蘇贛間有江湖，今日南中裙屐雨稠，則舊王城為江湖。頗聞北徙之故，乃不勝要津風雅之追求，有介摯登堂者，有排闥徑入者。江干車馬，蓬戶喧闐，悉奉斗山，願聞玄秘。解圍乏術，乃思依瓊島作桃源。此中委曲，殆非世俗所能喻，或乃視若怪僻一流而不知詩文之微妙，在己不在人，積厚流光，子且不能得之於父，況乃貿貿然來，幾欲以一席話，代十年書，豈猝然可應者。故知楊叟之坐擁皋比或非散原所樂，而其支離突兀，掉臂遊行，迥異常人，尤可欽焉。綜覽散原精舍詩所最推許者當屬通州范當世肯堂，集中投贈獨繁而摯，一作云：「公知吾意亦何有，道在人群更不喧。」又曰：「萬古酒杯猶照世，兩鬢人影自搖天」。此「使君與操」之勝概也。於范作，「甲午天津中秋玩月」嘆為「蘇黃而下無此奇」，報以「得有斯人力復古，公然高咏氣橫秋。」恰與范之兀傲健舉相稱，要之范也揚也揚也，彼皆「為詩而詩」，人格與詩格，大致不遠，自足睥睨一世矣。楊陳同里閈，陳范則姻家也。

范肯堂——「公然高咏氣橫秋」

光緒中通州張謇、范當世齊名，積健為雄，最工筆仗。張氏能文，尤長於楹帖。其輓鄭汝成聯：「禍福有何可言，堅壁難忘前戰史。是非久之自定，良金應寫故將軍。」於無可著筆中寓以微言，筆勢超渾，尤有涵蓋一切之勢，而於詩苦不能工。豪邁者失之率，如〈中宵玩月〉：「世上風雲若可驚，人心矛戟幾時平。老夫一笑渾閒事，夜半霜天看月明。」直是長嘯一聲，略無餘味。宛媚者失之戔，如〈夢中答女子〉：「竟使千林盡作花，花中難卜可兒家。商量更欲煩青鳥，滿樹流鶯樹鴉」。口吻輕揚，竟似秧歌，果出里巷，當為風人所擷，而固名士之高吟也，則應別論矣。范氏健舉而充盈，非張之比。如〈在冀州與吳摯翁宴客堂下〉作：「使君為月我為星，卻為諸君放晚晴。祇可談天說瀛海，不須想帝夢瑤京。眼前瓜果新離土，腳下蓬蒿半沒城。問答爾從繁會至，箏琶何似席間清。」堅蒼其節，跌宕其姿，跳盪其音，噴薄其勢，如斯壯偉，乃異粗疎「老氣橫秋」，可云不負。

「爾汝歌」——「汝字調」

中華為多禮之邦，以長對幼，以尊叱卑則有「爾汝」，朋輩口語，則可「你我」，亦難形於文字。推詩人好「以意氣相爾汝」，意謂脫棄町畦，正宜屏除俗尚，世人以謙遜為雅，詩人之雅度乃不然。唐宋諸賢，已聞此例。近日閩贛諸子，更喜用之，當為定名曰「汝字調」。如陳衍答散原：「陳徐不作憑誰繼，虞揭而還覺汝強。」答曾重伯：「渭城唱徹總堪悲，況汝驚才世所奇」。又如散原於湯蟄仙：「歲晚看人怯，時危覺汝賢」，於羅順循：「三千道路書初到，百萬生靈汝尚存。」如是問答贈貽之作，爾汝往復最繁，笑語縱橫如見。嘗見《世說補》載晉武帝問孫皓聞南人好作爾汝歌，頗能為否?皓正飲酒，舉觴勸帝而言曰，「昔與汝為鄰，今與汝為臣。上汝一杯酒，令汝壽萬春。」為之失笑。「爾汝歌樂中」男女相悅之詞，所謂「濃歡爾汝」也。皓主吳日，荒嬉無度，司馬炎故以此調之耳。趙吳興調管夫人通篇以「你我」複疊成文，治蕩無藝，似亦「爾汝歌」之流亞。觀世說孫皓事，知此風由來久矣。皓以臣「汝」君，以下「汝」上，遂於「詩人爾汝」，「情人爾汝」之外，別成一調，是乃大奇。

狄楚青——不以詩人自見

狄楚青先生上海《時報》舊主人也。詩文書畫靡不淡雅清超，而不喜以詩人自見。少日固嘗奔走國是，肝腸騰越，情藻豐腴。諷誦百端，多入《飲水詩話》。宅心溫厚，凝睇滄桑，豐韻天然，不煩雕琢。所述〈自日本歸過遼東宿逆旅見素衣女郎題壁三絕句〉，最擅風華，令人意遠。中間一首：「無計能醒我國民，千絲情淚搵紅巾。傷心又是榆關道，白雪蒼波無限程。」凄清雅豔，不盡低徊。頗疑即楚翁自作，以風格忒相近也。時當庚子亂後，雄關廣土，兩大爭窺，臥榻憑陵，藩籬摧毀，譌言道路，又托於女流，莫非痛抒感憤耳。平等閣筆記庚子之役，聯軍據京時，一婦人為德兵所調，舉車凳擊傷之，揚鞭竟去，一妓女誓不失身，某國武官，致彼驚嘆官吏不如。一婦受辱於俄兵，即其統帥前手刃強梁，復自刎以死。寫三女子抗節明志智勇過人，正為致慨當時之鬚眉貴顯，「十萬大軍齊解甲，更無一個是男兒」同此意也。楚翁覽吾此說，或當許為知言。

「榆關逆旅」——「松杏山川」

前期筆記「寒儺」君即事詩：「龍蛇歲月傳蜂盡，松杏山川掩涕過。」佳句入錦囊，且復言之有物。今棗花寺有青松紅杏圖，明末洪承疇部張將軍轉戰杏山松山間，後隱於僧寮，繪此圖以寄概，松杏皆遼地也。昔日百戰無功，山河變色，而今囊括以盡，盜憎主人，何古今之不相及耶，悲夫。

京腔雅韻——海水潮音

南社者南天蔚起，壁壘嶄新之一軍也，亦興於己酉。吳江陳去病敘其緣始云：「語重心長，本非無疾而呻吟，興往情來，畢竟傷時而涕泣。寥寥車轍，不同幾復當年，落落襟懷，差比河汾諸老，辨足音於空谷，一二跫然。追逃社於前盟，數人而已。每相逢而痛哭，或獨往而道遙。時從詹尹卜君，輒向祝宗祈死。黃冠野服，驚看六外之人，跼地蹐天，如抱無窮之恨。」彼時清社猶存，故乃隱約其詞。此社實為革命集團，如宋漁父、汪精衛、寧調元、柳棄疾、仇亮，胥為此中壯士，東南本人文淵藪，聲應氣求，踵相接也。吳瞿菴、蘇曼殊、沈太侔、蔡治民、葉楚傖、潘蘭史、黃斐生，及吾家半夢，並屬一時儁秀。雖不必一一稽首龔定菴，而才豔相矜，思慮奮發，則與西江一脈之京式幽閑，截然分道，各不相謀。京式諸公語及南社，輒目笑存之，又甚似顧曲者流，標舉叫天、瑤卿則汪笑儂、馮子和，卑無高論也。而南社諸作高旭鈍劍之「驚才不合輸青兕，上帝應當殺黑龍。」陳去病巢南之「吾道由來桶脫底，佛心應似蜜忘邊」。又與「詩界潮音」所錄譚壯飛、蔣智之奇語甚相類似。吾意此京海兩派，形態略殊而於詩界為革命則一。海派固多新異，叫天兒與王瑤卿獨無「鬚生革命」、「青衣革命」之崇銜乎？楊昀谷「溼外腴中」而重以「浸淫內典」果何為者？鄭孝胥敘散原詩集：「源雖出於魯直，而莽蒼排奡之意態，卓然大家，未可列之江西社裏」，是散原已革西江之命矣。大抵世運日新，物觀無盡，天資穎特之士，皆不能株守舊藏，所謂「越世高談，自開戶牖」，固心理所同，惟其形態或趨於發揚，或務為含蘊，則各依生平所習近者，以為範耳。

袁抱存——「老去詩思爭跌宕」

戊午之冬，邵飄萍先生創設《京報》，委吾主編文藝，撰作諸公半夢為寒宗故舊，若沈太侔、黃病蝶、袁寒雲、袁百衲、張滄海、步章五、朱杏卿、蔡治民皆素昧生平不期而集。沈、黃、蔡皆南社，二袁則昔年《亞細亞報》文苑中人，時有《公言報》代《亞細亞》而興，惟袁氏昆弟移以就我。半夢瓣香溫李，主唐而非宋，謂詩本性靈，何須故為艱澀。寒雲書法出唐人寫經，詩亦景企中晚諸賢而痛斥西江惡派，其論詩短文曰：「蹈宋人之妄，指高古精玄不為庸流窺解之作，繆為毀抑。至釀晚近以鄙俗餖飣為能事，求淺達似村謳俚曲而不獲。瀰世風頹，詩尤裂墜。若江西詩派，狂趨矗澀，淪溺梅聖俞一流；益厲其惡。喻之禽鳴而無其婉利，喻之獸嘷而無其雄拔。猶不逮禽獸之聲。更烏足與言詩哉。今之論詩者多喪厥心目，乃仰附妖蟲，爭師效之，此予感慨嘆息而不能已於言者也。」感憤之極，故所語激越盪決至此。於唐賢中服膺二李（玉溪、長吉），故於詩聖詩仙，亦有微詞。其言曰：「詩入唐盛矣，巖巖大家，百世宗仰，首推李杜，工部信蒼嚴激壯而旨趣酸寒，太白仙才則少奇崛之氣。二子蓋束於天賦者，然聲名超溢，若有唐一代，無足抗顏者何耶？是耳食之徒，假推榜以自炫，震二子之富，浸相鼓譽，於是名者日高而純盡之家，反卻於後。」又考證長吉句云：「荊公謂：『黑雲壓城城欲摧，甲光向日金鱗開』二句為長吉之誤，蓋以黑雲不應向日也。楊升菴詩話云，凡兵圍城必有怪雲，詳為長吉辯。予初以是詩有寒土胭脂凝夜紫句不應作日。嗣得北宋宣城本，長吉歌詩編乃向月也。荊公、升菴胡未見善本而讀之耶，可知宋本中亦正多乖誤。」又戊午冬日見贈一作云：「心血真同長吉嘔，文章堪與釣磯傳。」可見寒雲對「詩鬼」感趣之深。然吾常總覽袁作，頗非怪僻一流絕少鬼語，亦不類玉溪之穠郁，惟流利處略似溫庭筠。其〈共步章五飲海上市樓〉詩：「老去詩思爭趺宕。相期身世一扁舟」。「趺宕」二字，方是袁二作風真面，縱筆一揮，淋漓酣暢，矯若游龍，自成波疊，其書其文，莫不如是。蓋性近者習不能使之過遠，如梁任公晚歲文筆漸向蒼渾，只是飲冰室之蒼渾，與《石遺詩話》，所語西江諸訣未見有何影響。吾生平極喜二陳（弢菴、散原），而落筆無所蹈襲。強為斂抑，必致矯柔失吾真趣，故不為也。

盧坤詩之名言

沈太侔一日來書述旁觀者言，時論盛稱《京報》詩文之美，僅亞於《公言》。吾大不懌，以吾與諸友未嘗依傍西江，標舉京式。既非趨步伊曹，即無須相提並論。吾向日惟讀杜詩，次則清代梅村、漁洋兩家，較深印象，紛紛南北諸流，任何高古新奇，無意名家，亦從不健羨。至若京式西江，佳者百鍊千錘，純青火候，自有一種「義法」，未可厚非，然使詩壇悉奉圭臬，才智囿於一隅，亦大非斯道之福。譚腔摹擬遍天下，而皮黃之歌法亡矣。清道光間名臣盧坤序杜詩曰：「覽泰華之勝者，隨其所造而咸有所得，無取乎從同。涉滄溟之遠者，恣其所游而皆有所遇，不必其合一。」斯乃名通之論也。

張志潭——豐潤張——南皮張

張志潭遠伯氏近以中風逝於津沽，年不及中壽，一世才人，從茲千古，可傷也。故豐潤世家，為清光緒初清流張佩綸之猶子，宣統時兩江總督張人駿之從弟。二張皆同治間翰林，佩綸才調無倫，人駿清嚴持重，雖叔姪而旨趣不盡同也。與豐潤張相比並者，有南皮二張（之洞、曾斅）亦同治翰林，各秉節鉞，有名於時。曾斅為之洞之姪孫，而之洞優於才，曾斅富於德，所設施表見，亦各不相謀也。志潭儀表豐偉，舉止從容，能文工書。先兄宇甫與同捷順天秋試，頗欽其大卷白摺，有伯熙祭酒之清潤。設貢舉獲雋，必登館選，為玉堂金馬人物無疑。因私計將來斅歷中外，或斅幼樵學士之壯越騰騫，或如安圃尚書之有為有守，抑參酌二者之間，自標風度，胥可拭目以觀其後。乃甲辰一度春風，科選遽歸停廢。清社旋已邱墟。遂以郎署一官乘時而起，軍略政猷，文通武達，閣部展才，各方引重，為直皖奉系諸幕要人之一，時勢與英雄相因而生，於斯益信。乙丑段氏執政，挾皖直前仇，通令嚴緝，列之四凶，致顛沛江漢間。其河北田園，且為盜魁而督辦之李景林所籍沒，是亦困苦艱難，備嘗之矣。戊辰以還，津沽息影，比歲始以政整會員，重聞名字，而意態已非復曩時。溷迹歌場，寄情聲色，猝膺危疾，亡也忽焉。吾聞中風之病，由於破腦。西醫所云「腦充血」是也。體胖而多思慮者，憂以乘之，率無幸免，多不及治。治而癒，亦麻木不仁，生趣索然，其痛苦有甚於死者，則如張之眴息飛昇，猶可謂之「一朝解脫，死亦權奇」不得謂之非福也。

政界人之病

近見《大公報》星期論文新化名流某君，深摘當道諸公稱病曠職之不當。昔日《新青年》諸子亦嘗標舉西方政治家之光明磊落，以警腐化官僚，謂政見不合則去，治效不彰則去，要當陳事述旨，予世人以共見，不應乞靈二豎，詭態遁辭，如逃塾小兒，可嗤已甚。自屬義正詞嚴。雖然何言之易也？政象既複，環境所牽，內傷外感之中華，豈東西列強，政治夙循恒軌者所能共論，局外高言，作他山攻錯則可。若曰即知即行，祇恐一朝「請君入甕」，亦復「未能免俗」，終當效顰耳。吾所懷疑者則不在病，而在病狀宣傳之過於繁細而鄭重。體溫若干度也，體重若干磅也。呼吸若何也，菌若何，炎若何也。易醫診察也，轉地療養也，醫博士之報告，不厭求詳。起居注之增刪，惟虞失當。一似貴人之體，毫髮差池，果為蒼生身命之所繫。抑何自負之甚耶。將謂不如此不足以見病象之真，其奈圖窮匕見之時，又往往以事實自明其譌。其偽一也，而視前朝官吏之泛泛引疾歸田者，則工細名貴有加矣。是亦不可以已乎。

清光緒末梁鼎芬為湖北按察，彈朝貴不報，乃自請開缺。疏中陳病狀，語皆雙關。「群邦競進，正氣潛消」，兩句最為世所傳誦，以其足以包括慶袁樹黨排斥異己之所為也。民國乙卯丙辰間袁世凱謀帝制。諸名流，多乞病遠引，諷喻百端，更饒雋趣。梁啟超、渠本翹、徐紹楨皆參政院參政也。梁君辭最先，僅允給假兩月，乃托言赴美就醫。其呈文有云：「外強中乾而方劑屢易，冬行春令則厲疫將興。偶緣用藥之偏，遂失養生之主。默審陰邪內閉，災疹環攻。風寒中而自知，長夜憂而不寐。計非澄心收攝，屏絕諸緣，未易復元，恐將束手。查美洲各屬，氣候溫和，宜於營衛，茲擬即日放洋，擇地休養。使良醫得早從事，猶為已疾之方。幸物外聽其逍遙，竊取達生之義。」此言共和宜維持不敝，帝制與鴆毒不殊，語婉而摯，氣周以和，終無如彼昏之不悟何也。渠君之文曰：「夫朝寒涼而暮辛燥，賁育有所弗支，諱孱弱而飾康疆，盧扁亦將束手。果其洞見癥結，雖牛溲馬渤，胥為佐治良方，若竟昧厥本原，縱三島十洲，詎有不死神藥。為今之計，惟有培將絕之生機。勿使少有戕伐。定不易之治法，不令再涉紛更。養氣以壯中宮之主，固表以防外邪之侵。計日呈功，庶幾康復。斯與梁君詞旨大略相同，氣機之暢利亦復相亞。他若徐紹楨之「服龍胆瀉肝湯，病始略退，而正氣大傷。」，孫毓筠之「內外兼病，倉卒失調。以致真陰過虧，肝陽上爍，腦炎復發，元氣過傷」皆為絃外之音，可云詞令妙品。如必屏絕微言，以逕抒胸臆為是，則楊度一呈，可謂暢所欲言矣。度曰：「以俾士麥之霸才，治墨西哥之亂國。即令有心救世，終於無力回天。流言恐懼，竊自比於周公。歸志浩然，頗同情於孟子。」又曰：「世情翻覆，等於瀚海之波。此身分明，總似中天之月」，此其意態之軒昂，居然「合則留，不合則去。」似古聖賢無以過，政治家云乎哉。詞無掩抑，態不逡巡，不言病亦不假托他事。雖大言不慚。而中懷無餒。南方之強，哲子有焉。新化家其以光明磊落許之乎。

楊晳子之政見

晳子甲午鄉舉名「承瓚」，此說吾聞之景瞻。癸卯應經濟特科之試，已改為「度」矣。其人長於肆應，才氣自可觀。居東時，梁任公之《新民叢報》數稱道之，所為〈湖南少年歌〉，頗假湘人張目，「如使中國國果亡，除是湖南人盡死！」，何言之壯耶。清末以張袁諸大臣交薦，賞四品京堂預憲政。慶內閣立，授統計局長，曾上書力舉任公不報，時那桐亦願以協理大臣讓袁世凱，攝政王不能從，而時論則盛稱二人推賢之美，以是知慶亦頗重氣誼也。壬子後益為袁氏所重，稱之曰「曠代逸才」，任以教育則昌言「幫忙不幫閒」其得交通，實則所謂「好官不過多得錢」耳。若夫女色諸事，世所稔知，不足書矣。惟「財」與「色」，盡其生平。丙寅丁卯間，飄泊無聊，至依張宗昌於魯，號曰參議，猶逢人道「曾事項城」。前歲客死滬濱，親交鮮過問者，亦可哀也。然其才實可喜，尤擅楹帖，多充沛有力。輓於王湘綺云：「曠古聖人才，能以逍遙通世法。平生帝王學，祇今顛沛惟師承。」輓蔡松坡云：「魂魄異鄉歸，於今豪傑為神，萬里河山皆雨泣。東南民力盡，太息瘡痍滿目，當時成敗已滄桑」。輓黃克強云：「公誼不妨私，平生政見分馳，肝膽至今推摯友。一身能敵萬，可惜霸才無命，死生從古困英雄。」重複一，「生」字，雖氣盛不為大累，而未能免於粗豪。觀其一則曰「平生帝王學」，再則曰「平生政見分馳」，似是確有主義之人物。然〈湖南少年歌〉中，極贊誦民主政治，抑又何耶。故知其中實無所守，而人頗稱其氣之不撓。至其在張宗昌幕中事則何海鳴君近著《軍中生活回憶》，述之甚詳，蓋奔走於諸閥之間，策士真形畢露矣。

黃克強，官僚與新人物——如京派海派之格不相入

黃克強（興）清末身與攻粵督署之役，時傳其已死，故報章有以黃字聯徵對者。其文曰：「黃花岡上葬黃興，可憐黃帝子孫，拚將黃土一坏，染出李提黃馬褂」。李提謂李準，字直繩，近在津《大公報》刊啟事鬻書，頗工篆隸，辛亥官粵水師提督，值三月二十九之變，粵督張鳴岐稱其勇武過人，督戰受創，諭賞黃褂，以獎殊功。然興實未與黃岡七十二士之數，至武昌事起，其名大彰。由副元帥而南京留守而北京政府之上賓。時論以孫黃並稱，袁氏待以殊禮。高車駟馬，煊赫無倫，其覆楊度書，必令梁某具書悔過，方許徜徉國土，可見意氣之飛揚矣。癸丑為袁所敗，避地扶桑。袁黨頗傳其搆扇禍國，興則通電全國各機關報社以自白曰：「竊窺世界諸邦，莫不以民族立國，一族以內之事，縱為萬惡，亦惟族人自董理之。倚賴他國，必不可保。殷鑒不遠，即在平南。凡茲所談，五尺之童可以其知，乃煩興等言說短長，實為遺憾。戰敗以來，興等或居歐土，或散處南洋各地，即在日本亦分居東西京，神戶長崎有差。外患之生尚未刷歲；東西萬里，居各未移。商發本電已極艱困，聚且未能，謀將安出。」其言殊剴爽，似發於真誠。而下文痛責袁氏厲行一人政治謂：「革命之有無，非可求之革命自身，而當卜之政象良惡。」則雖不自居革命而所以抨擊袁氏乃愈見其堅強。此電吾嘗存其

全文，因語太繁，摘要如右，亦較有關係之史料也。聯署者柏文蔚、陳炯明、鈕永建、李烈鈞。洪憲既覆，黃歸自海外，遽病歿申江，猶盛年也。張季直輓曰：「中年遽折雄姿，探血不撓翁叔節。大勇無如悔過，本心猶見秣陵書。」口吻恰好，不即不離。孟心史代梁卓如輓曰：「道不同初未相謀，逢此百憂，豈料造車終合轍。天下溺援之以手，歿而猶視，應憐並世幾愚公」，恢闊光明，視楊晳子「公誼不妨私」聯為尤勝，馮國璋聯：「才氣自空群，往事莫將成敗論。英靈還衛國，壯懷寧以死生殊。」則以漢陽之戰，黃為馮所敗，故云「莫論」，可為解頤。

嘗論楹輓一道，就私誼言，為對於亡者一生最後之致敬，故語不可以不誠。若其人為有歷史地位之人物，則蓋棺論定之致詞，尤不可以不慎。極意貢諛，固屬無謂，肆口譏訕，亦自蹈無儀矣。上焉者如孫琴西輓曾文正：「豈知志在皋夔，別有獨居深念事。」陳毅輓張文襄：「以名相名儒，生平自許；所表樹如此，想見時艱。」皆舉其缺憾，而身分愈高，是所謂「深入顯出」。若交誼間有參商，或主張各從所是，忽焉永訣，百感交並。則以肫篤之意，作斡旋之詞，如紀文達輓朱笥河「學術各門庭，與子平生無唱和。交情同骨肉，俾予後死獨傷悲。」——（楊晳子輓黃克強聯，從此脫化。）——及左文襄輓曾文正：「謀國之忠，知人之明，自愧不如元輔。同心若金，攻錯若石，相期無負平生」。皆蒼勁質樸，亢爽宜人。康南海輓朱鼎甫：「鵝湖異同，近將合併」一語，雖其事為朱君弟子所否認，而語氣宛和，真誠自見。即小動感情，略致歉然之意，如張曾敭輓其叔祖文襄之「憂勞莫贊，拂公祇為百無能」及本文所舉馮國璋楊度輓黃興諸聯，亦尚不涉鋒鋩，未傷大雅。而如段祺瑞輓陳其美之「民力竭東南，有績可書，早開策府濡毫待。英雄生劫數，惜君竟死，未向沙場裹革還。」徐世昌輓蔡鍔之「竭民力以造英雄，有志竟成，傳君惜少如椽筆。賦口招而望衡嶽，斯人長往，並世誰收打劫棋。」則語語露骨，失體莫甚焉。又如民初袁政府，授某都督勳位冊書：「息鯨波於碧海，春生海上之花。銘駿烈於丹旋，風靜將軍之樹」，則譏其治游。以堂堂誥冊之文，作此輕佻訶訕之筆，非有道者所宜出也，而亦不必其為徐段所自出。幕府舊僚，對新人物，大抵積久相輕。恰似戲界京派視海派，格格乎其不相入，故乃有觸即發而不自知其失態矣。

清史稿——清史館、趙次山袁抱存之詞翰

《大公報》之文學史地各周刊，於《清史稿》疊有評論，且常為「解禁」之呼籲。本年歲首，得南中消息，行政院長以此稿關係學術至鉅，乃請國府發院若干部；聘人檢校，正其謬誤，預定六個月內編訂竣事，再請解禁。此自學者之所樂聞。計時應殺青久矣。未知已發行否。此清史全稿吾曾於一圖書館中草草一觀，得其大略。字大版清紙墨修整，是其佳處。而定值則頗失之昂。內容間有撫拾道途，未能翔實。如杜受田密策爰立，教咸豐詭對一事，吾在《正風》及與弟一士於《國聞周報》皆有所辨正，此事實之疵累也。若夫色彩過舊，思想古傾——（仿左傾右傾之詞），則當時付托本屬遺臣老宿，豈能擺脫陳言。新史學之方法，殆非此曹所能想像。然而文各有體，事必傳真，昔之「史筆」今之「批評家」均以信任感情為大忌。遺臣口吻固謬，若持「弘曆小醜」、「北鄙胡兒」之見，如三十年前摧滿時代之作者，以衡此稿，則亦往往失平。善夫！容庚君之言曰：「余嘗翻閱全書一過，並無若何反革命，藐視先烈，反對漢族之處，如故宮博物院呈文所言之甚。孟心史先生之言最為允當。清帝遜位後，民國所訂優待條例，首云大清皇帝辭位之後，尊號仍存不廢。中華民國以待各外國君主之禮相待。在此條例被取消以前，竊號自娛，原為民國所許，則彼時之不奉民國正朔，再頒謚

典，無足怪者。即收諸遺臣於列傳中，以為效忠者勸，亦當不為舊道德所非難。其他體例不合，體例不一致，殊不足為禁錮之理由」，此論甚公。於審查此稿之傅振倫之評論：「時雜情感」、「自相矛盾」之處，亦能指陳歷歷，不涉偏陂。總之此稿之不宜久錮，亟須以「史筆」削正之，乃士林所共望也。昔清康熙為修明史，特開博學鴻詞科得士湯斌、尤侗、朱彝尊、毛奇齡、陳維崧皆一時之極選，蓋甚重其事，民國之於清史，其可忽乎。被禁之《清史稿》雖在一方面認為「藐視先烈，反對漢族」，而在嚴格之遺老，則又視為背棄先朝。（梁鼎芬氏於清史館之某某且貽書絕交）每謂曾受舊恩，不當以臣議君，不當受命於民國，不當稱《清史》，於館長趙爾巽尤致菲薄。此又一偏之論也。曾為清臣，不當修清史，則必革命家而後可乎。且幸而袁氏稱帝遲發又未有成耳。假使洪憲逕發於壬子直接滿清，則新皇詔令之下，率土皆臣，更無遺老之可言。與清史之役者，若非劇秦美新，將無以自保，則如清乾隆序通鑑輯覽所云：「以本朝之臣，而記開國之事，自不能不右本朝而左勝國」，又何「以臣議君」之可論哉。趙氏生平頗自負通達，不拘小節。辛亥壬子之際，東三省總督改稱奉天都督，實已服官於民國矣。第以資老年高，袁氏遇之若兄長。不便屈於部省之任，則畀以清史館長，體制既清貴，又於趙位分相合，綢繆私誼，藉以收羅一部分之勝國名流，與國史館之延攬王壬秋，莫非「位置一席」，此袁之官僚故智，趙則藉此文史自娛，優游晚歲，殊自得也。其所聘總分纂修名職，或取文望，或憑氣誼，殊不拘拘一格。曾於袁抱存處得其聘書，及抱存覆書底稿各一紙，此又清史館自身之史料也。錄之以見草創時，文事之一斑。趙函云：「竊念清室，豐功偉烈，冠絕前朝。繼六七作而盡聖賢，為億萬姓而輕社稷。始終之蹟，今古無倫。爾巽猥以衰頑，獲襄盛舉，得所藉手豈敢固辭。惟是今日載筆之難，實非歷代成規可比。二百餘年之故實，繁賾而不可名言。四萬餘里之規模，廣博而或難備舉。加以中更兵燹，載籍叢殘，外審鄰交，事機紛出。又且危言日肆，當季世而尤滋，帝制方更，值風會之遞嬗。凡此皆前代所未有。昔賢所罕聞。苟無信今傳後之鴻編，曷彰繼往開來之極軌。方今通才碩彥，皆先代所留貽，況茲考獻徵文，尤儒家之能事。朝章國是，悉爛熟於胸中。世變時艱，久盱衡於掌上。倘或著之簡冊，舉不懈夫修明。自能傳諸後來，定無慚於惇信。執事澄懷照日，健健凌雲。兼才學識之三長，發抒文藻。綜天地人而一貫，彈見洽聞。固當蒐考前規，表章成憲，上昭德意，下饜群情。矢報國之初心。蔚成一代大公之軌，移名山之椽筆，垂如千秋不朽之言。謹具聘書，以速高躅，敬修啟事，企盼安車。」抱存之覆書曰：「捧讀來章，敬承嘉命，不勝光寵，無任主臣。伏惟次山老伯大人望重斗山，學探宿海，以六一先生之文字，紀二百餘載之國家。遠紹麟經，廣搜鴻碩，是必才如東馬，直比南狐，始免濫竽，不慙執簡。某一鵾甫借，半豹才窺。方當慘綠之年，豈勝殺青之任。誠惶誠恐，且感且慚，惟是長者命不敢辭，君子教亦嘗奉。念國恩世受，敢忘報答於文章。喜庭訓親承，已許追隨乎名德。太史公牛馬走，斷無下室之刑。他日不能龍蛇羞，為有高軒之過。敢叨祠祿，領洞霄宮使之頭銜。勉作鈔胥，寫橫雲山人之手稿。」通篇用整齊無比之四六，層序安詳而無不盡之意，非泛堆詞藻之浮文也。寒雲文筆向以跌宕生姿，風流自喜。此書則鄭重出之。乃洪憲既摧，新華一去，時而悲歌燕市，時而放棹江湖，並所謂「宮使頭銜」亦似有若無，淪胥以盡。清史館中人，頓爾相忘，世態炎涼，文場亦復如是。蓋當日之雅意招邀，徒以「白宮世子」故。時則「流水音」咫尺園庭，勝流雲集，「陳思」俊望，儼已領袖詞壇。雖「慘綠少年」，「才窺半豹」固當為清流所瞻奉。丙辰以後，則末路王孫，堂前燕子，不須更為借重矣，既非詞林老宿，若復勉強從事，委蛇其間，亦必不能如往年受人敬禮，掉頭不顧，是曰知幾。嗚呼，人生世上，勢位富厚之不可忽如是，此蘇季子之所以竭能盡智、銳意功名者乎。

美人魚、江神童

比歲有粵東楊氏女，年裁十六七，工游泳，累充選手，與賽會，歷港贛滬寧各都市，所至舉國若狂，以其齒稚而姣麗也，則號之曰「美人魚」。江南各報章或樂為宣傳，或加之諷刺，或正言規勉，而顯貴富豪，周旋角逐，謔浪笑傲，幾與劇場捧角，電影明星無異。聞此女質自聰明，而未嘗勤學，新聞紙上偶睹其文字，似句法不甚清。竟為群眾共居之奇貨，而其父母，不以為憂且若甚可喜者，斯可哀也。因憶清光緒齊魯間有神童某，甫六齡。父為邑庠生每携之謁官紳父老，以生而能言，過目成誦相誇榜。有為介於提學陳榮昌者，問所志曰：「為天地立心，為生民立命。」榮昌喜，言於巡撫孫寶琦，寶琦與語大悅，盛譽之。已而得京訊宣統入毓慶宮，師傅陸潤庠、陳寶琛同受命將開學矣。其父乃請得大老及耆紳之介紹書，抵京謁朝貴，蘄入宮侍讀，學部堂官姑曰試之，出「皇上典學」四字屬對，則應聲曰：「天子讀書」，雖合掌，而出之稚齡，固不易也。略予獎借，而戒其父善督課，令入學校循分上進，期成材為世用。毋妄冀非分，非徒無益而又害之，其父携子廢然返。當神童至京時有兄與偕，兄年十一二，亦俊秀，而踪迹所至，弟先兄後，若劇場之配角然。今美人魚周歷八方，亦有一姊相伴，如冶葉與花相扶持，真無獨而有偶矣。

孔子顱骨杯！「大聖」孔子贊

世態日新，每見怪聞百出。上海有《大美晚報》者，近忽刊布一杯之圖片，曰此孔子顱骨杯也。為美國考古李伯雷Repley所有。謂孔子歿後周元王自墓中掘其首，滌其顱骨，加之雕飾，作杯貯酒飲之，以增智慧。歷代君主什襲珍藏，至清帝陳列頤和園中，鴉片戰役，英國一騎士掠之西去，展轉入於一名漢尼Heorne者之手，以李氏於東方古物之學，夙擅盛名，因就教焉。李為之證其來源如此，且曰素不誑言，必可取信於世界，而吾國有識之士，未有不笑其荒唐者。夫以人骨製器皿，期增智慧，蒙藏之喇嘛廟，北京之雍和宮，固津津樂道，何興於中國之聖人。旋有許君息龕為之糾誤，乃知此杯為元代番僧號為國師者之首級。元順帝敬其神明，飾以金質，製為祭器，盛以酥酪，供之佛堂，非常人之飲器，果喇嘛教之所為也。許君又云：清康熙得此杯於庫藏，陳諸圓明園，咸豐庚申，英法軍入京，園燬於火，杯於此時隨諸寶物流入外洋，西人但知為一廣大智慧人之頭骨，又知孔子為中國之聖人，故訛元之國師為中國之先師。此論深切著明，足以發彼深省。吾嘗見西報所繪孔像乃至劇院所演孔劇，多作翎頂補服之滿裝，短鬚小帽，狀至猥瑣，是知白人心目中之中國聖人，不過番人教主之流，信任主觀，妄為測度。不必有心侮蔑，而所影響於民族之融洽，文化之溝通者至巨。隔膜至此，良可惋惜。又見上海日本女子高等學校音樂教授成田藏己所為〈大聖孔子讚〉，覺東人之識吾先聖，究非碧眼兒所能共論也。讚凡四章，其一曰：「在山東曲阜之僻壤，布衣七十年。終得素王，諡號大聖，遺德崇高。」

其二曰：「春秋已遙遠，至今三千年。黎明之鐘聲，遍響東亞，文化燦爛輝煌。」其三曰：「忠孝節義之行，齊家治國之妙諦，一道貫之，仁乃無窮之光芒。」其四曰：「今泰山天青空曠，泗水清流源遠。大成殿之光榮，千古永垂人寰」，聞已作譜令學生於祀孔日歌之，冀與我國所訂〈禮運大同紀念歌〉同致崇奉之誠悃。其云謚號「大聖」，似為「至聖」之譯誤，孔子號「大成至聖」若縮為「大聖」，則意義相去甚遠亦太泛。然視彼西人之動輒以喇嘛或滿清官僚誣我聖人，則真譌敬謾之差，又不可以道里計矣。

中國文化　浙江文化

日前在同和居，《實報》管翼賢社長席間，晤陶君希聖、周君作人，皆今北大名教授也。因與談及文化本位之事。吾意此問題本不難解決，而重煩諸大博士反覆辯難，鴻文巨幅，刺刺不休，行見汗牛充棟，語繁而意轉晦，誠如王君西徵所言：「好些青年朋友被那許多文章鬧得頭昏眼花，很想得到較為簡單淺顯的解釋」。蓋此種問題與科學之研討不同，只須提綱扼要，定其品性，則片言折獄，事非甚難也。希聖曰：一言蔽之，「中國文化本位」是錯的，「中國本位文化」是對的。斯語視諸雄辯家，實已要言不煩，吾所欲補充者無論如何，文化之中心人物終當奉孔子為不祧之祖。此非吾人有所主張，事實上蓋不得不然。如適之者，始固力主「全盤西化」Wholesale Westernization，繼又轉變其詞曰「充分現代化」Whole-hearted Modernization，而於年來尊孔一事，則屢致譏諷，意謂有妨西化進程，必須辭而闢之。昔有「衛道」，今有「衛化」所衛者不同，而精誠則一，胥足欽矣。惟默察適之言行，固多彷彿尼山，其應段氏之招，於善後會議，不惜「試他一試」，則論語之「佛肸召，子欲往」也。其屢呼「只要努力！」，不計成敗。則「知其不可而為之」也。其大地旅行，北胡南越，舟車所至，人力所通，勞勞終歲，僕僕長途，此也一演講，彼也一歡迎，則「東西南北之人」也。其「敦勉現代」，曰「幹！」，曰「進」，以赴潮流，以達尖端，則「既日新，又至新，日日新」也。其於人必稱「先生」謙以受益，犯而不校，可謂「溫良恭儉讓」，雖問禮於老子，必折於楚狂，風度汪洋，又何以過。夫以極端西化，力避儒嫌之識時領袖，而無在不步趨先聖，如影隨形，又何論中國文化本位，中國本位文化者乎。則雖欲祧孔氏而別奉一宗，又將遵何路以求之？

周君者號豈明，近署知堂，俊雅溫文，粹然君子。「五四」時，為新文學健者，比年所作，如劉半農墓誌，修潔峭勁，規撫方姚，與其哲兄魯迅（名樹人）旨趣不盡同也。舊嘗問業餘杭章氏。本歲太炎講國學於蘇州，亦列名發起。因話及兩浙人文之盛，若瑞安孫氏、德清俞氏、山陰蔡氏並以大師，蜚聲海宇。今太炎與君家兄弟亦當世之宗匠，可謂盛哉。周君曰浙人文化尚不後人，惜政治上罕有表見。予曰，不然，雍正時文字獄最繁，以浙案為最巨。至停全省科學取嚴格封鎖主義。觀風整俗使一官亦為浙案而設以偵諸省之反側，其後清廷每降諭盛贊浙地人文之美，而深謫其風俗人心之不純，畏之甚矣。及於清季乃有章太炎、有徐錫麟、有秋瑾之革命運動，不已聲施爛然乎。

黃季剛

章門高弟黃侃季剛遽於雙十之又前夕逝於南京，年才五十，何傷也。鄂之蘄春人，夙研詞章小學。昔與長洲吳梅瞿菴同膺北大講席，曾遇之顧君羲座中，貌寢而邊幅不修，放言無忌，固章門嫡派也。處新潮淵府中，落落寡合。比歲司教新都，中央大學，值古學復興，譽以日隆。第生平嗜酒無度，夙患咯血。重九日持蟹買醉，縱飲不休，疾大作，三日遂以不起。本年五十壽，太炎贈聯：「韋編三絕今知命，黃絹初裁好著書」，猶懸內室也。清光緒末，儀徵劉師培光漢，夙負贍博，本其鄉前輩阮文達之說，旁及選學諸家之緒論，堅執駢韻為文，散行為筆。對於號稱文章正宗之桐城派，抨擊百端，語多有力。章氏與劉為摯友，亦睥睨姚氏古文，而追摹史漢，涉獵諸子，又不欲以詞章自限，乃追溯本源，廣為析類，於駢散之爭，多折中語。黃侃則兼考時下新體文字及於番語白話，旁通互證，視其師尤多闡發。如論雅俗之辨曰：「馳鐵道曰附軺車，乘輪船曰上番舶。苟俗間所恒用，必須易以他言。」又曰：「韓昌黎曹成王碑，剜𩋰鏺掀撇掇萊趾，不今不古，亦何為哉。」又曰：「本子史而成俗者，兄弟曰昆玉，城池曰金湯。本古語而成俗者，苛切為吹毛求疵，自欺為掩耳盜鈴。本譯語而成俗者，心行為思想，平準為金融。」綜其全意，則俗者熟也。原無定界，識解自真，故所論乃超章劉而上，固文學史中身地位之一人也。

「摟二爺」

載摟以九月三日遊於津沽，此清光宣間沉醉上林春色，以戀名妓，紅寶寶蜚聲「八大胡同」之「摟二爺」也，其兄「振大爺」則有楊翠喜之艷迹，「兄倚翠，弟偎紅」，流傳都下號二難焉。從來當國權豪，恒有濟美之賢郎，楙厥聲華，承其堂構。遠之則曹氏之丕與植，近之則袁氏之克定與克文，若奕劻之振與摟，亦可彷彿，惟文學弗逮，長者常參政治，幼者惟擅風流，參政者勢位煊赫，亦每苦於風波。載之商部尚書乘搓星使，摟固望塵莫及，而翠喜案講開缺之奏所云：「貽哀親後顧之憂，累兩聖知人之哲。」心哀語苦，亦摟所無也。奕劻權重位高，貪婪視前之軍機領袖奕訢、世鐸為特著，內外官缺有定值，部省要津有月貢，猶苦不足，每握算持籌，乙乙簿錄，若深有味乎其中。蓋少時為閒散宗室授徒為活。起自貧寒，習成吝嗇，其人實無多嗜好，不忍揮霍，惟事聚斂，學守財虜，為兒孫作馬牛耳。其存貯外國銀行六十萬，本為私蓄，甚畏人知。故一經蔣式瑆揭發，亟亟銷毀簿籍，致式瑆與西崽朋分而無如何。因思儲款外國銀行即認為違制。軍機領袖有六十萬金之可指，即可劾可查。此在亡清末路則在，若民國以後顯官大閥，封殖動逾千萬，屯積多在洋場，太半行所無事，孰得而挾持干涉之。此亦時代之進步歟。

「先生」之稱乃復古

前者中央有訓令於各地方政府飭禁封建之銜牌，階級之稱謂。此為民國應有之禁令，有識人士，罔不贊同。惟中有禁稱「老爺太太」一項，則理論為宜，而事實恐無以副之。以此為「主人」之代名，非大人大帥官稱之比，輿夫侍役若在機關學校，自有「先生」可道，若宅第自豢，則雖強其改老爺為「先生」亦斷不能出口，僕人傭媼對女主人更不能捨「太太」而稱「女士」也。吾嘗數過現代學者，德謨克拉西主義之家庭，見其僕對主，無不「老爺、太太」，設想若強之改稱「先生」，彼且疑為屏之門外矣，又昔時顯宦雖貴至卿相封疆，受群僚「宮保」、「中堂」、「大人」之尊號，其家人亦止稱「老爺」，可知「老爺」與官階無涉。欲廢「老爺」必先禁止私僕，此又事實之不可能者。民國後，衙署學校之茶役稱職教員皆「先生」，「先生」呼若輩仍曰「聽差」，或「茶房」。戊辰以還，盛行「工友」，以黨自榜之某大學尤倡導之。工友年節例得賞資，所入固不菲也。有一教員忽提議不開賞，謂賞以待下，友則平等，豈有行賞於友者乎？諸役皆驚僉曰，願得賞不願受友之待遇。此事可入笑林。

陳康祺《郎潛紀聞》述前明王弇州《觚不觚錄》云：「京師自內閣至大小九卿皆稱老先生，門生稱座主亦如之，蓋稱謂之最尊者。外省則僉憲以上，悉以此稱巡撫，若稱按部使者，則止曰先生大人而已」，是「先生」高於「大人」也。繼述王阮亭《居易錄》云：「再入京師諸部郎官以下無不稱老先生者」此為康熙己巳年事。康祺自云：「入都在同治初，老先生三字，貴賤上下滿朝無一人稱者」，蓋大人老爺已盛行矣。吾所知者光緒間京官大學士、協辦大學士稱中堂外，京堂及開坊翰林稱大人，編檢放差回者亦大人，部曹只稱老爺，御史加一「都」字為都老爺。至光緒中晚則翰林無不大人，宣統時舊衙門司官仍老爺，而新衙門則小京官亦有稱大人者。外官總督巡撫稱大帥，布政至知府稱大人，府佐及州縣稱大老爺，佐雜稱老爺。視明代清初之撫按止稱大老爺，州縣祇稱太爺迴不侔矣。民國以後，袁政府時，京官普稱先生，而書札封面多用「大人」，稱「老爺」者轉稀。其下級官員吏役，對長官稱其官職以有「長」字者為便；總長、次長、司長、局長、科長，不論何級，有「長」即尊。故參事與司長同等，然睹面可呼司長獨不能逕呼參事，則仍歸落於「先生」耳。觀弇州所錄明代以先生為尊，明史洪武於劉伯溫呼先生而不名。崇禎命大臣出師亦每尊之以先生，清時貴胄於漢大臣亦稱先生，「先生」有師保之意義，先進之風徽，自視宗法社會遺留之「老爺，太爺」為清高有味，參玩前代各書則知民國之「先生」，非創新乃復古耳。

北京舊時自王公至士庶莫不喜人稱爺，無老少貴賤，能去姓止綴數目字者，在己為豪貴，在人為逢迎，若恭王、醇王稱六爺，七爺出於優伶閹宦之口，或視「王爺」為尤悅耳也。浪漫子弟於茶坊、酒肆、娼寮、浴所，得此稱，則自詡為「有資格」。貴者以地位得之，平民則須多耗金錢，博此一聲美謚矣。若在外省官場則父曰老爺。子曰少爺，孫曰相公，直魯豫各省大抵如是。聞南京僕於主人不稱老爺而稱太爺，當另有其沿習之迹。他處亦大同而小異。惟北京只有「老爺」，不喜稱（少爺）以其太濫也。〈京華竹枝詞〉云：「輿台賤役剃頭棚，僭分相呼無可增。有母都名老太太，兒孫亦作少爺稱。」註云：（京城賤役無不自稱其母曰，我們老太太，其子曰我們少爺。稱其同業之母曰你們老太太，同業之子曰你們少爺。惟不自稱其妻曰我們太太，同業之妻曰你們太太，大是怪事。）予意此亦地上習慣使然，（少爺）雖非貴稱，尚無禁忌，而（相公）則以昔時侑酒歌郎，與當朝相國同此美號。常人上不敢同於相國，下不屑齊於歌郎，乃避而不用。除戲劇之公子如《雙獅圖》、《狀元譜》尚存（大相公）之稱外，貴人上人則曰「幾爺」，常人則曰「學生」。如携一幼孩遊行於市，路人不識為男為女，則猝然問曰此「學生」乎？抑「姑娘」乎，若在他省必問，是「相公」是「姑娘」矣。可怪者妓女慣稱姑娘，良家女亦稱姑娘，未嘗以為辱，獨於相公而深諱之，且曲為附會成詞曰「像姑」之音轉也。然則滬上妓女稱「先生」，亦可曰「仙人」之音轉乎。腐且陋矣。又如以朋友而結昆弟者文言曰「通譜」，常語曰「換帖」，俗語曰「拜把子」。「把兄弟」者，拜把子之兄弟也。「把」者香把也。江湖有所謂三把香者，第一把為左伯桃與羊角哀。第二把為劉、關、張，第三把為梁山百八好漢，一一焚香禮拜以通誠而示信也。文人不知社會典故，疑「把」字不解，強指為「拜」字音轉，易文曰「拜兄弟」，此亦可嗤之甚。天下事類萬變，要當客觀深入，若以搭截題做八股法，舞文弄墨，妄詡高雅，則魔道惑人，不可恕也。

清之御前侍衛、明之錦衣衛

北京一地，所謂風雅名流，最喜「相公堂子」，而以娼妓為卑卑不足道。八大胡同多歌郎聚處，韓家潭尤有名。庚子以後，風氣劇變，蘇妓來者漸夥，吳儂軟語，南國麗人，都中貴介見所未見，趨之若狂。而男色漸衰。司警政者復定妓業管理專條，按妓寮之高下，分級納稅，設警以保衛約束之，謂之「花捐」。蓋仿自東西列邦，而或者以為失為政之體，詩以諷之曰：「賴有皮毛全國計，誓將涓滴答皇恩」。語涉詼諧，而詞旨溫厚。又有同情於花捐之詩曰：「公私兩便妙無倫，訂立花捐即是恩。不似從前風浪惡，一逢人怒便封門。」為蘭陵憂患生〈京華竹枝詞〉之一，則歌功頌德矣。一事之微，而毀譽相反如是。古來奇人偉烈，常勞史筆紛紜，今世主義方針輒成聚訟，又何怪歟。蘭陵生原註云：「從前倡寮偶觸人怒，即展轉藉勢封門，花界畏之甚於狼虎。自納花捐，不得復作強暴之行，於公於私，可稱兩便。」案帝制時，北里之虎狼莫過於侍衛。清代之侍衛數多而級繁，有乾清門侍衛、有大門侍衛，則以當值之地之高下親疏為等差。有頭二等侍衛、花翎侍衛、藍翎侍衛，則以官資為等差。然大多為帝者起居出入壯觀瞻，其階較崇而奉差禁，近者尚有所事，若大門行走及侍衛處差遣諸員則閒散而貧苦無聊。《兒女英雄傳》於「侍衛公」之顏色枯槁，衣冠彫敝，言談猥瑣，可謂備極形容矣。昔者官員俸祿，微薄，餬口未能，遑云贍其家室。生活享用之所出，惟在中飽陋規，雖極無權責如侍衛者，亦得以勾欄為生息之地，蓋娼優隸卒向視為墮民為盜藪，羽林虎賁托言查緝，婪索而憑陵之、包庇之，其勢固甚順也。故士民百姓語及侍衛，印象至為不良，與番役、快捕一流等視矣。侍衛滿音曰「轄」，轉音為「蝦」，吳綗齋清宮詞：「中語傳宣急召蝦，乾清宮畔月籠紗。龍顏一怒娥眉死，御劍封還帶血花」，指道光時夜宿乾清召侍衛王某誅殺宮人事，此是乾清門侍衛，「蝦」之最名貴者。

　　武科甲與文場鄉會試相比並，其殿試之有三鼎進士之分甲，恩榮典禮，靡不彷彿。而文武不認同年，典武試皆文職，不以收武門生為榮，故師生之誼漠如也。先世父甲午以侍講學士為武會試副總裁，場後僅會元一人投贄請謁，餘皆不面，蓋向例如此，殿試一甲一名授頭等侍衛如文狀元之有修撰，二三名授二等侍衛若榜眼、探花之授編修，次則花翎藍翎，統名御前侍衛，亦曰武翰林，美其名而已。不盡供奉御前，猶之文翰林胥號文學侍從之臣，惟南齋少數得侍從之實也。貂褂朝珠，章服之美，文武相均。翰林有學試差，而侍衛無此榮遇，且武人以行伍出身為正途，科舉為備格，恰與文階相反。武科名不祇為文人所輕，武人亦不重之。其榜下選授侍衛，殆仿前明之授錦衣衛，然錦衣衛，雖武秩，而司緝捕兼刑名，權威視漢之執金吾，清之步軍統領有加，非侍衛之此。故明代雖重文輕武，而武科甲之身分猶勝於清時也。明洪武初置拱衛司管領校尉，後改親軍都尉府，是清代領侍衛內大臣之一類。別設儀鸞司，則似清之鑾儀衛。錦衣衛則儀鸞司之擴大，掌侍衛緝捕刑獄，其下有鎮撫司於三法司外擅法權。清乾隆論曰儀鸞管領校尉所掌，惟陳列鹵簿改為錦衣，責以緝捕刑獄，任過其職。取便一時，不復計其流弊，馴至末流，隸於東廠，遂成大患。是則侍衛雖淵源於前明之拱衛，而錦衣衛之亂法，則為清代所不許。而所謂侍衛者祇與陳列之鹵簿等量齊觀，為冷宦之尤，遂不得不向平康中求生活矣。旗籍侍衛，可作升轉之捷徑，故出路較漢侍衛特為優越。

侍衛階三品（二等者四品），一升則副都統再轉則侍郎，而尚書而大學士矣，如乾隆時佞臣和珅出身至微，初以官學生選舁御轎，一賞侍衛則數遷而為首輔。漢人文武不通升轉雖貴至提督總兵若改文職督撫，則為非常之異數，侍衛更無論焉。有劉雲會者直隸人，同治甲戌武探花（即元和陸潤庠大魁之年），以二等侍衛光緒中出為山東撫標中軍參將，至宣統末，在職二十餘年未嘗一膺專閫，然乃安之若素，以為遠勝於居京為侍衛時云。

己丑榜上之怪傑——吳獬

蔡孑民博士近執「老者不以筋力為禮之義」，陳情於所兼職各機關，一一告辭。自云：「年齡能力，即聚精會神，專治一事，猶恐不免隕越。若再散漫應付，必將一事無成。」其言明爽剴切，蓋出於至誠。溯自清光緒中葉，蔡君適冠而成進士，論少年科第，陳弢菴、朱艾卿外，當無出其右者。舊京現存諸翰林中朱為會榜齊年，夏潤枝與同殿試。若李柳溪、林貽書、孟玉雙、劉潤琴皆後輩矣。既新化之大師，亦蓬山之耆宿，兩般夙望，允矣人豪。歲月不居，古稀將屆，倦飛勇退，「汔可小休」，雄毅堅強，至竟不同流俗。觀其臚舉校董、理事、會長、社員、董監，諸銜達三十處之多。謂「其數可驚，」，洵可驚也。因思世人擁戴雋流，本非蘄其治事，大抵憑藉名位，資為號召，聲氣之濫，於今為烈，而國內事業，為虛矯誇榜之氣習所彌漫，亦從可知矣。是又深堪惋歎，而不暇為蔡君一人致其同情者也。

蔡君庚寅會試文，奧衍雄奇，而間有不可解。首題「夫子之文章，可得而聞也，（至）惟恐有聞」，其破題下句為「張督權也」四字，主試者莫能明，亦未敢斷其非是。以全文斑駁陸離，燦然動目，疑係夙學，必不妄語也。遂安然入選，得第八十一名，其時風氣惟尚淹博，縱失之怪僻，亦有知遇可期。而若己丑科吳獬之簡老奇橫，竟非時文所能有，真力彌滿，又與貌為高古者不同。且入場只携一筆一硯，不須參考搜查，而胸羅萬有，以「白戰」取功名，其腦力自異，膽力亦大有過人也。首題「子曰行夏之時，乘殷之輅，服周之冕，樂則韶舞」，其起講曰「今論治者曰育夏、甄殷、陶周，上至孕虞，何其誣也。雖然，若吾夫子固嘗削之、筆之、周之、密之、兼綜之、條貫之，斟酌而損益之。其答為邦之問曰，吾欲為萬世定禮樂久矣。」以孕育甄陶，分轄虞夏殷周，句法奇峭，實基於選學，其「削之筆之」以下整語單行，一氣貫注，字字如履危石，而力健能舉，又儼然古文名家氣息。覆總裁潘祖蔭一讀一擊節，嘆為得未曾有。至「小正外無天官書，龍旂外無輿術譜，玉藻外無冠服譜，獸舞鳳儀外無鼓吹辭」，則且讀且圈，贊嘆不絕曰扣三「之」字一「則字」，緊切無倫，觀止矣！觀止矣！於是三文一詩濃圈密點。畢，持示其他三總裁曰，此卷非「元」不可。崑岡、廖壽恒兩副考，固潘之後輩咸唯唯。正考李鴻藻曰卷極佳，可元。惟前十本例須進呈，君已大筆淋漓，此可以達御前耶?!潘始悟而悔之已無及，乃定為第十一名。受非常知遇，極盡褒嘉而反致降抑，亦可笑也。李盛鐸中第五為會魁，殿試一甲第二為榜眼，劉世安中四十餘名，殿試得探花，張建勳中三百十名鄰於榜尾，而殿試乃據龍頭。十八魁中王同愈、費念慈、李傳元、葉昌熾皆蘇人，皆成進士入翰林，掌文衡。陸鍾琦中第二十一，（其弟鍾岱同榜獲雋），周樹模中六十四，丁寶銓一百十一，余誠格二百九十九名，後皆官至巡撫，即所謂「己丑四中丞」者也。江標在七十餘名，先研甫兄二百餘名，同登館選，先後督湘學。劉若曾、毛慶蕃清季皆有名於新政。民國後久據新疆卒死非命之楊增新，亦己丑榜上人也。吳獬名位終不顯，而凡當時典試大老及齊年通籍諸人，口誦而心儀者吳獬一人而已。通場不挾片紙隻字而揮灑自如，同治以後，斯為僅見，真奇才也。

以辦學享大名之兩翰林——張百熙、蔡元培

民國以後，以辦學得名者，莫過於蔡元培，極似光緒末之張百熙。其出身詞館同，其經營大學同，其網羅時彥同，其以禮賢而獲教職員司之愛戴，以愛士而來莘莘學子之謳歌，亦無不同。惟蔡為編修時，頗不得意。張則供奉南齋累司文柄之紅翰林，然其為管學大臣也，雖奉明詔，建立大學，而實非咄嗟能舉之事。其奏議謂各省學堂開辦無幾，並無應入大學肄業之學生。惟有暫不設專門，先立預備科，另設速成科，中分師範、仕學兩館。而大學正科則期之異日。及宣統初分科開辦，而百熙之墓宿草矣，固未嘗及身一為正式大學之長，蔡則躬當北大全盛，且以舊大學迹近專門為不足，而手創「新北大」，號為文化中興之學府，其躊躇滿志，視百熙為後來居上矣。此又同而不同者也。

同治庚午湖南鄉試題文贊頌中興將相

同治庚午科，鄉舉多雋流。如直隸之張佩綸、浙江李慈銘、福建王仁堪、山東柯劭忞，後皆以文學政事知名當世。百熙亦於是科獲雋中經魁。時當大亂廓清，海宇寧謐，制科文字，一片承平雅頌之聲，說者謂之中興氣象。湖南首題曰「唐虞之際於斯為盛」三題曰「天下之民舉安」，冠冕極矣。百熙首題起講云：「今使觀揖讓征誅之局，而謂人才之師濟，亦因之軒輊於其間，其論似近於拘矣。豈知聖世萃英奇，例以往代之功名而相形見絀。興朝隆輔弼，擬以中天之運會而相得益彰。蓋超乎千古者，足徵豐鎬人文。遜於一時者不過陶姚岳牧，而帝升王降之說無庸焉」典麗矞皇，已暗合於時勢，其首比分引尚父鷹揚，召公分陝，周公畢公諸元勳偉績，而以「煥然著菁莪棫樸之麻」、「穆然見風虎雲龍之象」，分結兩股。不啻曾、胡、左、郭、羅、李諸賢之總贊。中比「想其時君為聖人，臣亦為聖人」兩語，尤為主試所激賞。惟解元陳保真之文，更出張上，故百熙名在第五，其前四名皆超超元箸也。保真一講曰「且天生帝王，即生帝王之臣以左右之，此古今人才之大局也，若夫河靈嶽秀，遭興王而象叶風雲。熙績亮工，襄二帝而歌傳喜起。後之不能相掩，實前之無以復加。而非合兩朝為一朝，未必能有加也，則衡才者宜深觀運會矣。」高揭群言，大氣包舉，當時所謂「元墨」者是也。

湖南為功臣桑梓之邦，此時此地此題此文，在主試者應試者各有其深意存焉。制舉文禁言時事，純用托月烘雲之筆。然可與《庸菴筆記》參觀。《庸菴》記，咸同間楚材之盛，引沈約宋志比之周漢開基，五星聚會，正可為上舉諸文作註腳耳。是科典湘試者臨淄王緒曾（癸亥翰林）、慈谿楊泰亨（乙丑翰林）也。

同光之間，寶鋆、沈桂芬掌翰林院，資老望重。稍次於二人者，北人則徐桐、李鴻藻，吳人則潘祖蔭、翁同龢也。百熙甲戌庶常旋留館授編修，以湘籍後進，無所依倚而兩派乃並重之。徐掌翰林院，翁管國子監，潘領南書房，各據一枝，若相鼎足。時南齋多江蘇籍，或謂潘氏喜援鄉里，乃引百熙入供奉以息人言。百熙屬筆雍容華貴，代題宸翰，擬誥冊，悉洽上意，同列胥欽其文采，聲譽漸彰，督魯學，典川試，文差之密，與狀頭陸潤庠相伯仲。然以翰林官多，坊缺少。為編修者二十年，至甲午大考，二等前列始獲升侍講，三年而至內閣學士。戊戌在粵學任以保康有為使才，政變獲處分甚微，庚子詣西安召對稱旨，歷左都御史，遂為吏部尚書。回鑾後，委以學務，而舊派多弗善其措施，未能暢所欲為，詳見羅惇融所為京師大學堂成立記事。丙午改官制，調郵傳部，復與侍郎唐紹儀意相左，嚴旨申飭，氣憤以終，時在光緒丁未之春二月，年甫逾六十耳。清帝賜祭文云：「回翔東觀，文章鍾湘水之靈。儤直南齋，風度洽　洲之望。」王儀通輓詩「西廊老供奉，略似侍延和」。以百熙舊題東坡居儋錄有「一事類公差不恨，七年供奉殿西廊」句也。綜厥生平似事業過於文章，吾則以為所表見者還以文章為最。

張氏弟子每歲四月六日，為設生辰祭於宣南之嶽雲別業，迄二十餘而不替，吾嘗被邀參與，見壁間張貼所致王書衡手書纍纍數十紙，多不歉於榮慶——（函中云某公）詞意憂傷，其門人有所記，亦無不詆榮。榮固以守舊著稱，於派遣留學、練兵、立憲，俱持異議。然彼本旗人，為清室計，侃侃而談，無所矯飾，又此數端實於清室命運有關。正如胡思敬之以致貧致亂致亡流涕極陳，詞雖魯直，所謂「各為其主」，苟持客觀，亦自不容苛責。榮氏輓百熙云：「負韓歐偉望，輸文富大年，天不慭遺斯世痛。鍾湘嶽靈奇，蘊蘭荃忠愛，魂兮歸去楚江寒。」詞旨溫馨，固不若唐紹儀之露骨也。唐聯：「好我同車，太息藺廉成往事。斷金攻錯，誰知韓范本交親。」句法老當，傳係粵中某太史代為之。餘人大抵頌其辦學從政之勳績，泛泛稱揚。惟張亨嘉云：「有橫草之志，不握疆符。有造群之謀，不與枚卜。時艱孔亟，安危屬望更何人」則指其缺憾較有意致。而趙啟霖一聯尤佳曰：「宏獎見公之大，汎愛或偶見公之疎，脫去町畦歸磊落。熱心為世所欽，歉忱亦當為世所諒，艱難時事有欷歔。」「宏獎」、「汎愛」兩語，春秋筆也。

羅惇曧著《賓退隨筆》云，張官翰林時，遊圓明園，有道光時小使董監言，宣宗出獵，射一蒼狐，倏忽間化為女子，旋失去，今已來復仇，將亡清祚，諸公常禮拜之。蓋指那拉后也。吳士鑑〈清宮詞〉云「納蘭一部首殲誅，婚媾仇讎筮脫狐。二百年來成倚伏，兩朝妃后姪從姑」註云：「入關以前與葉赫納蘭部以爭婚姻，滅其部落，納蘭即那拉也。慈禧隆裕為姑姪，即有清末代之慎終者。」而百熙亦有詩云：「斷瓦黃金殿，荒垣碧玉墀。即今遊歷處，想見治平時。積兩宮花萎，寒烟苑草滋。內監頭白盡，流涕說興衰。」即指董監語蒼狐事，然吳作尚係清亡以後憑弔之詞，而百熙則當光緒初葉，清室未衰，已預測其運祚之無常矣。則所謂「忠勤匪懈」——瞿鴻禨輓句——「報國心長」——陸寶忠輓句——亦姑如是云云耳。

葉恭綽撰陳璧墓誌正誤

陳璧者百熙特舉賢才之首選也。宣統初為郵傳部尚書，御史謝遠涵（字鏡虛，江西人乙未翰林。）劾其貪墨革職，時人頗以百熙無知人鑑，往日之所謂賢者未必賢而愛士亦祇近名，可於陳氏徵之。予意此則又當別論，陳璧以御史疊晉順天府尹，當庚子外兵據京之日，折衝綏定，亦擅能者之名。其官戶郵兩部，於財政交通，銳意振興，尚非漫無表見。而身處膏腴，行賄好貨亦當日奔走慶袁公司之通病。百熙稱其才，遠涵斥其行，各有所是。局外人平心論事，參覽而並存之可也。璧自罷官，蟄居都下。辛亥以還，歷袁、徐、馮、段各任，未嘗營謀再起，有足多者。民元二間，其姪某突為人謀死，屍投後園古井中。案發，璧以嫌疑逮至法庭，歷數審始得僕人董升與姬侍合謀狀，置董升於法。璧得無罪而已，狼狽甚矣。又十餘年戊辰春，病歿舊京，年七十七。家人屬其舊吏葉恭綽表其墓，則縷縷稱述功德。為御史則鯁直敢言，任京兆則百廢具舉，貳戶部則殫心國計，長郵傳則累挽利權。幾於鞠躬盡瘁，毫髮無憾，若古之社稷臣者，璧何足以當之哉。然亦有數端可資徵信，如京漢路之贖回，幣制之整理，自不失為「有績可書」。然其丁未夏日銜命出巡，至福州劾罷船政提調高陵漢。謂其充督署文案，招權納賄，詞連將軍，兼署總督崇善，無所顧忌。閩海關向屬將軍，太半中飽，璧盡發其覆請移歸總督兼管，切實整頓，此兩事皆不辭勞怨，開罪旗員。自庚子後累遣大員，勘查長江各省度支，如鐵良、如剛毅皆滿人，璧乃以漢臣專其事。能著風厲，實堪特筆，而誌中乃闕而不錄何耶？又恭綽所敘光緒三年進士，中書部曹御史，至尚書各階皆無誤。惟云。「內閣中書十五年任湖北鄉試正考官十九年，任貴州鄉試副考官得人稱盛。尋遷宗人府主事禮部員外郎」，則未盡碻。璧於己丑以中書為湖北正考，而翰林院編修華輝副之。中書雖從七品且非翰林，然內閣衙門序次，則在翰林院之前，故中書為正，編修為副。其癸巳年典試貴州，璧已升禮部員外，員外雖五品，而依憲綱，則翰林恒在部屬之前，修撰劉福姚為正而陳璧又只能為副矣。今觀恭綽所敘，似兩次皆以中書出差，而後遷郎署，是乃失考，故正之。

丙戌假會元劉培

盱眙王伯恭（戊子舉人，原名儀鄭，後避宣統之「儀」改以字行）著《蜷廬隨筆》，間有舛誤，如文廷式，以甲午大考晉秩，誤為壬辰，侍讀學士從四品誤為正四品——（升正四品，係清末光宣間事，因少詹已裁缺，翰林官升階無正四品故。）皆須訂正。而多載舊聞，有裨史識，固不失為掌故家言。如述光緒丙戌會試云，其友劉丹庭入闈，鄰號有樂亭劉培者倩捉刀，潤筆頗巨，欣然允之。比榜發，丹庭高中而劉培元竟得會元。及覆試培居榜末。一時紛紛巷議，禁中亦有所聞。殿試時有旨，著劉培在後殿應試，竟又夤緣監場王大臣傳遞。朝考引見以中書用。所費先後二十萬金。時人作聯嘲之云「三場文字，本屬無憑，所奇者忽而榜首，忽而榜尾。八旗眼光，已經有限，又添了一個老東，一個老西」，王君原註「是科總裁除旗員二人外，一為山東孫毓汶，一為山西祁世長」，予案旗員二人一為正考官錫珍，一為嵩申，皆戊辰翰林，毓汶雖亦副考而年輩最先，劉培之會元實毓汶所定。其「中庸不可能也」題之，起講曰：「且人同此性，即同是道。而道之至正者，亦勉之以能而已。勉以能而始見其易者，繼見其難。亦勉以能而繼見其難者，終見其易。易者其理，而難者其功，不勉其功而易者轉難。反不若偏至之行，尚有難而忽易之一時焉。甚矣，至正之詣，固非一蹴幾也。」扣「不可能」三字，曲折奧衍，大氣盤旋，固是冠軍局度，亦當時傳誦之雄文，而不虞其出之庖代也。是科所取士如馮夢華煦、秦右衡樹聲、彭向青述、徐菊人世昌、柯鳳孫劭忞、吳子修慶坻、陳伯潛三立胥以文章政事著譽名場。獨此鰲頭高拱之劉公，無臭無聲，寂焉終古。不知今日大年高隱之水竹村人，舊夢依稀，尚有名元片影否。

「狀元命」張孝若

月前孫念希置酒慶林春，介紹賴君贊忱、劉君潤琴相見。潤琴以疾不至，客言其好為竹戲而舉手輒發顫，皓首蒼顏，此末科之狀元亦衰老矣。固念希及先三兄龢甫壬寅鄉榜同歲生也。或問予見狀元當作雋談，答曰，無他，第須一詢生平經過幾許磨難耳。向聞人言狀元皆文曲星降凡，故其命運最名貴，亦最危險。世俗語及難得而奇獲之事輒曰有「狀元命」，而狀元之命運，又恒以生命為代價，累經生死存亡千鈞一髮而終能逢凶化吉，其命足以招魔鬼之妒。魔鬼卒無如之何，而狀元之（命大）益昭昭焉。戲劇中瓊林宴之范仲禹，其失妻喪子，瘋狂顛沛，恐怖固不當作悲情觀，乃狀元必經之階段。正如《西遊記》唐玄奘成佛，須經八十一難，所謂大難不死，必有後福是也。昔桐鄉嚴辰著〈感舊懷人詩〉內徐頌閣（名郙，壬戌狀元）詩：「兩冠蓬山命不支，如君三試冠彤墀。金甌唾手何須問，憶否滄浪蹈險時。」原註云：「癸亥冬日，出都始識公津門，遂同坐五雲運輪船南返，將抵申江夜半忽有輪紅之變，一炸則全船將為齏粉，時諸客皆睡熟。余急呼公起告以故，公方奉母在船，急問計將安出。余笑謂無他計，惟念舟中客以閣下為最貴，速往船頭，稽首求天而已。公唯唯否否。余因自出跪船頭禱曰，嚴某願殺身報國，不可使我死於無名之地，公聞之亦稱壯哉斯言。幸紅輪為洋人皮條引水灌滅得無恙。」是「嘉定相國」亦曾九死一生矣。又癸卯狀元王壽彭曾於旅舍遇鬼，於途中遇盜，魯人有津津樂道者，頗疑其為神經事實，惜未嘗面壽彭而叩之也。前歲長城戰亟，北平之上空，疊見飛機威脅，市民倉皇亟避，有鎮靜者笑曰，居民二百萬，即使炸彈落地，必有「狀元命」者乃足以當之，庸庸者何太自負耶。又聞航空頭獎落於某地某人，則有嘖嘖稱羨者曰，此必「狀元命」也。故知「狀元命」有兩解，命運之命，生命之命，兩者又互為倚伏，此流俗一般之信念也。

狀元不止場前須經磨折，即臨場亦有所謂「意外得全」之幸運。《蜷廬》記張謇甲午殿試交卷倥偬，有空白一格，係錯字挖補後，竟忘填寫。幸收卷官為黃思永——（江寧人，庚辰狀元）——係鄉前輩，又舊識，有意成全，代補足之。又張卷一「恩」字誤作「單檯」，黃為加一「聖」字，始免於違式，否則三甲末矣。蘇人相傳陸潤庠甲戌殿試亦漏一字，陳寶琛收卷，為之填補，遂大魁。陸於宣統就學，援陳為帝師，報其德也。又傳壬戌徐郙屆收卷時尚未畢事。某監試官特為寬限，丁丑王仁堪對策，日暮昏黑，尚有數行未寫，某王燃紙捻代燭，始得終場。由此觀之，「狀元郎」非「幸運兒」之代名乎。

張孝若，南通狀元之賢郎也。近在滬濱忽為舊僕吳姓刺殺，其事甚怪，南北報紙紛載而探討之。僉曰僕求加工資不允，其子在大達輪船公司，職卑薪薄，因以挾恨。惟以此為殺機所自，殊不近情。夫張氏豢伊父子有年矣，小有不愜，輒以怨報德，是直梟獍，豈復人理哉？已而有傳其事涉帷簿者，又有云關係宗嗣者，語莫能詳，知亦不肯盡言也。推張謇在日，雖怡情聲色而嗣續不廣，於此子極憐愛之。孝若幼肄業青島大學，曾於病後寄小影於父。其子報之以詩曰：「自兒偶告病，宵旦常不懌。見兒復書來，題封灑濃墨。開緘目頓明，歡欣見顏色。黑映巾領齊，（原註兒西裝），白處見肌澤。訊云兒已癒，飯量復平昔。寒止藥亦停，寄象暖父臆。又得一日假，六日課未息。念兒遠羈旅，喜兒曉自克。父年十四時，旅學去親側。既傷貧賤驅，行腳荷天職。棲棲四十年，在家祇如客。每懷庭闈間，常痛屺岵涉。兒今遠求學，義亦留不得。世亂況未瘥，非學何所殖。

將成禮義軀，次鍊智勇魄。擲兒入海中，苦去戰冰孽。待兒成學歸，為父語所歷。置象在行笥，欲見輒披覩。海島多鹹風，兒面得無黑。」非祇情文斐茂，其家庭身世俯仰追摩，蓋有不能自已者。父以貧家子，少時艱苦備嘗。而中年以迄晚歲，享大名，逾稀壽全福考終，是殆所謂殷憂啟聖者乎。子則席豐履厚，恬適豪華。「四公子」中，門望稱最。此其所以傾動觀聽為世豔羨，視昔通州三傑，又何多讓焉。乃海上優遊，變生不測，罹此鞠凶，年裁三十有八，何端肇衅，終莫能明。多藏厚亡，古有明誡，然則富家郎果非福耶。四公子者張孝若、張漢卿、盧小嘉，其餘一人或云段氏，或云孫氏，似以段氏氣類為近也云。

考試懷挾之禁，時有不同

邇日北平各報詳載高等考試之盛況，宛然曩昔秋風鎖院之舊觀。處蕭市嚴疆，風聲鶴唳中。恍睹昇平，曷勝欣慨。昔清咸同間，內憂外患，環迫紛乘，而科歲掄才，猶能相機興舉。甲子金陵既下，曾文正首戢貢院，請簡考官，李文忠修築學校，廣集生徒，以為振士氣而定民心，當務之急，莫逾於此。今者大河以北，滿目荊榛，奚止四郊多壘。居然偃武修文，不失從容之度。苞桑維繫，其在茲乎。頗聞監試森嚴，以犯規扣考者不一而足。有老叟藏小冊袖中覆以巾，俯首竊窺，卒被搜去。踉蹌扶出，掩涕徬徨。見者哀之，莫能助也。按考試以驗所學之豐歉，非為抄襲，故懷挾之禁，在所必申。而法令之寬嚴，關防之疏密，亦往往因人而異，時有不同。王伯恭《蜷廬隨筆》云：「光緒以來，極重樸學，鄉會試第三場策問，自順天直隸兩省外，咸以實對為能，然皆携帶書籍入場，從無白戰者。吳縣潘伯寅尚書，尤以實策為取士之學。余嘗問公，此皆抄襲也，何為獨重此選？公曰吾正欲看其抄襲耳，凡作家所抄，必與庸俗不同。因又問公帶書，當以何等為善？公曰此正難定，惟以平時用功者為妙，若素昧平生，雖多無益。」善哉言乎，亦遠識，亦名論，非只達人雅度故為寬仁已也。吾嘗謂人才之試，非幼童記誦之科，要在覘其心得，期有發揮。天資穎特長於創獲之士，恆能觀其大略，鈎玄提要，融會貫通，卓然有以自見。使臨文之際，跼蹐難安，意無片紙隻字可供參佐，徒耗腦力於苦憶強記，懍懍於條文字句之間，心志已靡，所言自不能暢，純為機械，亦何取焉。吾近年謬膺各校文史講席，遇各項考試出題，不敢輕用問答體，責以實對。其必須具體答案者，則事前亦略為提要，寬予構想之地，祇須「言之有物」斐然可觀，雖校中當局累戒「勿示範圍，務從嚴格」，不顧也。以吾為學生時，即不肯專於記誦，而考試時亦決不至以空泛塞責。吾自身不願為嚴條所苦，而一旦易地以處，遽以己所不欲者施之後進，為良心所不許，故不為也。

潘文勤之名言「正欲看其鈔胥」

有清一代順、康、雍三朝，科場大獄迭興，眾懷危懼，肅殺之氣，充溢重闈。乾隆六十年中，累申夾帶之禁，士子懷挾，監試御史疏縱胥交部治罪。而搜檢員役，乃故為苛虐邀功，其弊益滋。嘉慶十三年諭士子進場以前，先將捕役嚴搜畢分派各門供役。捕役有意栽害者加等治罪。道光六年諭謂：「科場條禁，首嚴懷挾，誠以始進不正，則士習不端。弊竇不清，則真才不出。於掄才大有關繫。鄉會試搜檢王大臣與各省督撫，自宜認真釐剔。以期拔取人才。乃近年各省學政，尚有查出夾帶生童交提調懲辦者。至鄉會試屆期搜檢，並不認真。率以三場無弊。一奏了事，祇成具文。不肖士子竟有抄錄成文，僥倖中式者。掄才大典，與其黜革於後，孰若剔弊於先。嗣後鄉會試搜檢王大臣及各直省監臨等，務須破除情面，嚴剔弊端，認真辦理。查照定例，不許携帶片紙隻字，一經搜出，立予褫革照例嚴懲，庶足以杜倖進而裨文治。」，可知清初禁令至嘉道間而已弛，故以嚴旨重申之。終道光之世，無携書稿入闈者，先祖父以丁未成進士躬逢其盛。咸豐建元辛亥以後，劫羅紅羊，全國鼎沸，兵戈滿地，道路鮮通，邊省人至京者尤寥落，每值春秋闈，號舍虛其大半，只蘄有人入場，不復求全苛索。同治以少帝臨宇，兩宮太后執權，又當髮捻擾攘，務為寬大，以施籠絡，故於監臨知貢舉請訓輒曰勤慎當差，不須多事。使天下英雄入彀，實綏靖之上策，疎其防範，良有以也。庚午順天鄉試解元李璜綸，首以錄舊自行檢舉，魁墨中因磨勘罷黜者又數人焉。然寧可於試後嚴其爬剔，場中仍不禁帶書。大抵頭場四書文必須自撰。第三場對策，則無往而非，「文抄公」，即其所抄，驗其所學，亦事在人為耳。光緒中葉科舉人才，多以淹博著名，而寸晷風簷，大半左圖右史，其赤手空拳奪錦標如己丑之吳獬者，蓋鳳毛麟角，不可多見矣。

滿人之科場大獄及以文字獲罪者

記前代科場案或文字獄者，備舉漢人受禍諸事，而於滿人獲罪則缺而弗書，揆之史家紀實之例，似有未宜。滿人未嘗無詩文干咎者，如乾隆時盛京禮部侍郎世臣集中「霜侵鬢杇嘆途窮」及「秋色招人懶上朝」。「半輪明月西沉夜，應照長安爾我家」等句。諭以卿貳崇階有何窮途之歎，盛京為豐沛舊鄉，不應忘本，嚴旨斥革。而漢人之以著作被訐，釋置不問者亦每每有之。如湖南巡撫富勒渾奏生員陳安兆妄著天學疑思辨，中庸理事斷，語多悖謬。諭云不過村學究識見窳淺，詩稿中閒有牢騷語，實非謗訕國家肆詆朝政，於此加以吹求，恐開告訐之漸，富勒渾著傳旨申飭。又江西巡撫胡寶瑔奏主事余騰蛟詩詞狂悖，請旨正法。諭云各稿多蹈舊人惡調語句，不得謂之誹謗悖逆。若吹毛求疵，置之重辟不獨無以服其心，即凡為詩者必至不敢措一語矣。此兩事皆能息事寧人，不失為「有長可錄」。又二十三年順天有滿州蒙古童生鬧場一案，海成以倡議處斬，附和及搜出懷挾之羅保和安，烏爾希蘇充發拉林留京披甲者四十餘眾，教授旺衍亦遣往熱河，處置不為不重，罪譴不為不多，皆旗人也，故為摘要錄存，以昭平實。

《春冰室野乘》、《清代野記》、《清代軼聞》、《滿清稗史》諸書所載旗人不通文，不識字，笑柄不一而足，覽之破涕。然十室有忠信，十步有芳草，滿蒙同化中原以後，儘多學者名流，亦未可一概而論也。即清之晚季而論，倭良峰之理學，聯仙蘅之正誼，盛伯熙、寶竹坡之風雅，胥為當世所推重。近於酒舍中見載濤所書楹帖，學成親王筆力堅凝，結構嚴整，方之翰林臺閣諸公，亦自不遑多讓。濤字野雲，老醇王之七子，宣統時為軍諮大臣，頗重漢族，不私旗誼，如哈漢章、王廷楨等皆得其提挈，亦能砥礪廉隅，超然於慶袁公司以外，有足多者。沃丘《名人傳》謂其從旗籍賢士良弼教，絕餽遺，惠兵士，故所至未嘗納門包，索珍異。校閱陸軍賞賚優渥，接士卒以禮貌。過奉天時錫良規戒親貴危言激論，則拱手以聽。後良以得罪劻澤予告，濤尚薦其端方可授讓帝讀。雷震春授江北提督，入謁餽千金，立奏劾褫職。清末王公賄賂不入者惟濤與善耆兩人，而其兄載洵出洋歸過長春，向錫良索賄十萬，嗣復南下考察軍港納賄尤富。是則一薰一蕕，截然異趣，親貴與親貴，亦自不同矣。

陳弢菴、寶竹坡

黃秋岳兄清時同讀書北大，比年復共執役《京報》，於文藝戲曲之事，多所商榷。近為行政院秘書，簿書鞅掌，猶自不拋結習，廣致珍聞。著《花隨人聖菴摭憶》筆致清妍，多有闡發。記陳弢菴致張南皮一箋云：「更生乃忽自污，以快讒慝令人憤懣欲死。譴責固所應得，然其數年來忠讜之言，隱裨朝局亦中外所知也，當不為一眚所掩，既不蒙曲宥，若久於廢棄，恐亦難饜人心。侍與之同年，蹤跡又密，欲論其事則涉阿好黨護之嫌，望微言輕，亦恐難回天聽，閱鈔復徬徨數晝夜矣，公能為大局一言乎。」此為寶竹坡自劾罷官，冀南皮為之乞恩復用（時張為晉撫，陳以督贛學）。清流中，交最深亦物傷其類也。竹坡納江山船女事，《春冰室》、

《清代軼聞》諸書各有所記。而竹坡有手致夏伯定一書自書心哀，語多含蘊，昔年吾在北大所錄存者，外間似尚不多見。書曰：「僕於足下懷欲言久矣。有所欲言而不忍言復赧於言，赧於言終不敢不言，慮足下不知隱衷而他有所疑，且慮足下誤聞他人言而誤信，則僕之自怨自悔不得已不得白之隱衷，將終此世不能白於足下。夫此衷不白於天下後世猶可也，不白於足下不可也，天下後世未必有真知己，而足下乃真知己也。足下嚴氣正性，僕所最喜亦最憚。去歲相見，頗欲略申衷曲，赧赧難出諸口，別後諸事瓦裂，一敗塗地，忌恨者笑罵不一而足，而僕皆不以為意，捫心自問，惟覺上難對朝廷，下難對足下耳。僕乖謬疏狂，上負天恩，下孤眾望，貽笑天下，得罪後世，然僕四十四歲矣，閱歷亦不為不久矣。縱結習不盡，亦豈若少年場，沈溺不能自解乎！吁可為知者道，難為俗人言也。抱此不得已不能白之隱衷，無由告語，當時如此，後世可知。甚矣人之不可失足也。夙與足下心性相契，非凡通家比。足下志大力堅為今世豪傑，日後出處不可知，其為傳人必矣。茲不顧恥笑，傾懷相告，俾足下詳悉當日情事，知僕所以悍然為此不顧之由，則僕不得已不能白之隱衷，既白於足下，庶由此得白於後世，不至萬古罪人。若夫當今天下則不必求白，縱求白亦徒勞而不信，或且增辱。蓋忌而恨者多也。」語摯而氣雄，鬱勃蒼涼，便與司馬子長〈報任少卿書〉，同一韻致。又〈寄夏伯定墓廬歲詩〉云：「閉戶荒廬歲再周，壯懷銷盡賸窮愁。石頑敢望媧重鍊，天遠焉知杞獨憂。大海風濤何日息，空山著作幾時休。真儒豈忘安攘事，泉石爭容久自由。」、「莊泉廬墓幾經春，血染麻衣泣路人。豈願有名稱孝子，可憐無福作忠臣。三年水旱同枯骨，四海仇　盡比隣。差幸時平兵漸弭，窮途猶得保閒身」，亢臧之氣，激越之音，使人不忍卒讀。伯定名震武，即竹坡癸酉典試兩浙所得士。諸及門中投分最深，以氣節自負亦相類。又嘗以程朱之學相切磋，師弟函札往還，辯論身心性命之理，累累數千言而不倦。震武之弟鼎武序竹坡遺文曰：「侍郎以帝室英胄，早舉甲科入詞林，居官清廉。甚始也亦未嘗不以白蘇為風流，稽阮為通達，放意於詩酒，寓情於聲色。然考其大節處而事父則誠孝，至性動鄉里，出而立朝，則直言極諫聞海內。無愧屈原劉向之忠，陶潛之介。」此數語平情立論，信足以盡竹坡之生平，作為「蓋棺論定」可也。——（竹坡即曾孟樸所著《孽海花》小說中之祝寶廷）。

張香濤　康長素　梁節菴

秋岳又云於曹纕蘅處，獲睹梁節菴上張南皮推重南海兩書，為張康沆瀣一氣之鐵證。一曰：「長素健談，可以終日相對。計每日午後案牘少清，早飯共食，使之發揮中西之學；近時士夫之論，使人心開。」一曰：「長素於世俗應酬，全不理會，不必區區於招飲。鼎芬亦可先道尊意與近事，渠必樂從，如可行今日先辦。或欲聞禪理兼約禮卿，使之各樹一義。粲花妙論，人人解頤。連日皆如此，康蒯二子深相契合，兩賓相對，可以釋憂。」是則南皮於南海固嘗倒屣以迎，上賓相待矣。然其後五年著〈勸告留學生〉文，歷舉清代深仁厚澤，及革命禍國之有害無利而結之曰：「嗟爾康梁，慎毋猶太我中華也！」。胡地胡天，已不免於失據，以康梁為革命首領，更復昧於外情，真是不知所云，至足笑也。王伯恭自述服官湖北親見一事，即戊戌變法之前，梁啟超過武昌投謁，張命開中門及暖閣迎之，且問巡捕官曰可鳴礮否？巡捕以「恐駭聽聞」對，乃已。是時已有康梁柄國之消息，香翁特預媚之。吾覽王氏隨筆至此頗覺其言太過，今以梁鼎芬書「不必區區招飲」，及「先道尊意」諸語證之，則對啟超之逾格優崇，或竟實有其事矣。王湘綺曰孝達佳人，惜熱中耳。此所謂老吏斷獄。要言不煩，然細思之，清流黨無不身名俱敗，惟張得全終始，詎非善觀風色，轉捩輕靈之效歟。鼎芬以編修劾李合肥罷黜，從張於鄂，得其提携，初官武昌府，省政一以諮之，權壓兩司，有「第二制台」之目，薦升按察，勢尤烜赫，非止兩湖官吏，即京外大僚亦莫不知張梁二人之交。己酉南皮卒於位，鼎芬輓云：「老臣白髮，痛矣騎箕，整頓乾坤事粗了。滿眼蒼生，淒然流涕，徘徊門館我如何。」又：「甲申之捷，庚子之電，戰功先識孰能齊，艱苦一生，臨沒猶聞忠諫語；無邪在粵，正學在湖，講道論心惟我久，淒涼廿載，懷知那有淚乾時」，情深語至，心骨悲酸——（後聯有傳為王闓運作者，誤）雖先生武侯魚水腹心，亦何以過，然據秋岳云：張恨梁氏為端方運動督鄂，曾於讀史絕句中著李商隱一首以詬之。曰：「芙蕖霧夕樂新知，牛李裴回史有詞，未卜郎君行馬貴，復賢應笑義山癡。」義山詩：「霧夕詠芙蕖，何郎得意初。」南皮於此著「新知」二字，即言梁與端相結納。是當在南皮入覲，端以鄂撫兼權督篆之際。及張還鄂任，遇梁殊薄，鼎芬漸沮，求幕府緩頰，久之始已，此事未經人道，世情險巇，旦夕風雲，信不可測矣。而在宦海炎涼，習為風氣，則又不足怪。相傳張入京過保時，袁世凱盛設以迎，俯首受教。張乃顧藩司楊士驤絮絮話詞館舊事，於袁落落無多言。席終張去。袁顧楊曰香帥於君垂青若此，何不請其設法移官湖北！楊踧踖不能對一詞。夫以袁楊之綢繆固結，而小有不快，遽兆仳離，方之張梁恩怨，亦可云大略相同。又岑春蓂為鄂臬忽電傳朝命，越次超署貴州巡撫。張以非己所保薦，故作不知，於臬司及所兼領各差，概不派員接替。行文仍用扎，呼以「該升司」，岑不得交卸，惶慮百端，挽人疏通，始得釋然赴任。此亦足見張之猜忌，而梁張交惡之非虛矣。惟秋岳所記亦間有小誤，如云：「南皮先曾保康梁為之廷譽甚力，及戊戌變起，乃亟亟印《勸學篇》以自明。」案政變在八月，《勸學篇》於三月即由兩湖書院刊行。六月由侍講黃紹箕上翰林院代奏進呈，得旨由軍機處頒發各省督撫學政廣為刊布，時新政風行，康梁方嚮用也。各篇於康梁亦無顯斥語，惟序中「恢詭傾危亂名改作之流，雜出其說以蕩眾心」，似有所指，或者已料危機，預留退步歟。

與銅元有關係之兩閩人——陳衍——陳璧

我國貨幣，歷史悠長，形質百變，清沿前朝之舊，通用銅幣，刊諸朝年號，名曰制錢。至光緒末，行新式銅元而幣制生一大變。人知作俑於湖北，及閱《蜷盧隨筆》，則於督幕中創議者閩人陳衍也。王蜷盧記「張文襄」序目下，末節云：「福州陳石遺孝廉衍，詩才清俊。庚寅之秋與余同在上海製造局，後又與余在張文襄幕府，時正苦庫儲匱乏。石遺建議改鑄當十銅元，謂二錢之半，可得八錢之利。余謂此病民之策，何異飲鴆救渴，決不可為，君他日亦必自受其害。石遺搖首不答，文襄欣然從之。未幾，各省紛紛效尤。民生自此益蹙，災害並至。」真仁言藹如，陳氏之肉，豈足食乎。葉恭綽撰〈陳璧墓誌〉云：「先是各省不明圜法，競鑄銅元牟利，設局至二十二所。錢貨充斥，物價騰踊，商民苦之。得旨命公考覈，周歷七省，主留七局，餘並勒停。且追革侵款二道員，海內肅然，切齒者亦眾。然所奏訂整理幣制辦法十六條，主統一鑄模，劃定成色、重量，限鑄額、訂價值，化畛域以暢流通，定簿記以嚴考核，並力陳金本位既未易驟行，應急造新銀幣，以銅幣為輔，限制鑄數以維法價，均與貨幣原則相合，至今無以易其說。」由此觀之，官僚之慮事精詳，竟非處士虛聲所能及。彼陳衍者以「二錢可得八錢之利」之淺見，輕發難端，書生誤人家國，妄談天下大抵如是，洵可羞也。二陳皆閩人，皆與銅元有歷史關係，又同姓，亦奇。

孫傳芳——施從濱——張宗昌

自陸承武刃徐又錚於廊坊，鄭繼成誅張宗昌於歷下，而軍閥黷武嗜殺之因果大彰。顧事機一發莫遏，循環報復，乃泊泊其來，頃者孫傳芳又以遇狙聞矣。擊之者為一婦人名曰「施施劍翹」，為故魯軍將領施從濱女，夫家亦施姓。其毅然出此，為由陸鄭前番之暗示無疑。若傳芳之殺從濱則在民十四年乙丑之冬，蓋張宗昌與孫軍大戰徐蚌間事也。從濱於其鄉人鄭士琦督魯時，即統軍於濟南，本非宗昌舊部而為張氏効死，孫與施非夙仇既已俘獲，復使畢命軍前，亦事之不可解者。孫氏年來息影津沽，忽稱皈依釋氏，恆僧服持念珠，宣佛號，與客周旋，自云，入道已深，曾親見觀世音大士，復與靳雲鵬主持居士林佛教會，自號「智圓」，儼然彼岸中人矣。詎意變生肘腋，一刹那間，遽歸淨土耶。聞之大雄氏言，色相本空，死生一體，如此解脫，當無歉然。獨念世之大僚巨閥，方其權威薰灼，意氣飛揚，但求一將功成，何吝身枯萬骨。及事敗運頹，乃稽首空王，侈言徹悟，未嘗不藉「放刀成佛」以自解，不思屠刀在手，自動拋除，始可言「放」，若至潰竄蕭條，窮無復之，則「刀」已無存，「放」於何有。佛門雖大，豈為逃亡者開方便乎！聞張宗昌壬申歲自大連歸寓舊都石老娘胡同，設淨室陳列趙雲、關羽、岳飛、周遇吉之神位，昕夕禮拜，以為所依奉者在是，雖迹近庚子年張團頭之「大師兄」，猶不失武夫本色耳。

孫氏初從王占元於鄂，繼為吳佩孚所眷，每與提携。壬戌夏，直軍既逐奉軍出關，復圖去徐世昌。孫氏首發通電，主召集舊國會，世昌乃知直系不復相容。交印於周自齊攝政，下野去津，政局遽變，孫亦由此知名。黎曹之際迴翔八閩，聲勢漸張。甲子東南之役，受曹吳命移師攻浙驅盧，賴有浙警察廳長夏超為內應，得一舉而入杭州。乙丑討奉遂據江蘇，稱五省聯軍總司令，盛極一時，自謂羽毛已豐，不為人下。丙寅吳佩孚與北伐軍大戰於鄂，乞援之電，日數至而不一應。及吳氏覆敗，乃出師九江，而其勢已孤，戰無一勝，屬地淪亡，復投庇於張作霖，更與張宗昌相依倚。毀名降志，卒無以自振。綜其一生，始以敏邁勝人，終以巧捷取敗，其密電宋梅村斬夏超於失柄以後，亦太不仁，適成其為亂世英雄而已。

李文忠之文學

王一之夫人李小可女士，久居海外，於荷蘭得李文忠手寫即事詩一絕句附以短跋，極饒意趣，允可珍也。詩曰：「出入承明五十年。忽來海外地行仙。盛筵高會娛絲竹。千歲燈花喜報傳。」跋曰：「荷蘭多文學，奉使過此。官紳召飲北海海濱。張樂放燈，花中現有千歲李某五字，可謂善頌禱矣。詩以紀之。光緒二十二年五月二十五日即西曆一千八百九十六年七月五日李鴻章。」語氣疏落，書法蒼渾，想見此老大地壯遊之樂。然細玩「出入承明」兩句，似亦略見牢愁。蓋其時當甲午戰敗之後，北洋開缺，如魚失水，雖持節使歐，實已飄萍斷梗，返顧淒涼。其所謂樂，非真樂也。《春冰室野乘》云「丁酉歲暮，俄使忽以書來求見，公批牘尾曰：准於明日候晤。時南海張樵野侍郎在座，視之愕然曰：明日歲除矣。師尚有暇晷，會晤外人乎。俄使亦無大事，不過攬局耳，不如謝卻之。公慨然曰，君輩眷屬皆在此，兒女姬妾，團圓情話，守歲迎新，惟老夫蕭然一身，枯坐無俚。不如招三數洋人，與之嬉笑怒罵，此亦消遣之一法耳。明日君輩可無庸來署，老夫一人當之可矣。其侘傺如此。」此亦善於寫狀文忠者。又傳李有明光寺題壁云：「卅年牛馬走風塵，浩劫茫茫賸此身。杯酒借澆胸塊壘，枕戈試放膽輪囷。愁彈短鋏成何事，力挽狂瀾定有人。綠鬢漸凋旄節落，關山徙倚獨傷神。巢湖看盡又洪湖，樂土東南此一隅。我是無家失群雁，誰能有屋穩棲烏。袖携淮海新詩卷，歸放烟波舊釣徒。徧地槁苗待霖語，閒雲欲去又踟躕。」語氣闊大，第未審何年所作。《庸盦筆記》「談相」一則內云：「合肥傅相肅毅伯李公長身鶴立瞻矚高遠，胸無城府，人謂似仙鶴之相。」蓋人如其文，文亦如其人也。

文忠出身翰林，位至爵相而以未得衡文為生平恨事，梁任公謂蓋世勳名，猶睠睠於此，若甚可詫。此乃彼時風氣使然。翰林不衡文，則失其所以為翰林矣。清代筆記云：「文忠口無擇言不能為諱。光緒改元恩科，順天鄉試適文忠因事入覲，公事畢已請訓辭行矣。因榜期在邇，遂勾留數日以候之。屆期文忠於賢良寺設筵邀同鄉顯貴數人，秉燭通宵以候報，至天明無一來者，遣人至順天府閱榜，安徽竟無一人。文忠頗怏怏，即大言曰：『咸豐戊午北闈不中吾皖一人，鬧出柏中堂大案，不要今年又鬧笑話罷』，即登輿出城而去。」此節亦屬可信，讀書人念茲在茲，所視為榮辱者且不限於本身焉。

孫鏘鳴學士

道光丁未榜翰林升遷速而差運紅者首推徐樹銘，次則張之萬、沈桂芬。文忠官編修十年，在詞館中亦擅文譽，其館課試帖「楊柳風和乳燕飛」題有一聯曰：「青眼看人去，紅襟傍母過。」工麗熨貼，氣宇非凡，同館皆為折服。而終不得一差，亦命運使然。丁未主會試者濱州杜文正公為正總裁，所得士多為同光兩朝之名將相，李文忠而外，閣臣有沈桂芬、張之萬，封疆有沈葆楨、馬新貽、李宗羲、何璟、郭嵩燾皆有名之督撫。惟文忠以大學士領北洋者三十年，沈文肅任南洋大臣以清望壯猷，聲華茂著，二公皆出瑞安孫學士鏘鳴門下。孫字渠田，又字止園，道光辛丑翰林，同治間，官至侍讀學士，為左文襄（時為浙江巡撫）所論罷職。孫為李文忠之房師，其兄琴西太僕（名衣言，庚戌翰林）又為曾文正之門生，獨於左無淵源。故文正之逝，太僕祭文有曰：「昔子瞻之從文忠遊也，有子由以與之偕，而我之得出公門，我弟方將使指而南馳。當文宗皇帝之初元，公方請復講書之舊儀而大臣有不然者，我弟獨密疏力爭，以為此忠臣之至慮，郅治之綱維，及我弟為小人所中，我方從公於軍中獨召語我而累欷，至於今已逾十年，我弟方有以自得於山巔水湄，而公之惓惓不已，猶欲引而置之殿墀。」指摘文襄，語語露骨矣。學士家居三十餘年，至光緒庚子始歿，壽八十有四，中以重宴鹿鳴加三品卿，復以會榜重逢加侍郎銜。俞曲園贈聯云：「天下翰林皆後輩，一朝將相兩門生。」兩門生，謂沈李二公也。曲園與琴西庚戌同年，嘗云前科丁未，後科壬子皆人才濟濟，惟庚戌為蜂腰，案壬子著名者有李鴻藻、潘祖蔭、王文韶、景廉皆曾居樞要，庚戌只徐桐為大學士，又不以功名終，故喻以蜂腰。言在兩大之間也。

先大父丁未通籍出孫學士房為薦首——（即房魁，次即文忠），殿試朝考後以即用知縣，仕於山東三十年，至光緒初先君予已以大挑令分東河，先伯父成進士，及應從學弟子遊公匯東（名百川，濱州人。壬戌翰林為順天府尹，後官倉場侍郎。）之聘來北京主講金台書院，入都時過保定謁文忠留住督署，傾談兩日，文忠曰：君之晚福，吾不如也。自是京保咫尺間，通候不絕，文忠每以未獲衡文為憾。先大父命先研甫瑩甫兄並執贄門下以慰之。文忠以四方所饋珍羞雲腿魚翅之類，命携帶回京，俾老同年分享，先兄每往輒滿載而歸。先祖笑曰：吾有此闊同年，別無叨惠，惟口福不淺耳。

李太夫人出身竈下婢

孫學士之喆嗣名詒澤字仲愷，今猶健在，年近古稀矣。丁卯歲與共事鹽務署編纂，敘談往事，始悉淵源，予曰君乃太世叔也。時下論科分年輩當無人復加於君矣。仲愷丈曰：尚有晚我三輩者。指統計科長沈恆。沈君為文肅公之曾孫，於仲愷應稱太世叔也。仲丈於光緒間奉父命以弟子禮謁文忠於保陽，即居督署花園，幕中多合肥耆舊，常日共話，因悉文忠之尊公愚荃先生幼極貧，初課蒙於親戚家。有赤腳婢奇醜不為主人所喜。冬夜裸臥廚下，李公適詣取飲，見而哀之，即以己衣覆婢體而去。婢醒，稔為李相公物，感其意，則徑詣書房，約為婚姻長侍巾櫛。李笑曰：「爾何人乎，冒昧甚矣。」因揮之去。婢則自請於主人，主人故厭惡此婢，轉為盡言於李，且願備妝奩如親女例，並李公迎聘所需亦代任之。李既無力授室，私計亦復大佳，遂成眷屬。李鄉舉後欲赴春官試而絀於資，鄉人龔某助以千金，李僅取十之一璧其餘曰：「敷旅用足矣。」是為道光十八年戊戌成進士以主事分部而赤腳婢膺花誥矣。及文忠兄弟先後官兩湖遂為太夫人，壽日，百僚謁賀，每以徑尺雙趺支架案上，翹示於眾曰，吾他無足法，惟願天下女子皆如吾之不纏足則善矣。先是文忠官蘇撫日，李元度次青代草言事第一摺，即稱依母命籲懇明降諭旨禁止纏足。

彭剛直公

仲愷丈又云家藏彭剛直所畫牡丹有其自書一絕句云：「錦繡江南實可哀，六朝金粉盡成灰。如何我有生花筆，寫出人間富貴來」詩律未為入細而氣宇固自不凡。彭一生專做事不做官，歷授督撫尚侍皆不願任，一生戎馬而易名兩字，有似諫官亦一奇也。蓋長江巡閱，隨地勘查，受詞按獄，摧抑強梁，固與戲劇中所謂「八府巡按」相彷彿。今戲班中有《宦海潮》一劇，即述某武員強佔友妻為彭訊確正法，是彭鵬之後，又一「彭公」矣。光緒中葉已授於兵部尚書，亦未蒞任，卒後許振禕輓云：「江湖遙領老尚書，灑淚飛騰，為從古上將元動，別開生面。天壤如公真國士，忠清剛毅，贊中興平夷蕩冠，特立長城」。李文忠輓云：「不榮官府，不樂室家，百戰功高，此身終以江湖老。無忝史書，無慚廟食，千秋名在，餘事猶能詩畫傳。」胥能盡其生平。尤以奎斌一聯最為出色，曰：「能讓高位，聞危事則不辭，完一世功名，是為真廉兼大勇。最愛蒼生，遇姦人則必剪，推後身因果，若非菩薩便金剛」，力量全在兩「則」字，上下聯一字對複，非止不嫌其複，且覺其非複不可，真大手筆也。

胡文忠之忠藎

湘楚名賢，首推曾文正，而文正則推服胡文忠，於胡卒後奏陳事迹，有「勳績最多」之語，蓋胡公早膺疆寄，適在四達之衝，薦賢定策，動在幾先，而遠識深慮，尤有大過人者，《庸菴筆記》「藎臣憂國」云文忠策馬登龍山視圍安慶楚師瞻盻自喜，既復馳至江濱，忽見二洋船鼓輪西上，迅如奔馬，疾如飄風，文忠變色不語，勒馬回營，中途嘔血，幾至墜馬，文忠前已得疾，自是益篤，不數月薨於軍中，蓋粵賊之必滅，已有成算，及見洋人之勢方熾，則膏肓之症，著手為難，雖欲不憂而不可得矣。此一篇短文，敘事精而論贊碻，文忠之忠，遂非平髮所能限，豈不偉哉。

「同年無伯叔，伯叔有同年」

邇來研習掌故者多，學者雋流，無間新舊，似於昔時之「科名倫理」，胥感興味，間有用「年」、「世」稱呼者，而有數義不可不知。如「同年無伯叔，伯叔有同年」是也。凡同年之父及父之同年當然稱年伯，即伯叔之同年，亦稱年伯，（雖年幼者亦稱伯，不稱叔。），而同年之伯叔則只稱世伯世叔，不稱年伯，此「年」、「世」之分也。又凡稱「世兄」固起於平輩，世有交誼之兄弟也。然習慣上則為長對幼之稱。如甲與乙為友，則稱乙之子姪為「世兄」，乙於甲之子姪亦然。不便呼姪，以「世兄」代之，相沿成例，於是同輩中稱「世兄」則嫌傲矣。凡父子同科則子稱同年為年伯，同年之子亦稱之為年伯。故庚寅陳楙鼎稱朱益藩等皆年伯，而益藩則稱之為同年，更稱陳之父為年伯，所謂各盡其道也。沈雨人雲沛癸酉與先伯父為鄉舉同年，庚辰與先君子為大挑同年，甲午又與先兄為會殿同年，先兄呼沈曰年伯，沈稱先伯曰年伯，稱先君子則為世叔。又凡父之師或師之師而復為己之師皆稱太老師。故吳縣張君一麐乙酉鄉舉及尊翁庚辰會試，皆翁常熟為座師，張以「小門生」謁見。費縣王燕泉先生之尊翁庚午舉人，出嘉定徐季和侍郎致祥門下，燕泉先生庚寅會試，徐為知貢舉，晉謁時稱太夫子，皆其例也。林君貽書之尊翁錫三學士庚午典試江南，丹徒支芰卿恆榮於是科中式，支為徐菊人世昌丙戌會試房師，故徐稱貽書為世叔。貽書則稱徐為前輩，以通籍後於徐也。先研甫兄戊子秋捷為涪州施鶴笙先生紀雲所薦，及癸巳典試四川則施先生哲嗣鶴雛（名愚，戊戌入翰林，清末民初歷充法制要職）又為先兄之門生。鶴笙先生致先兄函札遂稱「研甫賢弟老夫子」此稱似甚趣，而實有其自然之理解。

前輩、大前輩、「庶子以上」、「大學士」

「前輩」之稱。非只翰林，凡內閣，都察院，軍機處，吏禮兩部皆有之。其在甲衙門為後輩而在乙衙門為前輩者，則互稱前輩以示謙遜。惟都察院中只論「道資」不論「科資」，如某甲先某乙而為御史，乙須稱甲為前輩，若乙先甲而升給事中亦仍為甲之後輩，科道一體故也。滿漢間不論資，互稱前輩，予初睹馬思遠劇，漢御史滿御史覿面相稱如是，頗疑劇中失考。後聞一士弟言見陳恒慶筆記亦復云然，蓋滿人科道多非科甲出身，又不經考試，為世所輕，故不復認真較資定分，聊以前輩二字相周旋耳。翰林七科以上，稱大前輩，自稱晚生。位至大學士則前輩對之亦稱晚生，故何道州丙申翰林早於曾文正一科，而其輓曾之聯，自署晚生，尊相國也。又浙江嚴辰以翰林院庶吉士散館為刑部主事，墨花吟館感舊懷人詩，「譚文卿大前輩」一首序曰：「向例部曹謁見督撫亦循堂司之禮。惟公與梅小巖前輩堅卻不受，屬仍用館中前後輩禮見。余乃改稱晚生而尊為大前輩。蓋翰林七科內只稱侍生，惟庶子以上則不論科分皆稱晚生，今以督撫比庶子，自無不可。」此所謂「不論科分」乃作「不拘七科前」解，即早一二科亦稱大前輩，以為「庶子以上」之特例，若於大學士則雖科分在後，亦須以「大前輩」尊之，此中若不詳解，正恐不易遽辨耳。

八股家不識史事，咎不在科舉

科舉之為世詬病由來久矣。人謂八股出身非只無與於學問，且復不知史事，不識世務，質言之講章稿本以外，直未經鑿竅之混沌而已。吳江徐靈胎著〈道情〉云：「讀書人最不齊，爛時文爛如泥。國家本為求才計，誰知道變作了欺人技，三句承題，兩句破題，擺尾搖頭，便道是聖門高弟。可知道《三通》、《四史》是何等文章！？漢祖唐宗是那一朝皇帝！？案頭放高頭講章，店裏買新科料器。讀得來肩背高低，口角噓唏，甘蔗渣兒，嚼了又嚼，有何滋味，辜負光陰，白白昏迷一世，就教他騙得高官，也是百姓朝廷的晦氣。」又《制藝叢話》云：「有用佛時者，學政批云，佛時是西土經文，不宜入孔門口氣，又有用貞觀字者，房考批貞觀乃漢朝年號，不宜用於三代之時，有輕薄者，合此二事撰為對語云：『佛時是西土經文，宣聖低眉彌勒笑。貞觀乃東京年號，唐宗失色漢皇疑。』此亦譏諷八股家之不識不知。」惟《醒睡錄》所記：「佛時是西域梵文，宣聖悲啼彌勒笑。貞觀是東京年號，唐宗錯愕漢皇驚。」字句頗有出入，而聲調較為震厲，其事雖罔可徵實而不能保其必無。《儒林外史》范提學不知蘇軾，是明代之軼聞，光緒癸卯會試副總裁張英麟不知王船山，為清末科場之趣談。然須注意者，此由主持風氣之人，側重頭場制藝之遺害士林，非盡科舉之過。以闈中二三場，經策各題，儘多實對，無所不包，非無發揮之餘地，不得謂科場中八股以外無文字無學問也。同治乙丑浙江補行辛酉壬戌恩正鄉試桐鄉勞玉初乃宣，歸安沈子敦家本聯名獲雋，胥以實對膺卓薦。晚清並以夙學名耆為世推重。記其史學策問云：「司馬遷作《史記》，創為義例，成一家言。班固譏之，固作《漢書》，半因於遷，遷固優劣，何所折衷？陳壽撰《三國志》議者以帝魏閏蜀少之，可畢其說歟？《晉書》以何法盛等十八家之作未善，其後撰次者何人？《宋書》成於沈約裴子野又刪為《宋略》，得失奚在？姚察父子撰《梁陳兩書》更數十年而成，何故？唐李百藥撰《北齊書》、令狐德棻撰《周史》紛更失實，能切指其弊否？《隋書》總於魏徵，顏師古、孔穎達輔之成書，《南北史》出李延壽手，體依馬遷，是非奚若？韋述《唐書》，曾公亮刪定為《新唐書》，增損皆出於一手歟？歐陽修《新五代史》人謂得春秋法，其中尚有小疵否？《宋遼金三史》成於元脫脫等，疏漏蕪雜，語多牴牾，其故何在？《元史》作於明初，宋濂、王禕裁定舛謬特甚之由，能詳言之歟？多士究心史學，其各知以對」。此題若殫心力為之，將舉梁任公《新民叢報》中新史學所論，書法、正統、校訂、考證包括無遺，豈特數典章，識姓名而已。壬寅改策論以後之史論題，學校之歷史課，亦詎能勝此乎。應舉者循例敷衍，無動於中，主試者草草一覽，全不為意，此為自塞聰明，遽謂科場中只有八股，大豈其然。

梁章鉅述邱瓊山《大學衍義》補云：「國初時試題皆取經書中大道理大制度關係人倫治道者，然後出以為題。當時題目無甚多，故士子專用心於其大且要者，又得以其餘力旁及他經及諸子史，主司亦易於考校，非三場勻稱者不取。近年以來，典文者設心欲窘舉子以所不知，用欲己能。其初場出經書題，往往深求隱僻，強截句讀，破碎經文，於所不當連而連，不當斷而斷，遂使學者無所依據，施功於所不必施之地，顧其綱領體要處反忽略焉。以此科場題目，數倍於前。學者竭精神，窮日力，有所不能給。故於第三場策問，所謂古今制度，前代治蹟，當世要務，有不暇致力焉者。甚至名登前列，亦或有不知史冊名目，朝代前後，字書偏旁者。第以科額有定數，不得不取以足之。然此又不但科試為然，而提學憲政之小試所至，出題尤為瑣碎。用是經書有限工夫不能徧及，此實學所以幾廢，而科舉所得，罕博古通今之士也。」梁氏據此謂前明風氣即已如是，人謂明亡於八股良不謬矣。

柯劭忞，沈家本，榮乃宣之博雅。李慈銘，王闓運各以詩自負

膠州柯鳳孫劭忞丙戌成進士入詞林年三十七矣。著《新元史》得日本文學博士。桐城馬其昶為柯敘《蓼園詩鈔》曰：「先生積學能文，名被海內外，年七十著《新元史》刊成，翔實視舊史為勝，日本得其書付文部評定，咸推服以為不可及，是可以雪吾國群士失學之恥。」此亦謂科名中人未嘗無史才也。而復轉一語曰：「先生之蘊，非可以史學盡也」，以為由此遞入詩序正文矣，詎意下文，則盡情稱揚柯之經學。曰：「日取先聖遺經發憤研誦，務明大道之原，存己壞之人紀」。曰：「先生治《穀梁》、《春秋》，予治《毛詩》繼治《易》，治《尚書》及《孝經》、《大學》、《中庸》以建《老子》皆賴先生得就其業」。曰：「六經者學問之淵海也，先生之學其深於經乎？本經術以制行則行潔，以為詞章則其言立」，而於詩則曰：「予不能詩，然能粗知先生之學行，故述其離合數十年之迹，後之讀者不以詩求先生，而先生之詩所由工可知也。」或云此詩集之序也，而一再稱其經、史、學、行，滔滔不絕，於詩轉若置之有意無意之間，此或桐城文字之微妙處歟。蓋柯詩初非甚工，第以豐於素養，出語自不落凡近，正如吳摯甫不以書法名，而其書盎然有深趣，故即所學以稱其詩，乃為得體，此等處不能不服桐城派措詞之善。

柯集中有五律數章，題不顯著。各以首句之起兩字隱約之。實皆辛亥國變感事也。如〈歷歷〉一首云：「歷歷三年事，何人裂紀綱。韜鈐登將略，簠簋失官常。竈下餘雞犬，山中縱虎狼。可憐簫管咽，猶自釣梁王。」此言宣統時，政失其軌。〈憶昨〉云：「憶昨龍飛日，名儒在大廷。人才勞汲引，學術費調停，變法無千古，徵文有六經。空餘佻達習，城闕子衿青。」〈歎息〉云：「歎息成都亂，星星燎九州。徒勞言惻怛，不俟計綢繆。奪業籠商賈，興戎長寇仇。恨無王御史，請劍似朱斿。」一指張之洞，一指盛宣懷並深譴責，寧止微詞。〈昔者〉云：「昔者曾丞相，戈船募習流，從來天作塹。不似壑藏舟。鶤鸛能為陣，熊羆或作裘。逡巡俱倒戟，遺恨滿江州。」譏練兵也。〈漢家〉云：「漢家開幕府，三十六將軍。借問千金笑，何如一戰勛，北城鐘已動，西邸酒初醺。吏士誠勞苦，中樞日奏聞。」似亦指新軍事。〈資江〉云：「資江流不盡，灑淚到資州。已返三軍旆，猶行萬里頭。觚稜歸夢斷，槖韔赴車收。尚憶留賓日，鍾山訪舊遊。」則歎端陶齋。〈垂簾〉云：「垂簾聽政日，抗疏切憂危，出入先朝命，升沉國士知。堯封音遏密。周廟鼎遷移。咫尺青蒲近，雲天洒涕洟。」似悼陳簡墀。攝政被逼歸藩，專奏力持不可者陳氏一人而已。

沈家本於光緒癸未始成進士，距其鄉舉十有八年。科名甚遲。以曹郎外任直隸知府至光宣間薦升大理卿法部侍郎，修訂法律，朝野新舊悉尊為法壇耆宿，以其畢生專於研律。歷代刑名，瞭如指掌，有歷史之素養，具世界之觀察。論者謂同光間薛允升（字雲階，長安人，官至刑部尚書）無以過也。是時議法律者分新舊兩派，舊派之老刑名家，新派之日本留學生每相持不下。惟沈能平亭而折服之。眾尊之曰「敦老」，而沈則自號曰「寄簃老人」，有《寄簃文存》行世。迄辛亥革命猶為袁內閣之司法大臣，民元卒於舊京，袁氏下令褒卹稱其翊贊共和，然既未仕民國，而遜位之謂，雖列其名，未嘗親署，實與共和無涉。惟其門生故吏必得一卹令為榮，則如此措詞不可矣。勞乃宣同治間進士，為直隸縣令。宣統初以四品京堂憲政編查館行走，以老宿與楊度等新派意見格不相入。然其官吳橋令以善理教案著名。能愛百姓，而教會之徒亦莫能肆。曾手輯約章並舉事例，理實具備。拳亂時著《義和團源流考》，闢謬導民，自有卓識。昔劉鐵雲著《老殘遊記》於齊河縣令王子謹云：「雖是進士出身，卻不胡塗」，一似進士皆胡塗者，若勞氏者可以一洗此言之辱。

晚清學人名宿如俞曲園、王湘綺位望相均，年資略等，而士論每右王而左俞。溫州宋燕生（即宋平子，名恕），固俞樓高弟，然推服湘綺甚至，比之左國史漢，於其本師轉若歉然，以為食而未化。而李越縵獨不然，其日記於俞氏《群經平議》云：「易書詩諸條，其書涵泳經文，務抉艱辭疑義，而以文從字順求之。蓋本高郵王氏家法，故不主故訓。惟求達詁亦往往失於武斷，或意過其通轉涉支離。然多識古義，持論有本，證引疏通，時有創獲，同時學者未能或先之也。」結句甚致推崇。李氏目空一切，罕所許可，如此論斷，便是傾倒五中矣。其於王氏則曰：「香濤言近日之稱詩家楚南王壬秋之幽奧與予之明秀殆無倫比。王君之詩予見其數首，則粗有腔拍，古人糟粕尚未盡得者。其人予兩晤之，喜妄言蓋一江湖唇吻之士而以與予並論，則予之詩亦可知矣。」輕詆深惡，直是羞與噲伍，亦何至是哉。湘綺以經術兼縱橫家自負（於其自輓之聯可見），而「高詠滿江山」亦復顧視不凡。其〈入彰蠡望廬山作〉中：「昔人觀九江，千里望神皋。浩蕩開荊揚，潨淙聽來潮。」自評曰：「屈刀為鏡，點鐵成金，如此篇皋潮二韻是考據也。二十字中考證辨駁（案駁毛詩鄭注宋儒也，詞長不錄。）從容有餘，若不自注，誰知其迹，鎔經鑄史，此之謂歟。」，又〈望巫山作〉之：「呼風凌紫烟，漱玉吸瓊脂」自評曰：「點景之句而通首盡成烟雲矣。」，於〈登泰山〉之：「伊來聖皇遊，非余德敢升」則曰：「竭思凝神忽得升韻喜曰吾厭倒白香亭矣，即升仙門旁踞石寫寄誇之，蓋此為登嶽詩，非遊嶽更非遊仙也，從容包舉，又焉用石破天驚為哉。」，以與越縵鄙薄之語參閱，可為囅然。越縵曰：「明秀二字足盡予詩乎。予近與諸君倡和之作，僅取達意，不求高深，而香濤又未嘗見予集故有是言也。」是王之「幽奧」只為粗獷，而已則「明秀」之外尚有「高深」，「越之縵」與「湘之綺」兩大之間，竟似天淵之隔，吾儕後生更何從而為之詞乎，噫嘻！

考試出題之趣談種種

客歲初聞首都高考試題，「地役權」誤「役」為「域」，典試委員長鈕君獲罰俸處分，繼見報載四川中學會考題「以工代賑」誤「賑」為「賬」，教育廳長楊君以此掛冠而去，何「題誤」之多耶。考試制度為中華獨有之良規，亦新國五權之重鎮，觀瞻所繫，威信攸關，雖曰過失無心，無乃太不慎乎。吾乃瀏覽前人載筆，得勝代「題誤」二事，一見於梁紹壬《兩般秋雨盦》，曰：「乾隆甲寅浙江鄉試易經題，誤出『離為目為火』。宋方勻泊宅編載，符建中浙江鄉試易經題，誤出『為布為金』，無獨有偶如此。」宋、清相隔數百載，兩誤皆在浙江，又皆屬易經，何其巧耶。一見於鄧文濱之《醒睡錄》，曰：「乾隆五十八年癸丑會試新進士朝考後，純皇御製筆誤文云：昨朝考題三月即擬定手書封識交監視官以試諸士，可謂謹密之極矣，乃今日閱悉諸臣定等呈覽，視之則『積古』也，不見於經文，乃憬然悟曰本擬『稽古』而予筆誤『稽』為『積古』，監試諸臣，見不及此，而未請旨，是非諸士子之誤，皆予一人之誤也。夫試題一字之誤，亦何關緊要，然使政之是非，人之生死，亦如此誤書可乎。」（其下尚有『稽古』不若「積古」之轉語，頗涉滑稽，辭冗不錄）。是亦在乾隆時代，亦經題——書經——也。又梁章鉅《制藝叢話》云：「保定某令係翰林改授者，邑試出『雖有鎡基』題誤『鎡』為『滋』，童生有黠者詣案前問曰，『滋基』是何物？令曰田器，汝不讀註耶！童曰田器亦不一，此莫非桔槔乎？曰既從『金旁』當是錢鎛之屬。繼覺其言有異，取視題牌果寫水旁，乃笑曰本縣一時筆誤，幸有爾詰問，業已說明，『金旁』，否則成笑柄矣，遂改正之。」此又一題誤，但係「小考」——（凡入學考試為小考）——故無大礙，且不妨以滑稽解之，若鄉會大比，則無此從容談笑之餘暇矣。清光緒庚子後張之洞議，改八股為策論，主考官仍遣舊翰林及進士出身之京員，謂舊員雖未習時務而主試非應試之比，出題閱卷儘可佐以參考書。是亦「考人易，受考難」之意。壬寅癸卯甲辰鄉會試，著重時事、經濟、科學、西方政俗，皆舊員所未嘗學問，然試題未見有何笑柄，闈墨亦燦然可觀。蓋主試者先有歉然不足之心，復延時彥為助。虛懷以將事，雖不內行，亦能寡過。若泰然漫然，出以大意，則愆尤自集，所謂「不躓於垤而躓於原」，固與學術淺深無關耳。

民國初年曾見北京某報，記舊聞涉先研甫兄督湘學事，曰：「徐仁鑄為湖南學政出題專尚怪僻。按試衡郡，出『民為貴』題，書吏誤書『貴』字『責』，徐不細察，即『過硃』懸掛。諸生譁問題出何處。徐亟出示謂聞朝政有變，心緒不寧，致此疏忽，深為抱歉。乃已。」此事吾未嘗聞，亦不敢謂其必無。「過硃」不慎，又非「筆誤」乃「失察」也。其為疏忽固矣。所須申論者。「民為貴」出於孟子，孟子乃四子之一，士子窗下必讀之書，場中出題，胥莫能外。不得謂之「怪僻」。若曰提倡民權，應知避忌，則應首禁孟子，孟子非怪僻之書，則孟子之文句，即非怪僻之題明矣。家絃戶誦之聖賢經傳，朝廷以之昭告士庶，父師以之訓育子弟，諄諄而誨拳拳服膺者，原為場中代聖立言，闡其餘蘊，上以是求，下以是應，何施而不可。然若孟子中「草芥寇讎」之論，「摟其處女」之言，以至詩之「懷春」，易之「構精」，則罕有用以命題者。夫五經四子，為題材所取給，供廿餘省，大小考，春秋闈，館閣試，十百科千萬人之憑依撰箸，已嫌太隘。況又側重四書，而四書中涉及民權之義，男女之事，侮聖之言，或慮為時君所厭聞，又相率而避忌之，遂致題式日窮而割裂勾牽怪聞百出，此則文場之浩劫耳。乃以「民為貴」為怪僻，真可怪矣。

明邱瓊山云：「國初試題皆取經書中大道理，大制度，關係人倫治道者然後出以為題。當時題目無其多。故士子專用心於其大且要者，又得以其餘力，旁及他經及諸子史。主司亦易於考校，非三場勻稱者不取。近年以來，典文者設心欲窘舉子以所不知，用顯己能。其初場出經書題往往深求隱僻，強截句讀，破碎經文，於所不當連而連，不當斷而斷。遂使學者無所依據，施功於所不必施之地，顧其綱領體要處，反忽略焉。以此科場題目數倍於前學者竭精神窮日力有所不能給。故於第三場策問，所謂古今制度前代治蹟當世要務，有不暇致力焉者，甚至名登前列亦或有不知史冊名目，朝代前後，字書偏旁，第以科額有定數，不得不取以足之。」此一節最足以狀八股之敝，亦最足明科舉之寃。蓋科場三試，四書文，試帖詩，經義策問，固無所不備，而積習相沿，惟憑頭場取中，經策兩場，任其抄襲敷衍，甚至如光緒初順天第一名張彭齡五策皆直謄題目而加一結語即為完卷。（見《李越縵日記》）以堂堂掄元之作，尚且如是，他可知矣。此豈制度之過乎。邱先生又曰：「提學憲臣，小試所至，出題尤為瑣碎，用是經書題目愈多，學者資稟有限，工夫不能遍及，此實學所以幾廢而科學所得，罕博古通今之士也。」案此確明代情形，至於清時學政諸官，亦喜以題為戲，率意而為，無奇不有，嘗細析其類曰詬詈、曰詼諧、曰巧捷、曰錯誤。任舉數例，皆可以入笑林也。

「詬詈」、「詼諧」、「巧黠」、「錯誤」

詬詈者，如同治庚午年兩江總督馬新貽為張文祥所刺斃命，眾謂事涉帷簿，輿情於馬多不滿。上江學使殷兆鏞適當錄遺，考貢監場曰「若刺褐夫」，次日補考又出「傷人乎」，皆深惡馬氏也。則以局外人譏刺時事。咸豐初俞樾為河南學政，自負南國人文，鄙夷一切，有兩縣同日覆試，一縣題「獸蹄鳥跡之道。」另一縣題「鷄鳴狗吠相聞。」謂字不成字，文不成文也。則以大宗師而非薄生童。（俞後以不職，為御史劾罷）。又光緒中贛人萬某為江蘇宜興縣宰，恃才傲物，累侮其同城荊溪令賴君，賴心不能平，於縣試日出「如有周公之才之美，使驕」題，以譏萬也。萬於翌日覆試宜邑童生出「驕其妻妾」，則以惡聲還報，謔而更虐矣。此同官之互相詆諆者，而皆「借題發揮」（借用）傷雅道矣。詼諧派則只為笑樂，不難詬詈。如《制藝叢話》載乾隆時彭文勤視學浙省按試處州，知府因公委同知點名。彭告知府能親來益昭慎重，即復出七學之題，一曰「來」、二曰「醫來」、三曰「遠者來」、四曰「送往迎來」、五曰「厚往而薄來」、六曰「不遠千里而來」、七曰「而未嘗有顯者來」。合為一片「來，來，來」之聲，為對於知府重言以申明之。巧捷者如乾隆時福建學政某出「一至一」、「二至二」題，以代「一朝而獲十禽，至終日不獲一。」及「二者，皆法堯舜至道二。」，是也。又傳江蘇學政某試常州八屬題「武亂皆坐」——（武進）、「陽氣發泄」——（陽湖）、「錫汝保極」——（無錫）、「金曰從革」——（金匱）、「江漢朝宗」——（江陰）、「宜其遐福」——（宜興）、「荊歧既旅」——（荊溪）、「靖共爾位」——（靖江），各合其縣名，是為巧思綺合，偶一為之，亦可以見才調，若以此為能，則魔道矣。若去歲高考之「地役」誤「地域」，四川會考之誤「賑」為「賬」，則應屬錯誤類。錯誤事足以引起客方之笑樂，而非有自樂之策動。平心而論，較之詬詈或忞為笑謔者尚為可恕。然輕刻者流，字句無疵，人轉不得執詞以相難，可豈事理之平乎。

昔者會試總裁，鄉闈主考與學政雖同為衡文校士之欽差，而前者職在一時之考試，後者三年一任，有教育行政之全責，司一方文化為多，士之楷模，故曰「宗師」。視各府州縣之生意如子弟，故有時稍涉機趣，以通下情，循循善誘，未為不宜。惟翰苑少年每以逞才自喜，軺車所至，戢然受教，又多初離書塾或甫登庠序之幼稚天真，且小試之文卷，只憑學使自由去取，非如鄉會試之有覆試有磨勘，而會試前列且須進呈皇帝御覽也。故「以題為戲」，不復有所顧慮，豈不曰秀才童生之考試，不妨遊戲三昧，然而教化之義，非矣。

解釋柯老博士之高吟——曾丞相

自頃數十年中，兵災稠疊，內戰循環，民生已竭，國脈重傷。舊京人士輒指「崇文」、「宣武」兩門額而歎曰：「明崇禎亡於文，清宣統亡於武。」武人能亡前清，豈不能亂民國乎？故凡具史識者莫不太息痛恨於清季之新軍、北洋之武閥，而尚論北洋派之創始，則近者輒指項城袁氏，遠者或及於合肥李公，斯亦探本溯源，盡言極旨矣。乃讀膠州柯鳳孫博士感事之詩，則高語曾文正公。立說甚新穎，而驟然觀之，輒不明其真意之所在。柯著《蓼園詩鈔》自「憶昨」至「垂簾」凡六律，皆辛亥壬子間憑弔嘆傷之作。中間「昔者」題下一首曰：「昔者曾丞相，戈船募習流。從來天作塹，不似壑藏舟。鵝鸛能為陣，熊羆或作裘。逡巡俱倒戟，遺恨滿江州。」案曾公初以守制歸里募鄉勇衛桑梓。繼以洪氏率稱「天父天兄」，摧崩中華文教遂興「衛道」之戰，觀其所為〈羅忠節公神道碑銘〉曰：「窮年汲汲與其徒講論濂洛關閩之緒瘏口焦思，大暢厥旨，未幾兵事起，湘中書生多拯大難立勳名大率皆公子弟。」又觀所為〈湘鄉昭忠祠記〉曰：「或苦戰而授命，或邂逅而戕生，殘骸暴於荒原，凶問遲而不審。」老母寡婦，望祭宵哭，可謂極人世之至悲。然而前者覆亡，後者繼往。蹈百死而不辭，困阨無所遇而不悔者何哉？豈皆迫於生事，逐風塵而不返歟？亦由前此死義數君子為之倡忠誠所感，氣機鼓動而不能自已也。君子之道莫大乎以忠誠為天下倡，世之亂也，上下縱於亡等之欲，奸偽相吞，變詐相角，自圖其安，而予人以至危。畏難避害曾不肯捐絲粟之力，以拯天下，得忠誠者起而矯之，克己而愛人，去偽而崇拙，躬履諸艱而不責人以同患，浩然捐生，如遠遊之還鄉而無所顧悸，由是眾人效其所為，亦皆以苟活為羞，以避事為恥。嗚呼吾鄉數君子，所以鼓舞群倫歷九州而戡大亂，非拙且誠者之效歟！」是曾氏用兵，本於講學，綱常性理為之帥，眾志成城，卒舉縱橫全國，稱號十餘年之太平天國而蕩滌以盡，此與李氏之水師祇為壯觀，固不相同，若袁之小站練兵，最初亦稍具規模，其後乃專為布爪牙，植私力之用，厚其養，寬其法，以威清廷，而驕兵悍將滿天下，中原兵禍乃一發而不可收，及丙辰而身受「倒戟」之辱，豈非自作之自受之乎！

民國初袁政府之海軍部呈述創興海軍之先賢，請建專祠以彰崇報，所舉者為左（文襄）、沈（文肅）、李（文忠）三公而不及文正。柯詩則獨稱文正之舟師，亦自有據。文正所撰湖口楚軍水師昭忠祠記歸美於楊厚庵、彭雪琴，其金陵一記亦云：「國藩奉命總制兩江，乃議設淮揚水師，以黃君翼升統之，又二年議設太湖水師一軍以李君朝斌統之。」是水師之楙建殊勳，文正實為領袖。惟當時之水師屬於舊式，未及後來福建船政北洋艦隊師法泰西之規模，甲午以前，論數量居世界第四位，一戰而燼，其心靡也。然則清季之練兵召亂，又豈待「倒戟」而後見哉？

語云「蓋棺論定」，謂可綜核一生，持平結斷，不虞反覆，自無須留以有待也。然偉大人物，涉歷多方，支持萬有，不能盡人而悅，生時名謗相俱，身後亦紛紜眾口，勢有必然，無足怪者。吾弟一士於《國聞週報》隨筆累述曾氏治身治事堅苦卓絕之志行，與夫時名流亦多稱奉之故。新化巨子某君於所著論則謂曾及一般舊時賢者斷不能及今之偉人，生今之世，祇須求新，勿須推舊。此因新派領袖以「一心西化」為「國策」，更無迴旋餘地，彼自有其主張，非專於論人論事，可弗辯也。即在舊時豈無異論乎？同治間有知州楊延熙請廢同文館，劾恭王奕訢、大學士寶鋆專擅把持奉上諭嚴斥。會稽李慈銘之《越縵堂日記》，於此軒然發議曰：「同文館以前太僕卿徐從畬為提調，而選翰林及部員之科甲出身，年三十以下者學習行走。以中華之儒臣，為醜夷之學子，又群焉趨之。老成凋謝，僅存倭公，以宰相帝師之尊，兼番署奔走之役，楊疏所云：『天文算學疆臣可行』之語，蓋為湘鄉督部地，瞻顧枝梧，辭不達意。識者謂湘鄉之講習泰西技算實為禍端」，可見越縵之意，尚以楊之詞為懦，必正言嚴劾而後快也。富陽夏震武覆榮成孫葆田書曰：「自曾文正首倡邪說，某公承其緒而張大之，以號召海內，甘為用夷變夏者之魁。江浙聰明才力之士，用西學著書立說者，殆不可勝數，鼓劫庸愚，誑惑聾瞽，率皆操某公之術以售於世者也。」斯以曾為「洋化」罪魁，與李越縵如出一口，惟夏為專奉程朱之理學家，並漢學而深惡痛絕之，李則詞章考據高語漢唐，不屑於宋儒門戶，而亦以「扶持正義」自任者，經綸滿腹斤斤於夷夏之防，而所言乃若合符節，文正當日所遭之責難困厄，從可知矣。夏之所謂「某公」，張之洞也。故其答孫之函又曰：「論某公假漢學之名，陰以西學為經濟，震武乃拊掌稱快，歎為知言。季和先生彈章累千言，不若閣下一語之當。」「季和先生」指嘉定徐致祥，夏之癸酉鄉舉座師，曾專疏劾張窮極詆毀者也。

曾文正之輓聯，多見於榮哀錄，薛福成《庸菴筆記》以為榮哀錄所收太濫，別為選存，而王闓運聯則兩處皆不見，祇可於《湘綺樓日記》中得之。其詞兀傲似有微詞曰：「平生以霍子孟張叔大自期，異地不同功，戡定僅傳方面略；經術在紀河間阮儀徵之上，致身何太早，龍蛇遺憾禮堂書。」或曰霍光張居正皆權威震主，生則崢嶸，死乃奪沒，與曾之小心翼翼，克竟功名，歷世不渝者，似未可並論，不然則是曾公別有懷抱，湘綺獨窺其隱，而以輕藐寓歎傷也。吾細玩此中語意，頗覺與孫衣言所輓，見解略同。第詞氣有堅強婉約之分耳。孫聯曰：「人間論勳業，但謂如周召虎唐郭子儀，豈知志在皋夔，別有獨居深會事；天下誦文章，殆不愧韓退之歐陽永叔，都恨老來湜軾，更無便座雅談時」。薛庸菴賞其雅靜，似於上聯「言之有物」未嘗留意。夫孫之所謂「志在皋夔」即王之所謂「霍張自期」一言蔽之，則不以戡亂為足，不以疆吏自限，必秉政宣猷，整綱飭紀，新世運鞏國基，乃文正之所以為文正耳。皋夔，張霍雖形迹有殊，而心乎社稷則一。故孫之祭文更申其義曰：「名為宰相而不能日與朝廷之謨議。功侔周呂而不能盡如蕭曹之指揮。」又曰：「內視一己，實有未滿之素志。外觀斯世，尤有無窮之憂危。」而《文正日記》絕筆之詞曰：「既不能振作精神，稍盡當為之職分，又不能溘先朝露，同歸於盡，苟活人間，慚悚何極。」夫以文正之勳名，尚以為不能稍盡其當為，且自慚苟活，若祝宗之祈死，可知平髮一役，殊不在意。譬之造屋，祇是掃除荊蔓，尚未奠基，當時之泛濫推崇，固不足當其一盼，後日之貿然指摘，亦詎非無的之矢耶！

補充蔡老博士之演述——北大史

二月十六日南京中央飯店有北大同學會設席慶祝蔡孑民博士古稀之壽。孑老演述北大經過，予以為有略須補充之處。如云：「北大在民元以前叫做京師大學，包有師範館、仕學館、譯學館等部分。我當時也曾任譯學館教員，是我服務北大之始。」案民元以前之大學堂，已是「分科大學」，內設經、文、法、高、理、（其時曰格致科）工、農，凡七科。所謂師範館、仕學館，久已無存。譯學館則在東安門內北河沿，自有監督，不屬於京大。京大當庚子後，張管學大臣奉命辦大學時以各省尚未立中小學，無應入大學之學生，乃暫設預備科及速成科，以實之。「預備科」為升入大學之地。內分兩科。經史、政治、法律、通商、理財等謂之「政科」，有聲光、化電、農工、醫算等謂之「藝科」。其學生則由湖北自強學堂、上海南洋公學、京師同文館、上海廣方言館、廣東時敏學堂、浙江求是學堂、天津高等學堂之舊生考入。「速成科」為收急效，造人材之地。分二館曰「仕學館」，以京員五品以下八品以上，及外官候選暨因事留京者道員以下，教職以上考入。曰「師範館」以舉貢生監等考入。此因當時朝旨立促成立大學，而大學之內容，如何充實，則不問也。於是張管學不得不設此通融之法。吾嘗戲為此喻為組織新劇團而無受按級訓練之團員，只可以舊伶之老包袱角，老票友充數，勉為出演。然其中固無「譯學館」也。譯學館之設，專為造就譯材，當議辦時亦隸於管學大臣。管學大臣者，管京師大學兼管一切學務，其性質頗似民十七年之大學區。然各高等及專門雖屬管學大臣，而不包含於京師大學，及丙午年學部成立，乃同隸於部。庚戌年分科大學開辦，是為正式大學成立之紀元，則併「仕學」、「師範」而廓清矣。此皆民元以前之事也。

孑老又曰：「自入北大以後，計議整頓辦法，第一我擬辦一研究所，為教授留校畢業生，與高年級學生的研究機關。」又曰：「北京學生的習慣，平日對於學問上沒什麼興會，只求年限滿後，可以得到一張畢業文憑。」又曰：「北大學生從京師大學堂『老爺式的學生』嬗繼下來。他們的目的，不但在畢業，尤重畢業以後的出路。」又曰：「我到校第一次演說，就說明大學生當以研究學術為天職，不當以大學為升官發財之階梯。」綜厥大旨，一在申明學府之特性，一在力矯學子之職業心理。能見其大，自是可欽。以吾當日所親歷者參之，當求學時，實未暇計及職業。而畢業以後之出路，則不必預存目的，自然為多數共同之需要。出路非只一端，如欽定學堂章程之「通儒院」，即為大學生畢業後最高最優之出路。不須他務，研究發明，即其職責，不須上課，著作討論，即其進程。有俸給以官其身心，無形式以嚴師生之界。有此院則舉蔡孑老所慮之各節，皆不成問題。蓋「研究所」不過如是，而學術闡發，專家養成，章條俱備，更無「職業化」之可言。職業者最能解決「生活慾」者也。畢業而求職業，未必皆為「升官發財」；質言之，則「吃飯」而已。故「研究學術」，亦必兼顧吃飯問題。語云「不能枵腹從公」，自亦不能「枵腹研學」。今之研究院，及國立某某大學諸大博士諸大教授，歷屆議定之某金某款，所以獎勵發明，提倡研究者無所不至。席豐履厚，體健思清。清而不寒，高而得祿，此中若有一枝可借，誰復屑屑於官商諸途之職業哉！

柯先生以丙戌翰林得日本博士；蔡先生以壬辰翰林得德國博士。二公格位相同，望隆中外，言為世法，行成士則。片語隻詞，繫群倫之觀聽。予故不憚煩瑣，貢其芻蕘如右篇。

談談狀元

碩果狀元、將軍師傅

「狀元」是舊科名裏最難能可貴的一樣東西，那比現在的博士名貴的多多，民國以後雖時代不同，且科場久廢，而狀元的舊印象、潛勢力猶自餘音嫋嫋。即今荒落的故都，尚有一碩果僅存之末科狀元劉春霖在。冀察政委會的委員長宋哲元將軍特地聘請他做師傅，教授聖經賢傳，微言大義，聘書是親自捧送到門，每次進講用自己的汽車接送，而且遇有公事，不能聽講之時，還要親向師傅請假。尊師重道，典禮優隆，北平人士誰不注意著談論著這位「狀元師傅」，有昔時翁同龢、孫家鼐、陸潤庠之風焉。夫狀元本為江南之特產名產，而今復古聲中，似尚有「津津而道」之價值，因作「談狀元」。

神秘之故

「狀元」是「殿試」第一甲第一名，天下事總以「第一」為貴，學生考試，何獨不然。像民國四年的大學考試留學生，翁文灝君得了本科（鑛科）的第一，又得了各科的總第一，總平均分數九十五分之多。萬人稱羨，說是歷屆留學廷試未有之盛，不愧真才實學的洋狀元！然而總覺得科舉時代的狀元別有風味。是「何以故」乎？學生們的第一，是憑著實在的成績，具體的比較，定出來的。而狀元則不一定是那樣的「三七廿一」，人只要中了狀元，自然覺得他有廣大神通，非常的神秘，而不一定去考究他的學問如何，程度如何。即如武科狀元亦是狀元，亦是經過御試的「天子門生」，亦是十分榮耀的「大魁天下」，所以看得平常的原因，一半是重文輕武，一半是考究得太具體了。弓拉多少力？刀重多少斤？箭射幾百步？都有實跡可指，沒有神秘，可以鼓動一般的神經。

五大原則、「命運」當先

科名的五大原則是「一命、二運、三風水、四積陰功、五讀書」。又道是「爾無文字休言命，我有兒孫要讀書」，又道是「窗下休言命，場中莫論文」。如是命運，陰功，——（風水亦可以附入此二項）學問，可以說是三要素，而「命」與「學」，尤為要素中之最要者。把這些綜核而再緊縮起來，「命運論」怕要占很大的成分。的確，科場若專憑文字，實無把握，有文字而不得科名的失敗者，誰不「徬徨」地「吶喊」著「豈真登第皆名士？未必專房盡美人！」而曰「非戰之罪也，命也！」，所以不完全同於彩票（或獎券）者，彩票只有「命運」問題，「風水」、「陰功」或者有之，卻絕對與「讀書」無干，而科場則「文墨」之事，究竟不能讓「命運」來專權耳。

曹鴻勛、張謇、王壽彭

由童生、秀才、科考、歲考，而鄉試、會試，直到殿試。全國各省上百萬人過了多少次籮，才有二百或三百名進士，這進士裏有個「狀元」，其機會與航空頭彩真不相上下。殿試名叫對策，其實是以書法為憑，似乎寫得好的，便有望了。而亦不盡然，因為：

第一、自己能寫好字偏偏這一科的「書法大家」太多，強中更有強中手，寫的好亦是枉然。例如丙子科——（清光緒二年）——浙江馮修盦先生（名文蔚）寫的美女簪花誰都佩服，他自己亦「不作第二人想」了。誰知山東人曹鴻勛，山西人王賡榮寫的堅切莊嚴，以殿試策工夫（亦名大卷子工夫，在書法中另一格）而論，確乎比馮有力。結果曹的狀元，王的榜眼，馮先生只搶了個第三名（探花）。他自己說運氣不好，偏與吃饅頭吃麵的大漢同考！假使沒有這兩個「北方之強」，狀元不就是馮先生了麼？換個來說：若與寫字平常的人考在一塊，則縱非十分出眾，亦能得狀元，甲午科的張謇的字比馮文蔚先生差的多。卻喜與張聯名的尹銘綬（榜眼），鄭沅（探花）都不能勝張，於是張四先生便「狀元」了——（還有別的原因，另詳）。即如現在僅存的惟一狀元劉先生，他的書法比歷科狀元實在平常，而在末科各卷，則較優，他亦「狀元」了。亦無非「有命存焉」。

第二、以特別機會而忽然得之的，不但不在乎文章，且不在乎書法。例如癸卯科有會試有鄉試。因為那年是西太后的六十九歲，明年甲辰是七十整壽，所以各大臣都注意「吉祥之兆」。「王壽彭」三個大字，譯作通俗一點就是「萬歲萬歲萬萬歲！」的呼聲。於是他就做了「金殿傳臚」第一聲了。而頭兩批放的雲貴兩廣八位主考，其大名為李哲「明」，劉彭「年」，張星「吉」，吳「慶」坻，達「壽」，「景」方昶，錢「能」訓，駱「成」驤，合起來是「明年吉慶，壽景能成。」，這幾個人當初起名字之時，未必想到趕上「老佛爺」的萬壽。走上這步紅運豈是才學能力所能為哉？「命運」到了，泰山都擋不住，又何論乎「城牆」！

第三、以特別因緣而得之的。例如甲午狀元張謇，他本是乙酉科順天榜的南元，（乙酉是潘祖蔭的正主考，翁同龢的副主考），翁潘兩人得意門生又是江南名士，所以到了甲午殿試的時候，（潘老先生已經去世）翁老先生非中他的狀元不可。但欽派的讀卷大臣以大學士張之萬居首，其次為協揆旗人麟書，其次為李鴻藻，而翁之名次在第四五。而三人又皆翁之前輩。張之萬他說：我是第二，我看中的卷子亦是第二，狀元我不爭，榜眼我不讓。李鴻藻極力贊賞沈衛那一本，亦想定為狀元——（沈後放陝西學政，于右任的老師），如是情形之下，張謇不但無望於狀元，連榜眼探花都沒有分了。而翁老先生則拼命相爭，非把狀元給張四不可。張之萬憤憤不平，幾致失和，相持不下。幸虧李鴻藻出而發言，情願把自己所擬的狀元放棄——（即沈衛）並勸張老前輩不必堅持。張之萬孤掌難鳴，才勉強許可，而難產的南通狀元安然降生矣。原來張謇會試中式，是李鴻藻的正總裁，翁之門生亦李之門生。在殿試之前，已與李門多多接近，翁亦預為聯絡宣傳，造成聯合會對待張之萬之局。（沈衛則係庚寅科會試中式，孫毓汶的門生與翁李均無淵源。甲午補殿試，後來亦入翰林。）至於張謇之卷何以齊巧分到老翁之手，據王伯恭的《蜷廬隨筆》說：是收卷官黃思永的關照。黃是南京人，庚辰狀元翰林院修撰，甲午殿試派充收卷官，他亦是翁之門生認得張謇的筆迹，便把卷子送到翁處，聽說亦是老翁預先囑托他留意的。由此看來，張四卷子若不先入黃手，就不到翁手，到了翁手若沒有李鴻藻幫忙，亦是一場虛話。那千鈞一髮之際若非種種機緣湊合，那怕你「南通一傑」，「江南名士」，亦只好望元興嘆而已。所以後來通州的鄉親們慶祝本地出了「文曲星」，把水月閣魁星樓改作「果然亭」，以為「文章有價」、「名下無虛」並且題了一副對聯：

> 畫檻欲凌雲，風月無邊歸小閣。
> 錦標今奪得，文章有價屬崇川。

真乃不勝榮幸之至。那知張四先生在民國六年重修此亭又把「果然亭」改作「適然亭」，把對聯改作：

世間科第與風漢
檻外雲山是故人

又題了一段跋語說：「余以清甲午成進士，州牧邦人擷唐聖肇詩語為果然亭，世間萬事得其適然耳。丁巳余修此亭不敢承前意也。適然之事，以適然視之。適得涪翁書，遂以易榜」。這一席話，有人以為曠達，有人以為謙虛，其實皆非也。張季直自己的事自已知道，他的狀元，是「適逢其會」，總而言之，有「命運」存焉！

「狀元命」、成為流行的專名詞

科名有「命」，狀元更有「命」中之「命」。說到這裏有個笑話：近年來，平津一帶不是常有結隊的飛機光降嗎？人人恐怖著炸彈臨頭，就有人加以冷嘲說：居民二百萬人之多，即使偶然下彈，亦輪不著你，除非你有那「狀元命」，而航空公路獎券之頭二三彩，有比作「狀元榜眼探花」者，亦不為無見，以代數學之Ohance演之，固是一理也。

文曲星

因為「命運」之神，特別的十分的努力幫助狀元之成功，真像「天授非人力也」一般，於是狀元又成功了神話家的對象了。因為他的命大，所以能得狀元，戲劇和小說裏都說狀元是「文曲星」轉世，所以從下地到大魁常常經過許多磨折，戰勝非常的災難，《佛門點元》、《瓊林宴》等戲都是寫狀元的魔鬼重重。正像唐三藏「九九數完魔劫盡」，才修成丈六金身，「大難不死，才有後福」，人們都有此迷信。並且命大的人，還能夠庇護他人之命。神怪體的筆記小說裏常有狀元能禦雷擊，能退喪門神的異事。浙江名士嚴桐的〈墨花吟館懷徐頌閣（郙）詩〉云：「金甌唾手何須問，憶否滄浪蹈海時」，就是說他二人曾於清同治二年乘輪船回南，快要到上海了，夜間忽輪機被火燒紅，一炸則全船虀粉，幸被洋人用水龍救息，得以脫險，同船的人都說靠徐狀元的洪福，後來還要做宰相哩！按徐係江蘇嘉定人，壬戌狀元，到光緒二十五年己亥他果然做了協辦大學士，也算被他們預言說中了。無怪乎《金山寺》一劇，白娘子懷孕在身，狀元許士林尚未出娘胎，已有魁星保護，佛門的法寶竟無如之何也。可發一笑也已。

陰功、世德

舊時社會常是以果報獎勵作善的，「獎品」種類不一，如長壽，如多子，如高官，如巨富等，科名當然是重要的禮物了。說到「陰功」又與平常的道德行為不同。《兒女英雄傳》安公子中舉人之後，他的座師婁主政問他平日做過甚麼大陰德事？他說無有陰德，便是有，既曰「陰」德，自己又怎的會知曉？此可與《聊齋志異》中「有心為善，雖善不賞」之語相參證，總須自然的行善，不是邀福的行善，才算真善，故曰陰功、曰陰德、曰陰隲。「陰」之為義大矣哉！狀元者科名之極，大德之歸也。不但要自身有陰德而且要先世的世德，《坐花誌果》那小說上說吳門潘氏的世德，即道光朝著名的狀元宰相潘世恩老先生，他的祖上做過多少好事，成了道地的「積善之家」，才得到那樣的厚報。又道光丁未科的狀元張之萬（後來亦做到宰相軍機），據李慈銘《越縵堂筆記》上說：「與香濤學使談禍福報應事，備知其家世循吏，其遠祖淮，明正德中官河南道御史，率同列爭馬昂妹事載武宗實錄。又今漕帥子青侍郎之父工部君監修西陵時以開渠須壞人家墓，力爭於諸大臣始得改道，此其食報之由也。」可見深識時務的張文襄，亦確信他哥哥的狀元，和他自已探花，是由明朝就積德下來的。又癸未狀元陳冕，其父曾為山東知縣，當閻文介為魯撫時有黃崖誤勦一案，殺戮甚眾，陳父充軍營委員設法保全許多性命，陰功浩大，於是有了狀元兒子。此外凡是狀元，總有些好祖宗代他積德，常在小說或群眾口頭上，稱道不衰。而狀元之神秘性，益森嚴矣。

風水、蘇州

「風水」這樣東西是關乎「地」的，與「命運」之定於「天」者，也算相輔而行，也算無獨有偶，總而言之，神秘而已矣，迷信而已矣。有私人之風水，有地方之風水，私人風水，如墳地之向背，房宅之陰陽，都算有關係的。地方的風水，地形及公共建築物（如鼓樓佛塔之類）之外，人的方面，就合乎「毓秀鍾靈」的意思，一个地方若出了狀元，那就合縣增光，非同小可了。

誰都知道，全國各省狀元以江蘇為最多，而江蘇又以蘇州為極盛。陳康祺的《郎潛紀聞》上「本朝狀元總數及常熟科名之盛」一段內云：「自順治三年迄同治十三年凡九十三人，江南一省得四十五人，常熟一縣得六人」，據我所調查，江蘇一省自順治丁亥科武進人呂宮首得狀元，以至同治末年甲戌科之陸潤庠，共得四十八人（安徽還不在內）若連光緒朝庚辰之黃思永，甲午之張謇算入，則為五十人。常熟有六個，雖不為少，蘇州城——（長、元、吳）——則有十七人，還是蘇城收穫為最豐。陳先生原文似乎側重常熟翁氏，文中自翁文端（心存）以至翁同龢、翁曾源極口贊歎。因翁氏而及常熟之他姓，故未暇計及蘇州，然常熟固是蘇州之一縣，若併而計之，再加上崑山之徐陶章等則蘇屬狀元有二十餘人，又占江南之半，漪歟盛哉！

非風水之窮也、乃政治作用

但事有奇怪，蘇州狀元，到同治末年而止。甲戌陸潤庠以後，就沒有了。光緒一朝十三科之多，江蘇人之得元者只庚辰黃思永江寧人，甲午張謇通州人，也都不是蘇州。而貴州出了兩個（丙戌趙以炯，戊戌夏同龢），廣西出了兩個（己丑張建勳，壬辰劉福姚），福建出了兩個（丁丑王仁堪，庚寅吳魯），四川出了一个（乙未駱成驤），邊省熱鬧起來，而江蘇卻落了伍，於是有人說蘇州的風水被陸潤庠占盡了，江蘇的文運被張謇走完了。豈知此中另有些政治作用哉？蜀人高樹（己丑進士，以部曹為軍機章京記名御史後放奉天錦州府知府，頗嫻掌故）著《金鑾瑣記》云：「清末鼎甲漸及邊省，蓋以籠絡天下士人。」所言當非無見。的確，科名本是君主絕妙之工具，所謂「天下英雄入我彀中」。狀元是科名之極詣，自然魔力更大。不但才士文人受其顛倒，而且深入一般的社會。即如戲劇裏的《狀元印》說蒙元藉考選狀元為名，要把搶得狀元的人用藥酒毒死，又如《黃巢造反》因已得狀元又被貶去，憤而為亂。這些雖出於稗官野語，卻正是群眾心理的反映，可以看出「狀元」的印象之深刻而普遍，與「真龍天子」一般。

狀元的幸福

狀元的特權，（一）是殿試定榜即與榜眼、探花，提前授職不須等到散館外，在三鼎甲之中，榜眼、探花都授職編修，狀元獨授職六品修撰。（二）授職以後即可掌文衡。如咸豐丙辰狀元翁同龢，同治戊辰狀元洪鈞，光緒庚寅狀元吳魯，壬辰狀元劉福姚，皆未經散館即或放主考，或放學政。榜眼、探花雖同有優先之考差權利，然總不若「龍頭」之吃香。又《郎潛紀聞》云：「國朝承前明舊例，順天鄉試正考官多以前一科一甲一名充之。康熙壬子科以庚戌狀元蔡啟僔主考，乙卯則以癸丑狀元之韓菼主考，丁巳則以丙辰狀元彭定求主考，辛酉以己未狀元歸允肅主考，一時奔走聲氣者遂先期輻湊於其門，場屋中多倖進者，自歸宮詹自誓，關節不通，榜發下第者譁然，冀興大獄，自後北闈試事，不復令新殿撰持衡」，可知狀元在明代及清初之權利遠在榜、探之上。（三）清代為帝擇師，原無必須狀元之例，至於同治之師李鴻藻亦非狀元，後添派弘德殿行走，師傅多人，有翁同龢在內，及光緒即位遂又為帝師首席。而孫家鼐以狀元授讀毓慶宮。至宣統則陸潤庠又是狀元也。選師於狀元，在清末幾成慣例矣。惜乎科舉之運已終，滿清之祚亦絕。不然後起之狀元師傅尚可源源而來也。（四）新翰林可以寫「對子」送人，易取墨敬，然鼎中較為吃香，狀元更無投不利。王壽彭得狀元之後，遍籍一行，飽載而歸，予親見之。（又按康熙以後，狀元為次科主試之例雖停，而乾隆戊戌會試兩總裁四同考皆以狀元充之，可知狀元潛勢之優，亦見《郎潛紀聞》。）

倒運的狀元

中了「狀元」之後，可稱洪福齊天矣。但是以後的命氣還要看有無特別惡魔作祟，因為「一步登天」之後，從雲端裏翻跌下來，不能復振，亦是有的。（一）嘉慶甲戌狀元龍汝言受特達之知，寵眷優渥，乃以校對高宗實錄不慎，革職永不敘用。（二）道光丙戌狀元朱昌頤因某科場前私評舉子之文，致生是非嚴議降謫，蹭蹬終身。（三）道光庚戌狀元陸增祥因散館考試用「霓」字作仄聲，皇帝說他不對，看在「狀元」面子，勉強留館而終身不掌文衡。（四）同治癸亥狀元翁曾源及第不久，即患神經病，潦倒以終。（五）光緒甲午狀元張謇及第之次年即因好談朝政，軍機處奉光緒手諭。「文廷式、周錫恩、張謇、費念慈等均著永停差使」，於是倉皇離京，而「狀元」遂與翰林院長別矣。

珍貴之箋札，于晦若之風趣

譚瑑青老兄有家厨烹調極美，友輩因其姓字，諧音取義，號之曰「譚饌精」，可云善戲謔兮，日前瑑翁與趙君愚兄同招飲於太平街之聊園，即譚府精舍，既醉且飽，復出示所藏于文和（式枚）、梁文忠（鼎芬）、與端忠敏（方）之手書墨蹟裝潢巨冊，蔚為大觀，摘要記之，以稔同好。

于與端之第一二書上款「陶齋尚書節下」下款「式枚謹啟」，文中自稱「本司」，又有「感禱下忱」，「仰祈均鑒」等字，蓋其時端已為總督，于則提學司，「在官言官」，必須謹依屬官對於上憲之體裁也。後于公以侍郎出洋考察，致端之函，雖稱尚書而自稱「兄式枚頓首」，二人本是換譜弟兄也。于以庚辰翰林散為部曹，端以孝廉為部曹，均好諧謔，有名士風，故即按憲屬款式上書，而語氣亦多風趣。其「仰祈鈞鑒式枚謹啟」後忽加小註云：「六朝臣下奏事皆曰啟，雍正間諭旨啟知怡親王，稟知朱軾，啟尊於稟久矣，近日乃倒置焉，此亦弇州觚不觚錄中一事也。惜樊山未知此也。」名流落筆雖極瀟灑亦言之有物。有裨於知識，與浮滑新腔不同。「稟」者本解作「受」，「稟命而行」即「受命而行」，後世以卑幼尊上用「稟」，故下語上曰稟白，下致上曰稟帖，又如稟知、稟謝、稟見等皆屬員對上司之詞，乃習慣而成，殊無確義。至於「啟」字，按晉書山濤為吏部尚書，於政事先「密啟」後「公奏」，是奏為正式題本，而啟乃便式摺件。故雍正硃批諭旨於臣下摺尾輒批曰：「甚好，可辦，具本來」。即先用便式接洽後，再備具正式手續，而硃批之摺奏，每諭不許隨意洩露於外，是即古者「密啟」之意也。今戲詞中，「有本啟奏」，「臣啟萬歲」皆啟奏連用，或互用，雖欠分別，猶可見古之遺意。晉宋人友朋間尋常書柬，嘗以「某啟」下接「死罪死罪」等字，令人不解，某筆記云係彼時禁人私通箋札，犯者誅死，然冠以「死罪」便不違禁令耶。以吾揣之，仍是對君主「密啟」之舊詞，名士沿用，如「誠惶誠恐，無任主臣」之例，所以助筆鋒增行文之姿態耳，「啟」字用於書首者猶是「臣某跪奏」列銜於前之式。因名士喜用「啟」，故凡「雅集」、「徵文」皆用「啟」字，於是啟又為雅式矣。若晚近數十年間報章上之「啟事」，亦告白性質而字面較雅。

于公此箋後又云：「公在鄂通飭所屬，禁稟帖中疑似之詞，此有關紀綱風化之文，可與建德制府禁用新名詞之文並傳不朽。故此啟乃兩犯之，然一則用名詞而有典據，一則用體製而無名詞，亦巧於趨避者矣。嘉慶中吳槐江作督，下教屬員，詞旨嚴峻，為聖諭所斥，謂久在軍機擬慣諭旨之故，枚久居幕府，作慣奏摺，猶之秀才之用八股調，書辦之用公牘格也。」所謂「兩犯之」者，一即上文所述「稟」、「啟」二字，一則啟中有「繞津赴京到後一切情形，容再詳細報告」，下有夾註云：「新名詞也，學部公牘屢見之，大抵卑幼上於尊長之言」。以「報告」為新名詞，犯周馥（即文中之建德制府）之禁令也。所云：「卑幼上於尊長」，殊非確解，可見于公未甚注意。無論為平行為上下，或當眾或單獨以新得事項作較有條序之告語，皆可謂之報告也。至於「學部公牘屢見之」，作為引用新詞之典據，足見周馥之功令未免「一廂情願」，能禁其所屬，不能限制部用，讀至此可發一笑。而可笑有甚於此者，張文襄以大學士管理學部，司員路某擬稿呈堂內有「健康」二字，張不悅即手批新名詞可厭，令其再擬，路某回司後，以紙條戲書「名詞」亦新名詞更可厭，數字以示同僚，相為笑樂，改稿後二次呈堂，無意中將此紙條夾入，文襄見之默然良久，忽自書空曰：「筆墨不可妄動，筆墨不可妄動！」不知周馥下筆能守此戒否，因名詞之新舊，難有定限，自己亦往往分辨不清也。

于公人品極清亮忠耿，而下筆最風趣，如函中云：「公奪太夷於郵部，雲又奪之皖江，雲不入滬而以高知府、魏京卿同至粵」，於「高知府」下註：「此名甚似《水滸傳》中人」。又述太夷辭鐵路事下云：「唐人詩，越女新妝出鏡心，自知明豔尚沉吟，蘇卿此時情態，正復如此」。又云考察憲政「結果所得」下註：「結果者《水滸傳》中不祥語也，而新名詞競用之」，皆是妙談，耐人尋味。又云：「到柏林後，京中有人貽書」之「人」下註：「亦在要不要之間」，尤足解頤。

民國以後于公高隱不出，猶時以俊語諷當道，如詠袁云：「包辦殺人洪述祖，可憐跑壞阮忠樞，於今總統是區區」，又致老徐云：「國朝太保十三人，為公數之」，皆禁於冷雋之極度。憔悴江湖，不久辭世，老袁本擬下令贈卹，楊士琦時為政事堂左丞以此事非于所願，代請取消，旋由在京舊日僚侶為之設位於法源寺公祭，輓聯甚多，徐世昌時為國務卿輓云：「相聚東海頭，舉足便為孔巢父；望斷玉峯影，前身應是顧寧人」，上聯指青島寓公生活，徐未出山以前，同居於彼也。楊士琦聯：「平生風義兼師友；萬古雲霄一羽毛」，直抄歐陽小岑輓曾文正聯，載曾榮哀錄中，見之無不失笑。李準聯云：「滄海奮同舟，憶有道高標，神仙忽復歸霄漢。秋風遙雪涕，嘆延陵久客，交誼何因脫寶刀」。于為廣東學使，李為廣東提督，故有滄海同舟之語。梁啟超聯云：「餘事在文章，當代更無韓吏部。扁舟竟歸去，古人不遠顧崑山」，金葆楨聯云：「慟哭宜接西台，時論交推謝皋羽。利病曾究郡國，遺書堪續顧寧人」吳重熹聯云：「天北舊同舟，饋我貧糧，掌故顧亭林，史學萬季野；粵西幼隨宦，擬公鄉哲，封章朱蓮甫，碑版龍翰臣」，陳慶和聯云：「七歲至今，執禮幾四十霜，感念平生，仰事不忘韓吏部。百年終了，讀書已千萬卷，傷心後死，遺風同仰顧崑山」以上諸聯，皆以崑山顧亭林相比，學問氣節，恰是先後同揆。又王式通聯云：「西域天驕識麟鳳；東方大隱喻龍蛇」。石德芬聯云：「麟鳳攝天驕，曾遊海國充專使。龍蛇逢歲厄，一臥滄江竟不歸」皆稱其特使德國之稱職。陳寶琛聯云：「滿腹史才甘槁臥；一瞑世事斷知聞」。吳士鑑聯云：「史才與王季友齊名，記執別黃浦灘頭，示我條流無苟作。卜居近顧亭林舊里，愴招魂玉山佳處，佑公身世有餘悲」，皆極贊其史才。而郭曾炘一聯筆重意深，尤見身分，聯云：「篋中疏稿累萬言，曲突徙薪謀不用。天上巢痕猶昨夢，傾河注海淚難乾」，蓋以于公清末條陳立憲根本，及辛亥主重用岑西林以制袁氏，皆遠識深慮，言人所不能言，他聯就其學問道德立言，此聯則政治家，社稷臣，所關者大矣。

徐世昌

水竹邨人又號退耕老人之徐世昌氏，於光緒十二年丙戌通籍入翰林，官編修。十五年未遷一秩，未得一差。僦居宣南八角琉璃井，侘傺無聊。故與袁氏為總角交，戊庚之際，袁勢漸隆，徐得其力，初開坊遷國子監司業。翰詹官遷轉，例由銓部開擬正陪，候硃筆圈定。若非有特故，向係擬正之第一人（資俸最老者）先得。徐名在陪列，且甚後。其開列第一之某太史，未經揭曉即置酒作賀，以為屬己無疑也。及見閣抄，乃徐世昌。所謂「翻牌子」是也。（捨正而圈陪，捨前而取後，謂之翻牌子）。旋超擢商部左丞，再升內閣學士，距為編修不滿三年，由七品而二品矣。適末次會試（甲辰科），徐乃得朝考閱卷差，一償夙願。觀其所為甲辰同年錄序「策論之試，甫定於寅歲。科場之制，遽迄於辰年。余於是科獲襄閱卷。舍元殿上，曾瞻金鏡之持。光範門前，細數曉鐘之列。馬融晚性，惟愛琴音。徐演殘牙，猶思餅餡」。念年積憾，不覺傾懷一吐。其詞若悲若喜，想見翰林官衡文之癖。雖以李鴻章之豁達，猶以畢生未得學試差為憾，況徐氏乎。

甲辰會試入榜名人

甲辰為末科會試，歷史上之科場制度，地網天羅，至此而終其運，此一榜人才，則有大政客、名記者、革命巨子、殉難忠臣，等等不一，應有盡有，洵大觀也。茲分誌如下：

黃為基：江西人，字遠庸，又字遠生。中式一百十六名，官主事。民國後，有名於報界。

陸光熙：浙江人，中第一百七十五名，官編修，升侍講。辛亥與其父山西巡撫陸鍾琦同死太原，謚文節。

張其鍠：廣西人，中第八十六名。即前廣西省長，去年從吳佩孚為秘書長，而死於河南之張子午也。

譚延闓：湖南人，中第一名，官編修。今為南京國民政府委員之一。

王志洋：安徽人，（後改名賡，又改揖唐，號逸塘。）安福領袖，段派要人。中第二十一名，用主事。

陳煥章：廣東人，康南海弟子，久為北京孔教會主任，孔教大學校長。中一百二十八名。

龍建章：廣東人，交通系之龍將軍也。後出交通部為貴州巡按使。中一百十八名。

蒲殿俊：四川人，中七十七名。民國後為研究系政客兼新劇家。

章　梫：浙江人，民國後為遺老。字一山，中一百八十六名。

湯化龍：湖北人，研究系大將，前眾議院議長。中一百六十七名。

姚　華：貴州人，字茫父，畫家。中二百三十三名。

金　梁：旗人，清宮內務府大臣，遜帝宣統出宮時，馮軍搜出金梁奏摺，計畫復辟之要人也。中百八十一名。

其餘政客官僚，不足備舉矣。

清代之官制

前記《春冰室》以閻敬銘贈太子少保為一品官贈二品銜，其誤在以榮典之銜與官級相混。因思清時加銜之類別有可析言者。除上述榮典之銜外，一曰品級之銜。如州縣加四五品銜，道府加二三品銜。二曰高級官秩之銜。如州縣加運同、同知等銜，道府加布政、按察、鹽運使銜之類，亦不過換頂戴以增榮，與品級之銜無大區別。三曰體制之銜。如部曹放學政則加編檢之銜（二甲出身者加編修，三甲者加檢討），以便與督撫平行。四曰事權之銜。如新疆首道兼按察使銜則理刑名稱臬台，奉錦山海關道亦兼按察銜，則又以外交關係，便於專摺奏事。若本官有遷調，則其加銜聯帶而歸於後任，以非個人特加之銜也。

內閣學士原以有涉典禮之事，例兼禮部侍郎銜。內閣侍讀亦例兼鴻臚少卿銜食五品俸。初時皆為官秩加銜而有事權之關涉，入後則虛榮之關係為多。

清制七品以下加銜不得過五品。五六品不得過四品，三四品不得過二品。依此例則道府各四品皆得加二品銜矣。而知府率謙讓未遑，即得二品亦每每隱而不露。清末某道員因所轄知府竟戴紅頂，懷怒假事稟揭，惡其逼也。然此等習慣上之可與不可，固毫無根據也。

總督、巡撫原非官名，及以京官而總督某某等處，巡撫某某等處。清代則督撫皆變為官名另加京銜。（此銜不作加銜之方式，似為聯帶之定稱。實則事權加銜之一類）總督定為正二品，巡撫定為從二品。總督例兼右都御史兵部尚書（皆從一）。巡撫例兼副都御史（正三）、兵部侍郎（正二）。昔年一士弟在某處，偶與友人閒談。座中僉謂總督本官一品。一士則力辨其誤而不見信，某君謂若能覓得二品確據者，願備席以敬，否則罰亦如之。一士即檢縉紳以示於眾，某君只可履行信約，供餔啜焉。

縉紳中於右都御史下註「總督兼銜」，右都比總督大一級，於右副都御史下註巡撫兼銜，副都比巡撫則小一級。京中都察院堂官有左而無右，以右皆在外也。左都雖品秩大於總督，而不能如總督之可以協辦大學士。以總督實為「尚書」待遇，權利且超過同為從一品之左都。惟本官在品級表中終是二品耳。（清初不取嚴格，大學士有以將軍協辦者，則早年之例外也。）

京官另有體制。故以三品卿出差，而布政使二品亦須行屬員禮。即翰林科道出差司道亦須具銜帖，明代之巡按御史只七品亦儼然司道之上官也。若道員則為省官布按兩司之佐貳。明代之僉事雖五品對於正四品之知府亦為上司。清代則將布按佐貳三四五品者一律改為正四品之道員，而將知府降為從四品，謂屬員不得與上官同級。然巡撫與布政則同為從二，且三品卿出差何以布政用屬員禮耶。此不明系統，第就所見及，以意為之，乃矛盾而混亂矣。

洋名中譯

昔直隸某教士（忘其為丁韙良，抑丁嘉立）持其英文名卡謁李合肥，求賜一漢姓。合肥審視其西文之第一字母T，曰此大類吾華文之丁，汝即姓丁可也。因思前在漢口與陳友仁議約之英館參贊O'Malley一名之漢譯，或為歐麻類或為哦馬利，皆只諧聲。若乃象形仿合肥而求其例，其〇之字母恰如論語「子曰」以上之圈，不妨為之定名曰圈麻類矣。

隱翁可想集詩遊中央公園一首，有「不見如花密司朱」與阿嚴之「一輛汽車燈市口，朱三小姐出風頭」，所詠固是一人，而「密司」入文更為新妙。「司」字微嫌失占須加（讀仄）小註耳。近有「蜜絲」之創譯，析言之，則密司者神密之司也，蜜絲者甜蜜之絲也。後來居上，涵趣尤濃。使少年人入目上口，先有一種縈情致戀之感觸，而顫動其「微弱的心絃」。雖渴極思飲之武行者，忽聞「青花甕酒」不是過矣。密斯脫之字母略同，而不獲如許庖製者，以其為「泥做的」也。密賽斯亦不值推敲者，以其「近了臭男人沾些泥滋味」也。《紅樓》小寶玉之言，良為不虛。昔易順鼎為印鑄局撰進璽印呈文云：「擬『璽』稱於『伯里』，開五千餘年未有之奇，稽檢冊於仲尼，邁七十二家所無之盛」。是則伯里璽天德譯文之作怪也。President中之si兩字母，一變而為璽，再轉而為四六中儷妃之材料，豈造此拼音者所預料乎。

太師、太傅、太保

古者太師太傅太保，或講學，或匡正行止，或保衛起居，各有專職。入後則止屬虛榮。惟清室遜國之先，有攝政王退歸藩邸之諭，特授世續、徐世昌為太保，以「保衛聖躬」為專責，則不期而復古，帝制亦告終矣。

偶於舊報中見清太傅陸潤庠之賜卹諭旨曰：「太傅銜太保陸潤庠，學問優長，持躬端謹，老成練達，明敏忠純，由修撰洊陞卿貳，授為大學士，南書房行走。迭掌文衡，朕御極後，並在毓慶宮授讀，宣力四十餘年，克盡厥職。方冀克享遐齡，深資啟沃，玆聞溘逝，震悼殊深。加恩予諡文端，晉贈太傅，賞給陀羅經被。派貝勒載潤帶領侍衛十員，即日前往奠醊，並賞銀三千兩治喪，由廣儲司給發。應得卹典，該衙門查例具奏，以示篤念耆臣至意。欽此」，此文按諸遜位以前之向例（與陸資勞地位相等之大臣），所缺少者，（一）靈柩回籍時著沿途地方官妥為照料。（二）子孫加恩晉秩或授官。（三）入祀賢良祠。（四）任內一切處分悉予開復。前三者已非清帝權力所能施，後一則大約付諸「不消說得」矣。文端之諡，清代最多，陸氏以前李鴻藻、孫家鼐皆以帝師得諡文正。陸之不獲「正」字，當是宣統左右有所畏避。遜位以後之予諡，大抵「恪、慎、端、厚」之字，輕描淡寫而已。（其張勳之諡忠武，梁鼎芬之諡文忠，王國維之諡忠愨，聞皆出宣統之獨斷）。諡法以「成、正、忠、襄」為最優。歷來卹諭中自為指定者，多不出此四字。端字則在內閣擬請圈定之列也。《春冰室野乘》記閻文介逝後贈太子少保銜事，謂輔臣身後必晉三公，即不能亦當贈太子太師。今以一品大臣而身後飾終之典乃以二品銜予之，二百年間僅閻一人。此不知何所據而云然，公孤保傅久為榮典性質，雖亦分別一品二品，然與實職之品級迥乎不同。如五等之封，亦以公、侯、伯視三公（太師、太傅、太保），子視一品，男視二品。榮祿以第一寵臣死謚文忠贈太傅，錫爵僅止於男，時論猶以為異數（因無軍功）。必執品級之說，則榮亦非榮而轉為貶損矣。曾、左、李、孫家鼐、劉坤一、張之洞、鹿傳霖等所以追贈太傅太保，以生前已得太子太傅或太子太保也。張曜、馬玉崑追贈太子太保，以生前已得太子少保也。若生前無宮銜而逝後加贈者，即起碼之太子少保亦不得謂非恩榮。張百熙、葛寶華、徐會澧皆以一品大臣終於位。張得太子少保，徐、葛則無此優待。記裕德以大學士逝後予謚入賢良祠，而亦無宮保之贈。至太子太師則道咸以後可云絕無。（惟太師卻有一杜受田，由咸豐特贈。餘者如桂良、榮祿之寵，曾、李之勳，亦只太傅。師之一字，殊不輕與。）大抵為太子少保、太子太保、太子太傅、太保、太傅，如是而已。聞朱益藩生得禿頭少保，則在清室遜政以後矣。

御史綜橫談

自中山先生闡明五權真義，以本國舊日監察，考試之良法美意，即西式三權，同垂國是，而政制燦然大備。近頃監察院釐定十六監察區，中政會特派七區監察使，是監察制之實施將擴於全國，甚盛事也。茲記故採臺練按察之舊聞，略供參覽，閒及他事者，仍為隨筆體裁，非系統專著耳。四月二十日附誌御史一官，自古有之。黃帝之左右史，夏之太史令，記言行，陳闕失，以匡君者匡政，彼時政集於君故也。自是歷周秦漢以迄明清，糾察百僚行政號為朝廷耳目之官，職兼清要，至明太祖十一年始遣御史巡按州縣，詢民間疾苦，廉察風俗申教化，是為巡按之始。實本於秦之御史監郡，漢之繡衣直指。帝王以守士官不盡可信，別遣此官以代旬宣。清乾隆帝論曰，「巡按之設，偶一行之，或可察民隱，糾吏弊。乃竟定為員額，重其事權，以致政令紛歧，又或交通大吏上下相蒙，從來有治人無治法，民之疾苦，吏之賢不肖非一巡按所能廉察無遺。」故雍乾之間，巡按盡廢。然明清監郡縣之官已疊床架屋，若道員、若兩司、若督撫，而察風俗申教化者復有學政，巡按若無為則贅疣，有為則衝突，宜其不能存也。林君貽書語予，學政實兼按院，有察吏安民之責，按臨所至，儀節體制與巡按同。若陳弢老之在江西，劾罷不職多人，人以為特彰風厲，不知此正學臣所有事，第常人以有巡撫在，且課士不暇及此耳。林君閩之長樂人，乙未翰林庚子督豫學，尊翁諱天麟咸豐庚申翰林，同治師傅，以侍讀學士為江蘇學政。兩世此官，知之最悉，予案學政創於明英宗，時曰「提督學校官」。兩畿以御史，稱學院與按院同。十三布政使以按察司僉事，曰提學道與監司同。御史出自都察院。僉事出自按察司，按察司者柏台外府即地方之監察衙門。故無論學院學道皆以風憲官兼教育。其在政府，有時覺地方大吏之不可偏信，則以監察一差為不可少，而按院學院之職存。有時又覺督撫之權宜於專，則又以監察為駢枝，為多擾，而按院之官裁，即學政亦僅司衡校不問吏治矣。清末省政集於督撫，成為包辦。提鎮兩司本有奏事之責，而無敢越督撫以上陳者，以所奏仍須交督撫覆奪也。故監察權之興替，胥視省權之是否專集，中樞權威能否平亭控縱，以收維繫之效。袁世凱時改各省民政長為巡按使，則仿明清之巡撫。「巡撫」未便遽復，故以「巡按」影射之，俾清民政之權於武人之手，固無與於監察也。而軍民分治之成績稍可觀者亦以袁政府力較強耳。丁巳以降軍閥復縱，省長且類督軍督辦之秘書，吏治民風一任武夫之所為，更無能置喙者矣。

巡按雖停，諸御史不出京門而監察糾劾之權及於地方者亦至偉。監察各以道名。明代有十三道，首河南道，末雲貴道。清疆宇日拓，以京畿道居首，依次得二十道，似即監察區，而其行使職權殊不限於道之名義。非謂山東道止察山東省，河南道即不問江西事，即所謂「山東道監山東刑名」，「河南道監河南道刑名」者，亦只循行故事，非有專寄也。乾隆時各疆吏贓案凡數十見累興大獄。陝撫王亶望、鄂督陳輝祖、魯撫國泰、黔撫良卿、浙撫福崧以次依誅。某省之案不由御史舉發者，則籍隸該省之御史以溺職論，乙省有案籍隸乙省者如之。故若官直隸總督所憚者不在京畿道，而在「直隸省籍」之御史，若山東巡撫，必須聯絡御史中之山東人而山東道，為分覈山東刑名稽察刑部太醫院催比五城命盜案牘緝捕，亦皆例文。惟轄治梨園行，權力最可怖。昔時伶人階級至卑，娼優隸卒胥為墮民。有催比命盜緝捕之責即有強制伶人之威。殷厚培年丈李堯為此官值同年團拜演劇，譚鑫培恃宮眷遲延不到，殷大怒命人告以殷都老爺在此！再疲玩者鎖來重責！譚懼立至，演劇唯謹，語云「不怕官只怕管」正謂此也。刑名以刑部為主管。都察院、大理寺共稱三法司，所謂分覈，賓輔而已。道咸以降，內憂外患日滋，疆吏之權漸大，中央紀綱稍替　不復以省政得失嚴責本籍之御史，然如清末山東萊海民變，廣東新軍之變，魯人王寶田（御史）、粵人陳慶桂（給事中）之糾彈查辦，而大小官吏斥罷者纍纍焉。督撫於言官、講官例有水炭敬，籍本省者有特敬、加敬，畏之甚也。故前清雖禁士人服官本省，而操監察之權者實為省籍之科道及有力京官。是行政權在官而監察權在紳也。安得謂本省之人，不許問本省之政也。

光宣間督撫之豪華者以直隸總督楊士驤、東三省總督徐世昌為最，其饋遺水炭敬也，亦最豐而普。故士驤死或就其謚「文敬」，戲為輓聯曰，「何為文？戲文曲文，聲出如金石。烏乎敬？水敬炭敬，用之如泥沙」，紀實也。世昌則兼用「釜底抽薪」之策，御史之有聞者若周樹模，如錢能訓，如張元奇，胥羅而致之翼下，遞升參贊司使巡撫。諸御史見外擢之優而速也。則群營奏調，勢將北冀群空。都御史陸寶忠怒曰吾總憲也。是何景象，可無言乎。乃拜摺言科道官向例不准奏調請申明定制。得旨朝廷耳目之官，奏調差委於體制不合。嗣各省督撫不得率請奏調。惟自願投効外省或各衙門當差者即開去底缺。先是世凱於丙午會議官制，主廢都察院，為孫家鼐所斥。至是又有寶忠為阻，復疑諸台官之糾彈，出寶忠意，乃與奕劻商，密奏寶忠以總憲而具烟癖非所以風百僚。按禁烟章程二品以下乃調驗，一品則否。西后特傳寶忠而質，不得已以實對。后猶念書房舊臣命暫離任或除。寶忠不能堪，奮力斷之。得旨復任而病已深，懇開缺得請，不逾月而逝。慶袁之排斥異己不餘力如此！

四月八日勝清貴冑載振，慶周甲於津法和界之共和廳。前大學士徐世昌以下躬與周旋者數百人，名伶號為國劇宗師之楊小樓率舊都菊部承應達旦，豪客音尊宛復三十年，「大爺」嘉況，昔日倚翠偎紅之慘綠少年今蒼鬢矣。大爺者都人士尊之之稱，自清光緒晚季迄民國丙辰，十丈京塵中有煊赫無倫之「大爺」二，前者「振大爺」，後則「袁大爺」克定也。舊京故習以稱「爺」相矜，上則帝室王公，下則士豪紈袴，胥有樂乎此稱。若恭王奕訢、醇王奕譞著名之六爺、七爺也。其兄奕誴「惇王」也，「王爺」非所好，獨喜盤桓於市井游冶之場，而「老五爺」遍於口碑榮於南面矣。「爺」字可舉「老爺」、「少爺」、「王爺」、「公爺」而代之，凡稱謂有「敬而遠」、「親而近」，惟曰幾爺乃敬而不遠，親而益近，「主子」之亞也。

「振大爺」者故慶王奕劻子，劻非近宗，又非勳舊，少為閒散宗室以嫻習趨奉兼能書畫為西后所喜。同光之交，晉爵至貝勒而振始生。迄於庚子，劻已親王矣，以偕李文忠議和，功得世襲罔替，復繼榮祿領大樞，綜外交陸軍兩部，權貴視昔弈劻有加，而振乃肆。故事近支皇族不與政權，嘉慶初以成親王入軍機，乃偶然，旋即特諭退出。同治初兩后垂廉，引親藩為重，垂為常例，然恭、醇、禮諸邸，祇身居政府，若援子弟入九列，非所敢出也。弈劻初猶顧忌，繼以袁世凱、徐世昌、那桐力舉於朝，適議興商務，立商部遂以振為尚書，袁、徐、那先已與結昆弟交，劻父子所不便自謀者袁等代請之。袁、徐所欲者則振慫恿其父以達於朝，互為聲援，而朝政專一於「慶袁公司」之手，「慶袁」謂慶親王、袁世凱也。振既長部，左右之者若唐文治、楊士琦皆袁、徐所推。袁子克定則振與世昌合力為營得右參議焉。兩「大爺」蹐蹐一堂，道路以目。丙午改官制，商部擴為農工商部。巡警部改民政部。振與世昌為尚書如故，而世昌以此時出軍機頗不釋然。時已偕振詣奉天按事，擬廢將軍設總督大舉革新。世昌所欲也。載振與父白西后，非世昌莫任。還過天津，世凱盛筵款之，段芝貴獻楊翠喜得以道員加布政使，銜署黑龍江巡撫。世昌則加欽差大臣總督三省，稱欽帥焉，官制由世昌手定，便宜行事，條奏輒以「臣世昌奉命為欽差大臣」冠首，下即超越常例務擴事權，時有「三不管」之說，任官不受管於吏部，用財不受管於度支，練兵不受管於陸軍部，蓋名為行省實仿西人殖民之督。Vice-roy義即副王。內地總督，向有此譯，但指兼圻崇秩而言，不為正確。至世昌之東三省總督乃庶幾之。

芝貴以道員遽擢巡撫，事已可驚，益以楊翠喜事外揚，於是御史趙啟霖執白簡而起，悉舉上聞。西后為之動容，特諭醇王載澧、大學士孫家鼐查辦，先撤芝貴布政使銜巡撫，洎查辦覆命，各款皆實，復密諭改虛，罷啟霖職，以奕劻頗關朝局，全其體面而諷載振善自處。乃屬唐文治擬表陳情，「貽衰親後顧之憂。累兩聖知人之哲。」數句，詞意悽悱，不愧才士。振既開缺，終清之世，無復要津，而洵、濤、倫、澤之輩則蜂擁以進。啟霖罷數月即復職，世昌轉為揄揚，出任四川提學使。至庚戌間，江春霖一摺舉慶袁公司之人物而盡彈之，又有趙炳麟亦喜言事而鋒芒不逮江、趙，時稱為三霖公司，與慶袁公司對峙。

江春霖閩之莆田人，甲午進士，改庶吉士授檢討擢御史，風骨崚嶒，而清寒自守，斯其可貴，尤過於糾彈。蓋彈劾不免近名，且或因以為利，如世傳蔣某串同外國銀行藉參奕劻而朋分其存款，是也。翰詹科道以清貴著而不免於患貧，進士而改庶吉士登館選榮矣，而發「駱駝」之嘆者有之，作「老虎」之夢者有之。故嘲謔之詩曰：「要做駱駝留種少，但求老虎壓班多。三錢卷子三錢筆，四寶青雲帳亂拖。」駱駝喻翰林之大而堪憐。「老虎壓班」者庶吉士散館名老虎班，可即得缺，解決經濟問題。四寶，青雲南紙店名也。其留館授編檢者愈貴而愈貧。「那怕朝珠無翡翠，只愁帽頂有硨磲」——（謂改主事也）——「有屋三間開宅子。無車兩腳走京官。功名老大騰身易，煤火全無度日難。」某翰林留館後自傷之作也。庶常朝考有故為疵累，冀置末等得知縣者。而御史之亟於外用，如《春冰室》所云一麾出守，有若登仙，亦不乏其人焉。惟春霖留館近二十年不營學試差，及為御史，不受京察一等，以記名道府將為督撫屬官，且放道者絕無僅有，若知府則司道皆為上司。他人視為故常，春霖所不屑為也，及劾慶袁獲譴歸隱梅陽，自署山人，優游沒世，肥遯自甘，尤可風已。

春霖彈慶袁一疏，曾載《國風報》，其規諷洵濤一摺則傳者無多，吾今亦不能誦其全文，第憶其詞氣概略。謂二子少閱歷尚意氣，攝政王賢明當以糾策篤友于，不宜過於仁愛，義深而辭婉，語重而心長，若劾奕劻則劈頭數句即「老奸竊位，多引匪人」、「戊戌政變全局，為前軍機大臣袁世凱一人所壞」，以下字字響聲聲激，酣暢淋漓，視陳琳之討阿瞞，賓王之讁武氏，何足論也。然所劾諸人非皆稂莠，張人駿雖與世凱姻家而頗不相洽。其締姻之故，在朝鮮之役。李文忠惡世凱恣妄僨事，將嚴劾之，時張佩綸續姻於文忠之女，居北洋幕，力為緩頰得免，世凱德佩綸甚，遂以女妻人駿子成姻好焉。人駿，佩綸姪也。廉幹有為，不尚機詐。其以監司游歷督撫，援之者鹿傳霖，張之洞亦重之，非關奕劻，為世凱所敬憚。沃丘仲子《名人傳》稱其「當官簡重，守廉才絀，雖與世凱姻而甚薄其為人」，乃確評也。自餘諸子若寶棻、恩壽、志森、衡吉、徐世昌、馮汝騤、孫寶琦、陳夔龍、朱家寶則為慶袁公司嫡系，無所疑義。彈章既上。載灃命將陳夔龍為奕劻乾女婿，朱家寶子朱綸為載振乾兒，各節明白回奏。於是「乾女乾兒」之豔詞，騰耀於煌煌之丹詔，「一旦成名天下聞」而「弄璋弄瓦」之雅謔，乃傳播士林，構成詩料矣。

「兒自弄璋爺弄瓦」句凡兩見。一見於「一堂兩世作乾爺」篇「江令歸來有舊衙」句下：「兒自弄璋爺弄瓦，寄生草對寄生花」。即廣和居題壁，傳為端方陶齋作，時陶齋已為李國杰劾罷，由直督還居京為名士也。後又有人以「兒自弄璋翁弄瓦，」對「兄能倚翠弟偎紅」者。「璋」、「瓦」仍指陳妻、朱子。「翠」、「紅」則載振之楊翠喜，載搏之洪寶寶也。題壁詩工穩熨貼，風趣無倫。「也當朱陳通嫁娶，本來雲貴是鄉親」一聯，天造地設，妙合無間。——（陳夔龍貴州人，朱家寶雲南）——「呼格格」、「喚爸爸」、「江令歸來」、「歧王宅裏」，運實於虛，聲口如活，一時傳遍九城，廣和居座為之滿，戶限穿矣。此居為舊京久擅盛名之酒舍，位於北半截胡同之南，西向，基址不崇而院落清疏，几案整潔，昔日翁、潘以次，清流朝士，多就此沽酌遊宴，以其鄰接江亭而南橫街、米市胡同、粉坊、琉璃、虎坊橋左右，又為漢籍京員府邸所叢，當宣南盛時，固不下於今之北京飯店也。民國後，內城名勝開放，官舍私邸遍於紫禁之東西。城南地氣漸移，只餘一二老成戀舊者偶與流連，莫能支柱。而所謂潘魚江腐嘉客名廚之廣和居者，竟歸毀滅，今春且聞其鋪長申姓貧病無歸，掩門自縊矣。憶丁卯春，嚴範孫先生於此展觴。座間陳君寶泉，已得「此鋪出倒」之消息，問之傭保，猶否認之，但云將移西單，以承地利。今西長安街有廣和飯莊，其名目與陳設，固彷彿之，而肴饌風味殊不類，觀於申姓窮途，知其仍不外於售轉之一法。聞當題壁高唱之時，慶府人怒欲查封，門客曰，今風聲鶴唳，不可當矣，復多事乎？乃止。哀此申公，得免於前代權門炙手之威，不能全活於時勢聿新之日，豈非天乎？

載灃初攝政，頗圖振奮，春霖疏云：「臣在先朝劾奕劻父子及世凱者疏凡八上。皇上臨御以來亦屢有言」，是其膽識固灃所夙知，是以巳酉庚戌間累名獨對，寵獎有加，而卒不能用其言者，以劻雖可厭而洵濤及後宮隆裕之難處，更甚於劻，轉賴劻以耆舊調停其間，春霖所奏，豈復能行。斥以「有妨大局」復稱其「平日戇直」，當時灃所處境，蓋不得不然。所謂「家務事」也。江既回舊衙行走，即乞假歸閩，閩籍京朝官故多名流詞客，若陳弢菴寶琛、張燮鈞亨嘉、林贊虞紹年、陳石遺衍、林琴南紓，各投詩作餞，佳詞絡繹，然不若趙堯生之「萬種笑啼皆母意，四山花鳥敬鄉賢」，句法特見精靈，具見《國風報》之文苑。惟鄒崖三律當推壓卷：「廷推未可歸西錄，家事終難預外臣，自分蕘言誅正卯，不辭黨籍附安民。」、「母自能貧輕宰相，朝無闕政愛林園。宮廷頗費調停苦，應信移官豈至尊。」包羅萬象，深入底層，真詩史也。

辛亥後袁世凱以廢員一躍而居總統，春霖里居自若也。世凱方務雄圖力摧政敵，對此書生口筆微嫌，亦未介意。閩巡按許世英忽舉其莆邑隄工勞績，為請得四等嘉禾章既類官員保案，且若不知袁江前事者，此大滑稽，非春霖所能受，乃寓書力辭，所舉「五不敢受」皆近例文，惟開首：「春霖自前清歸養，已有之推隱綿之句，近更蓄髮道裝，形骸自放」，及煞尾：「懇收成命，俾得援黃冠備顧問之例：優游林下娛侍老親，以終天年。」，有釋疑蘄免之意。乃次年果有誣以通土匪毀教堂，謀為不軌者，蓋小人不逞，欲傾陷之以媚袁氏。春霖乃覆以書自白：「養親之外，他無所事，通匪之舉，自好不為。若謂為清報復，不知春霖在清，乃孟子所謂諫不行，言不聽，膏澤不下於民，有故而去者，不知何所感激，而欲以身殉之，方今民國成立，萬物得所，能容春霖在家侍老親，以終天年，則堯舜在上，下有巢由隱逸一流，亦後來不可少之人物，倘不忘春霖在都察院時事，則文山正學，豈伊異人，特共和時代與改姓易氏不同，不容更論氣節，且恐不知者，以假手外人尋仇報復，為大總統初政累耳。區區之心，不能自達，望執事代呈總理，並付報館印佈，與世之主持公道者論之。」詞曲而達，筆致委宛而語無泛設，字字有力。察院舊事，侃侃而談。諺所謂「打開窗戶說亮話」者，遂使忌者，無如之何，此公畢竟不凡耳。

疆諫之風，明末最盛，士氣自見，流敝亦多。清初雍乾諸帝屢誥臺官，引以為戒。故有清一代言路較近平實。原御史之職，大要有三，糾舉、獻替、監察。獻替者獻可替否，須體會局中，自抒所見，係對事敷陳。非「對人舉發」，「對人」每致怨尤，「對事」亦能招忌。「對人」可昭風骨，「對事」則必言之有物，盡其利敝。驗於實際而可信，懸之國門而無餒，斯為難能。若三霖一蔣（式瑆）一張（元奇）諸御史，皆以彈劾得名者，惟胡思敬漱唐——（江西人，乙未進士）——獨抱隱憂，瀝陳時局，痛言新政之敝，有致貧之道三，致亂之道六，致亡之道九，若練新軍，開議院，新政之繁而寡效，稅課債款之多而虛牝，歷歷言之，更無忌諱，旨在罷諸不急之務，以舒民力培國本，剴明翔實，老成遠識，非腐舊可比，亦非新進能知，而當時親貴大事舖張，笑其迂執，至呼為「糊塗老爺」——（胡都老爺）。至辛亥事起，其言無一不驗。新軍跋扈，勿戢自焚，清社既屋，復流毒於民國。軍閥橫行，循環戰爭，紛紛割劇，殘唐五代之怪幕，亘十餘年，民生之禍亟矣。乃知糊塗老爺者，正乃「大事不糊塗」耳。

李祠華安徽人，甲午翰林，光緒末官至給事中，值行察典，謫回原衙門上諭中且舉以為言路戒，而不能詳其敗行。若其丙午劾北洋陸軍一疏，則大言炎炎，不失為名奏議也。其言曰：「竭天下之財力，以練數鎮之兵，輒不敷用，則所謂練者安在。去年秋操，非不步伐整齊，號令嚴肅，雖糜款數十萬，以供一操之用，不得謂之虛擲，而究無解於逃亡何也。心不固則膽力不生，虛有其表，一旦有事，若僅止棄甲曳兵，一鬨而散，猶可說也，倘乘勢煽亂，如庚子五六月間事，至是為練兵者咎，已無及矣。欣幸中外輯睦，無決裂之日，若輩得以徼倖無事保全名譽，然而若輩之幸非天下之福也。方今時局多艱，官民交困，一切新政何在不取之於民，乃以二十餘行省之脂膏，供三五鎮之揮霍，清人河上，不卜可知，賈涕杞憂，誰能遣此。」奉上，硃批「練兵處知道」而已。

後起諫官著風節當推溫肅。粵人字毅夫，癸卯翰林，宣統間官御史時，時資政院已立，開國會亦縮期矣。諸省選議郎新硎初試，奮臂揚眉，彈劾糾查，不可一世。是時官制迭更、舊曹並罷，惟都察院巍然存，而資政院之所為幾盡攘臺官之舊有而有之。清流岔鬱不平則移其對政府目標，而向資政院及審政編查館。憲政館者蓋起於諸大臣考察憲政及政府籌備立憲。以軍機大臣兼領館事，新政之犖犖大者僉從出焉。諸王大臣故不識憲治，一切草制付於法政學生，溫肅參摺云：「諸臣於外國憲法無暇研究，固人所共知亦人所共諒，其中章程皆三數員司為之。如是即憲政制度，如彼非憲政制度，諸大老均不敢駁一辭，恐人譏其隔閡也。」、「近事事關憲政者奉行如束溼薪，疆臣粉飾敷衍，但求脗合籌備清單。與資政院之吹毛求疵，彈疆臣彈樞臣，以爭權限。皆章程未審故也。今改訂官制又近是，事本正大，故出諸秘密，使局外無從覆議，及至出發，則案係奉准，以箝天下人之口，而於事勢有無窒礙皆所不及，此正歷來變法惡習，奈何又蹈其故轍乎。」」，可謂形容妙肖，鞭辟入裏矣。

其姓「溫」其名「肅」其字「毅」，其人凜然，同台前輩亦敬禮之，時稱「溫天君」。民國久隱，丁巳之役，被命副都御史，張曾歇為都御史，二人皆狷潔自好，未嘗有所活動，蓋重其人也。同時有政客溫世霖請願開國會，態最激昂，立全國學界同志會，通電各省，約罷課要求，聲勢甚盛，陳夔龍嚴憚之，亦號「溫天君」。卒為夔龍奏參，嚴懲，遣戍新疆。交地方官嚴加管束，謂其「出身微賤，即溫子英即溫昱曾充長隨多年，衣冠不齒」，辛亥冬普赦政治犯特諭釋回。民國後充議員，未見有何特異，去歲病歿津門矣。案「長隨」為僕役之別名，而僕役亦自有等差，如郡縣衙之門印司錢穀刑名者名錢漕、稿案，非擅鈎稽，略嫺政令不能任，即簽押，知印司書亦須粗解文墨，近似士流。其職皆署中公務，其人儘多書吏改充，或貧寒子弟屈就，非皆供奔走伺顏色之廝養也。本官待遇亦視奴僕有加。惟在社會政治各設為無身分者，出仕應試，胥不自由。民國以後，階級漸平，昔充門稿者，有於官署中任收發員辦事員，在本官前有座位，是堂屬，非主僕矣，此合理之進化也。

科舉考試內幕

考試掄才之法，在昔如不廢之江河，於今為五權之砥柱。非止典章之備，取去之公，足澄仕途廣登進也。得失之林，沆瀣之氣，師生年輩，授受淵源。俯仰升沉，綢繆恩紀。一言一事，動與人群風義相關，而皆超然於權位要結物質誘惑之外，名曰特殊之社會倫理，庶乎近之。茲事若非湛深興趣，積漸尊聞，則雖巍科顯宦，由而弗知者，亦且語莫能詳。景贍故事羅胸，相知最早，揮炎暢話，互有發明，所得已多，稔之當世。六月十日記

譚延闓、胡漢民、吳敬恒，皆壬寅之孝廉公也。胡受知夏潤枝（名孫，桐江陰人，壬辰翰林，廣東副考官，正考為裴維侒，祥符人，庚辰）。吳之座師為戴鴻慈、黃均隆（皆丙子），譚師為李士珍、夏同龢，夏以戊戌狀元清代末及開坊，民國後一度為實業廳長而逝，狀元之最不得志者，譚組菴頗感知遇，於其後嗣存卹有加，念舊之意，有可欽焉。

景贍又曰：錢幹臣（能訓）乙未會試出楊君鍾羲房，為主司所抑，場後亦竟不謁楊。若無關師弟者，於理似有未安。予曰，公言基於風義，責備是也。科名得失為一事，文章知遇又為一事。試披歷科硃卷，「受業師，受知師」，燦然羅列，鮮有不求備者。薦舉之德不可忘，房師無不認之理。若薦主與門生之關係，則以

《兒女英雄傳》比喻之詞為最確。其言曰：「房官薦卷，比作結胎。主考取中，比作弄璋。中了副榜，比作弄瓦。到了留作備卷，到頭來依然不中。便比作半產。一樣落了第，還得備手本，送贄見，去拜見薦卷老師。倘有不肯去拜見薦卷老師的，大家便要說他忘本負恩。不想想那房師的力量，止能盡到這裏。」可云絕妙形容。於此知房師盡力之程度亦有重輕厚薄之不同。有力爭前列者，有只蘄入選者，有滿批滿薦而於中否則不置詞者。有泛泛一薦，落落一批，聊以充額者。大抵首末兩類其例無多，前者近於越權，後者太無意興也。《今古奇觀》「老門生三世報恩」一章，蒯遇時以廣西興安縣令調充省闈房考，私計「取個少年門生，他後路悠遠，官也多做幾年，房師也靠得著他，那些老師宿儒，取之無益」，此等計較利害項伏黨援之老師心理在所難免，而門生之多拜老師，藉圖援引者，亦未嘗無人，要非道誼文章所應有也。

李慈銘目空一切看低多少名流。於其鄉舉座師李文田、會試房師林紹年，亦殊落落。徐桐某科分校秋闈，薦而未中，而越縵堂中盛稱「徐蔭軒師」，特致崇敬者，以桐嘗執卷強爭，堪稱知己也。

惟其爭而不獲，故一薦之恩視薦而售者情感倍濃。越縵之意，其在茲歟。其於庚午浙正考劉有銘，亦深感念。劉字緘，三官副憲，以案鐫級，潦倒京華，抑鬱以逝。慈銘臨其喪卹孤厚賻，頗致纏綿。故知李之中式，主於有銘。文田特循例稱師耳。

江陰繆荃孫為張之洞門人，福山、王懿榮亦以淹雅為之洞所重。二人交既稔，恒相諧謔。王於己卯應順天秋試時，繆官翰林編修，戲謂王曰：「吾為同考官當收君於門下。」，懿榮笑其妄。已而荃孫被命分校，懿榮卷果出其房，昔之押友，遂為師生，亦儁談也。繆氏家傳云：「己卯充順天同考得士二十一副榜五人，王文敏懿榮以經策補薦，主司欲置副榜，力爭始得」，是則王之獲雋，悉由於繆，綢繆恩紀，自當度越尋常矣。先瑩甫兄癸巳亦以經策補薦，房考丹徒高覲昌承正考官翁常熟旨，注意二三場，惟瑩甫一卷最豐麗，故並頭場薦之。

同考閱卷有撥房之說，如甲房取中過多，乙房取中者獨少，則由主司酌為勻配，俾春風桃李無繁枯疎密之殊，意至善也。光緒丙戌先世父僅叟公與豐潤張安圃丈（人駿）同校春官。固始秦君樹聲即由安丈房撥歸先世父門下。例須兩處拜師。一則受知在先，一則名分所繫，且受撥之房考，亦須徵得同意加批備式，與原薦無異也。秦君名下士後為名宦，知雲南曲靖府，治績丕彰，與江西撫州知府王乃徵齊名。稱王撫州秦曲靖，戊戌秋，先世父以黨案繫獄，及門中存問者秦與彭向青兩人而已。彭君名述丙戌傳臚，光宣間以給事中簡福建延津道亦有聲。

房師向只認本房，若撥房則有二師。而座師不論幾人，例須全認。順天秋試及會試四人，（清初至道咸，間或兩三人）各省正副二人，分額取中。於卷末注一暗記。例如四總裁或四主考，恒用「正」、「大」、「光」、「明」四字記之。先龢甫兄壬寅，宇甫兄癸卯，中卷皆有一「光」字。壬寅主考為裕德、陸潤庠、陳邦瑞、李聯芳。癸卯為徐郙、葛寶華、溥良、熙瑛，因知壬寅中於陳，癸卯中於溥。丙午停科舉，宇甫兄以舉人官禮部主事，溥為尚書，徐以禮尚協辦大學士，皆以座師為堂上官。後徐以京察休致，陸寶忠署理，則丙卯之監臨，亦師也。惟先兄以溥為親手取中之師，故謁候較勤，節壽禮物亦較豐。戊申清帝后喪大差，奉派襄事。溥於宣統初調察哈爾都統，葛寶華繼之又座師也。睹先兄名，頗嗔其厚於溥而薄於己，欲將保案扣除。亟挽鄭叔進緩頰，始得轉圜，加四品銜。大喪典禮保案，向極優越。主事例升員外，乃僅獲虛銜，宿嫌未盡泯也。叔進名沅，湘人甲午探花，先瑩甫兄同年，葛之東床。曾典試晉隴督四川學政，鼎革後，梁燕孫薦入總統府為秘書，今聞養痾滬濱，一臂已廢，貧病交迫，亦可傷已。

先研甫兄庚寅留館，壬辰分校禮闈，得葉德輝卷賞其才調，而病其蕪雜。乃躬為改削，中有一文，竟抹去大半，後代完成之。是時場例漸寬，翁潘諸公主持風會，屬意異材，不拘常格。潘公已先一年卒（庚寅），是科，常熟為正考官，求張謇卷，擬畀以會元，幾於無所不搜，各房互相參酌，但不敢拆彌封耳。吳士鑑卷在吳鴻甲房。先兄識其筆路以告鴻甲，鴻甲故與士鑑父慶坻丙戌同年，亦夙契士鑑遂予特薦。榜發吳葉皆中式。殿試後吳以一甲二名進士授編修，德輝以主事分吏部，戊戌居湘，時研兄督學湖南，與巡撫陳右銘、臬司黃公度諸公興舉新學新政。陳伯嚴、熊秉三、梁卓如贊襄之。葉與王葵園先謙相結，力持異議。謂極感徐先生知遇之德，而不能以私廢公。似衛道至嚴，而其人鄉評則甚劣。庚戌四月，鄂督瑞澂。查辦搶米案，奏言：「葉德輝當米貴時，積穀萬餘石，不肯減價出售。實屬為富不仁。」得旨革職交地方官嚴加管束。丁卯夏，共黨專政湘南，初以葉鄉耆，頗相推重。已而組農會乞其撰聯。德輝援筆立就曰：「農政革新，稻粱菽麥黍稷，莫非雜種。會員起鬨，馬牛羊雞犬豕，滿是畜生。」竟觸怒被戕。或云其產為人分潤，故憤不擇言。然明哲保身，危行言遜之義，豈未之知耶。德輝藏書多善本，頃見報端廣告有滬上書局為之刊行，預約亦須一二百元，美富可知。孟子曰，「小有才未聞大道」其葉煥斌之謂乎。

科場有同考官，職在襄校上以省主司之繁冗，下以卹多士之艱難，眾力分工，悉心衡鑑，遺珠無慮，與情自洽。正副考官，綜核全場，權責無限，房薦所遺者，主考得提取覆核之。惟其事太勞，且視房官如疣贅，人情之所難堪。故多循例就已薦者取中。道光十二年諭曰：「士子握槧懷鉛，三年大比。一經屈抑，又須三年考試，或竟有終身淪棄者，豈不可惜。該主試，俱係科甲出身，試回思未第之先，芸窗誦讀，與多士何異。暮止就薦卷照常挑選，而於落卷漠不關情，設身處地，於心何忍。嗣後各直省督撫，務將簾官認真考核，不得以年老荒謬之員，濫行充數。其典試各員，必須將闈中試卷，全行校閱。不得僅就薦卷取中，方為不負委任，見屆簡放考官之期，剴切詳明，特申誥誡。倘各省正副考官，草率從事，一經朕別有訪聞，即將該主試嚴懲不貸。」此雖仁者之言而以一二主司，使負全行校閱之責亦事實所難能。當時有此嚴旨，故落卷多別為紮束呈堂備檢，若左宗棠，若沈兆霖以搜遺獲雋者，頗不乏人。咸同以後，仍復故常矣。光緒癸巳，長萃為山東正考謂各房所薦，無足以當元墨者因於某房落卷中求得之。仍由原房考加批補薦，解元之文，須氣勢超渾，不必甚工而足以涵蓋一切，謂之元墨科舉文之術語也。

各省鄉試同考官，例於科甲班州縣中甄試選充，雖舉人出身亦得參文柄。京試則必進士部曹中書或翰林，故直隸省之州縣，不能享衡文之樂。順直京官不得為順天鄉試同考。家有尊親兄弟子姪應試則考差人須事先請假。定制，應試者當迴避考試官，故請假須稱病或假托他事。先研甫兄壬辰入禮闈分校，堂叔煥琪公　恰上公車，研甫欲請假，常熟不可，幸煥琪公亦未中，否則干吏議矣。（不必中在本房，只叔侄同闈內廉與矮屋之關係，便非功令所許）。同治庚午先祖於山東，先叔祖於江西。各為同考官，先君子即於是科捷順天秋試。（受知倭文端公）。先伯僅叟公己丑典試河南，先君則為魯闈分校。先研甫兄癸巳四川副考，瑩甫兄即於是科北闈獲雋，父子兄弟師生同年，稠疊闈連，世有科名嘉話之編，或可供採錄歟。

汪伯唐先生大燮己丑舉人受知李芍農（文田）（李於同治九年為浙江副考至光緒十五年再莅浙闈，為正考官，衡山陳鼎副之）壬辰會試出研甫兄房薦而未中（梁任公亦已丑，受知李苾園（端棻），王可莊（仁堪）。李且妻任公以妹，而壬辰為副總裁，梁卷又為所擯）伯老終身感念師門，未嘗失禮，民初手函約先瑩甫兄為參政院秘書稱世叔，後為平大校長以新聞學講席見委，共事十年，晤談亦稱世叔，予惶恐弗敢承，以家仲兄明甫癸巳游庠，時伯老在李芍老順天學政幕，分校歲科諸試。於明甫卷累加賞拔。是伯唐受知於研甫而明甫又受知於伯唐也。伯唐春闈數絀，入貲為內閣中書。旋由農曹入譯署擢京卿，膺使節。不十年而為國之大臣。其庚子之崎嶇行在，力持拒簽俄條，丁未之仗節英倫考察憲政，丁巳之絕德，壬戌之收青島。一生建樹，自有過人者在，初不借重於科名。而房薦師一日之知，終身置念。此非末流所有，即在科舉盛時亦不多見。由於天性誠篤和厚，有力各方樂與共事，亦以此耳。光緒末滬杭甬鐵路借款議起，主者袁氏，伯唐外部侍郎獨任折衝，所議條件，於本國利權多所挽回。議尚未定，呼囂並作。學校青年，或集會於齋舍，或宣揭於街頭。不曰「國賊」即曰「犬變」——（就伯唐之名改竄而狂詆之）指天誓日若不共戴者。又議「節食償款」，三餐去肉，只用豆腐青菜，人可省伙食之半，云將匯京以備抵還已借之英鎊。講室亦復眾口紛紜。英教員威迫克先生笑問曰：諸君終日罵汪大燮，何耶？答：為其與貴國訂約借款喪稅國權耳。問：所訂何約，喪權之點有幾，可得聞乎？則皆瞠目不知所對焉。伯老志行堅卓，晚年一意辦學之外，惟耽禪悅，藉養身心，尤具慈悲願力。壬戌之冬，黃陂任以國務總理。友輩以是舉，曹錕未同意，必為難，勸勿就。伯老不聽，以適屆青島接收之期，亟需副署命令。復舉文官甄別合格諸人，一一令回本署派差以全政治威信。勤勤旬日，大端就理，飄然而去。眾乃識其苦心。丙寅張宗昌兵入京，戊辰奉軍東撤，都市失常，民心惶惑，與王聘卿主持治安會，勞軍安民，所全甚大。其卒也，平民大學同人設祭，教授薛君代擬祭文曰：「一收青島之權，相公十日。兩度黃楊之厄，京兆萬家」，又前內務部僉事言君簡齋輓曰：「進退之間關世運。」皆凝鍊賅括，足盡此老生平矣。

壬申歲，陳弢菴與林貽君合攝一影，時林年七十，陳八十五，皆閩人，皆翰林且僚婿，又總角交也。少同里閈老復偕隱舊都，松相歲寒自多古趣。弢菴手寫一律云：「六十年前比屋時，我方弱冠子童嬉，（案此指同治末同寓宣武門大街。時弢菴已登詞館，貽書十齡童子也，）退朝果餌迎歸騎。隅坐枰奩覆客棋（案二公均善弈，貽書有國手之譽，今以六段馳譽扶桑之神童吳清源亦閩籍，貽畫高弟也。）甥館已非過必式（皆娶於王氏），王城雖舊隱猶宜。兩頭語笑成今昔，百感兒曹或未知」。末句自抒胸臆，悵觸桑田，自是老年人慣語，惟陳所經歷，更與尋常耆舊不同。二十年前示兒輩詩：「此懷正恐兒曹覺，世事原非我輩勝」，亦此意也。李釋戡輓詩「期頤翻恐感傷多」。下註「記公語」，周善培輓句「雖百歲亦何歡」，皆能道出此公意緒。陳散原、王晉卿、楊雪橋各贈一詩，陳作云：「住屋東西老味同，依依形影托冥鴻。一時童冠成耆舊。剩戀觚棱夕照紅」。王云：「琬敏相携作比鄰，鶯花分占兩家春。松筋鶴骨天人相，儼對東坡百化身」。楊云：「早慕伊巫晚園綺，君如朱孔我王姚。觀棊對奮知無那，近局南村或見招。」雪橋即貽書甲午房師，乙未又為會試同考。貽書卷則在吳蔭培房，吳係庚寅翰林，四座師徐桐；啟秀，李文田，唐景崇。貽書為啟秀取中。啟秀字穎之，吳蔭培亦字穎之，座師房師，皆是「穎之先生」亦奇事也。李瑞清文缺破承題，亦入彀。房師周樹模，己丑翰林。康南海出余誠格房，薦於正考徐桐：中第五名，徐素不慊於康，誤謂李文田所得梁任公卷為康祖詒作。以為斷不可中。文田爭不獲，乃批「還君明球雙淚垂」句而棄之。（後李卒，蘄水陳曾佑輓句「明珠南海最傷神」即指此事。）揭封填榜乃知康已魁列。徐大慚悔欲易以他卷。啟李唐共持之曰，此時豈可以移易者，吾等將奏聞。徐怯而止。詞林傳為笑柄。壬辰有翁叔平物色張謇而誤中劉可毅。乙未有徐蔭軒之仇視康南海而誤黜梁啟超。可謂無獨有偶，惟南海為徐所仇，即為徐所拔，斯其滑稽更屬絕無僅有，非只嘉話直可譜作傳奇矣。

景瞻曰己丑人才何其盛耶。予曰：昔吳絅齋為先兄敘遺稿，亦曰科舉人文己未以後，即推己丑，是為翁潘二老經營慘淡之高峰。潘於庚寅歸道山，其主己丑會試，不惜以眉壽鼎圖，預洩春光。（見《清代野記》），以視常熟尤脫越恆軌。己丑庶常庚寅留館之次年，辛卯主試者八人。蘇副考李盛鐸、隴正考熙瑛、贛副余誠格、陝正劉世安、閩副段友蘭、鄂正劉啟端、粵副周樹模、浙副費念慈，皆新貴也。壬辰會試同考，先研甫兄與劉若曾、許葉芬與焉。癸巳、甲午、乙未、丁酉數年中。學試差，春秋闈，恩正科外則十六省星軺載道，內則十八房金鏡分持。太半己丑翰林。試差最密者當為周少樸、劉鎮卿，試差而又學差者劉世安及先研甫兄。而錢駿祥、李傳元、張建勳、葉昌熾、王同愈、江標、薛寶辰、高枬、劉元亮，皆煊赫一時，疊操衡鑒。惟惲毓鼎甲午大考開坊，遷擢甚速，而文差則鈍。乙未一分會房，改策論後又得襄校一次。若夫典試督學終於好夢難圓，而在當時亦有紅翰林之目，然官紅差不紅，非翰林所樂也。

甲乙兩科多為己庚詞林之門下士。戊戌則甲午翰林亦多分房，若李家駒、若毓隆、若李灼華、若鄭沅、若景綬皆是。俞陛雲出毓隆門，壬寅，毓為四川正考俞副之，師生並轡，攬勝劍門，共持玉尺，雅韻無倫矣。毓宗室，即溥玉岑子。陛雲浙人，曲園之孫。陛雲使蜀時，曲園適以重宴鹿鳴，復官編修故曲園紀恩詩曰：「忽聞恩命降從天，自撫衰躬轉黯然。竟許祖孫同翰苑。未容兄弟共賓筵。望中長路五千里。夢裏前遊六十年，尚有瓊林一杯酒。春風能否再留連」，又曰：「卌六年來草莽臣，重煩丹詔起沉淪。試從廢藉稽昭代，再入詞曹得幾人。喜有故官題墓碣，悵無前輩列朝紳。只愁計較芸香俸，甘為吾孫步後塵。」想見此老掀髯之樂。

舊日文人每喜攀附高雅，迂拘成例，學僅皮毛，目無真賞，而輒喜菲薄小說家言，真一孔之見也。以俞曲園文壇名宿既已「上窺」經史，復敢於「下窺」說部，其識已越等倫，其才似尚有所不足。所竄《三俠五義》，僅乃粉飾一二字句，殊無意義可言。若董韞卿先生之批釋《兒女英雄傳》，則深入底層，有裨國故，補充參訂，相得益彰。此書此評，價值當在群史之上。原書著者文康（字鐵仙旗籍），身止孝廉春秋闈皆所親歷，故其寫瑣院風光，親功周詳，讀之如身臨其境。而朝殿試情形則不無隔閡。惟董公能指其「先朝考而後殿試」之誤。其於安永心所云：「不走翰林這途，同一科甲就有天壤之別了。」則加註曰：「可憐在下至今讀之，不免心酸」。又於「讀書一場，進不了那座清秘堂，用個部屬中書，就失之毫釐，謬以千里了。」註曰：「咳！誰說毫釐不千里來？咱，可憐！可憐！」皆聲口欲活，悲情如見。實則董雖未入翰林而已翔步公卿，疊司文柄。「讀書一場」亦庶幾無負，而竟傷心如此，甚矣「清秘」之醉人也。同治四年崇綺以旗人大魁天下。人但知前例所無，而不知創此新紀錄者，厥惟董氏。第一回中安水心云：「那一甲三名的狀元榜眼探花，旗人是沒分的。」董註云：「此在下未充讀卷大臣以前舊事也。自同治乙丑在下面奏例無明文，遂不拘此。」於此知崇之狀元，董實玉之於成。「例無明文」者即不成文法之慣例，有事例而無條例則一語可破矣。此例既破於是光緒癸未又有壽耆之榜眼焉。

前者北大政治研究室，葛君云：正從事科場制度，詢應讀之書。予審思一過以關於生童試科歲考者，莫如《學政全書》；鄉會正覆，可覽《科場條例》。朝殿登瀛，則《翰林秘訣》，縷析無遺。八股體類，則《制藝叢話》舉例說明，頭頭是道。以此四都為基柱，更隨時參覽官書私乘，乃有綱領可循。然規條記載，僅得程式儀文。若夫寫生狀物能使異地異時之人，體會玩味獲深刻之印象則捨小說末由。春秋兩闈之寫實，自以《兒女英雄傳》為最。小試則《醒世姻緣》，朝殿考差則《孽海花》。他若《儒林外史》等書，史料亦自充實，非只科場一端，凡百社會背景史跡人生，必於小說是求，此新文學派所倡導再三，自是不刊之論。非舊式高雅之倫，所能夢見者也。

史料一身之陳太傅

史料

「衰病一身猶史料」，這是陳太傅寶琛去年的詩句。是的，他雖是「人海一身」，亦可以說是「史料大全」。因為他的年壽、他的經歷、他的升沉進退，都與近代史的節目，息息相關。我在《正風》第三期有一段「壽山福海之陳寶琛」，說他「養壽得法」，又說「眼底滄桑，當以此老所收為最富，自洪楊而日偽，前後兩辛亥之後又二十餘年。」亦就是認他為稀世奇珍，祝他同天不老。不料仲春首日遽謝人間，噩耗傳來，萬流驚嘆。這與尋常耆舊之「又弱一個」是不可同年而語的。設想假如有人代他綜敘一生，以人為經，以事為緯，夾敘夾議，有中有外，有文有武，盛衰興亡，是非得失，詩文書畫，政治軍事，班班可考，洋洋大觀，比一般純履歷式的年譜，當可別開生面。至於我這一篇小文為篇幅所限，個人所搜資料又不甚充足，不過摘其大要，加以參證，略無瀏覽而已。

吾弟一士於當代名流「蓋棺論定」之時，必然撰一篇專記，登載《國聞週報》，但本文則事前約定「各不相謀」，「各抒所見」，登出後再為印證。見解則相互發明，材料則互有詳略，決不會雷同。這一層希望讀者諸君予以注意。

遺老、名流，擁戴「陳太傅」，青年學子亦稱道「陳太傅」——（陳的書法，學者們甚為珍愛。署款之下蓋著「太傅之章」一顆小印，這是「太傅」流傳新知識界的一個原因）——新聞紙上亦登載著「陳太傅」，「陳太傅」的印象是很普遍的了，所以本文標題亦大書特書「陳太傅」。

生加太傅

陳康祺的《郎潛紀聞》上說：「本朝『生加太傅』者五人，『重宴瓊林』者八人。」二百多年，只得這寥寥數人，足見難能可貴。「太傅」不難，難在「生加」，「瓊林」不難，難在「重宴」。「太傅」之名，始於周官。太師、太傅、太保為三公，少師、少傅、少保為三孤，自周代以至明清數千年中，都以公孤為極貴。若加「太子」二字——（太子太師至太子少保）——則為宮銜，是儲君之公孤，比「禿頭」公孤，稍有差別。清代自雍正以後不立太子，仍存宮銜，是榮典性質，與職務無干了。

師、傅、保三項，以「師」稱為最隆，「傅」次之，「保」又次之。但「師」字的分量過於嚴重，倒不如「傅」字顯豁、飄逸。自從漢有長沙賈傅，晉有東山謝傅，唐有香山白傅，個個文采風流，炳於史冊，更顯得大雅不群，名貴無比了。清代則有阮太傅元，位高名重，擅長文學，優游綠野，著作等身，卓然一代聞人。阮元之外，有曹太傅振鏞、潘太傅世恩，都是道光朝的名相。只嫌官僚氣重，缺少山林雅韻，所以阮太傅之後，就要數到這位陳太傅寶琛。

咸、同以來出了許多「太傅」中興名臣，曾、左、李以及桂良、劉坤一、榮祿、孫家鼐等。他們的太傅，都是身後追贈的，生前總不過太子太傅或太子太保，只算輔導清宮的元老，至於「活太傅」——即「生加太傅」——則絕無一人。直到清亡以後，陸潤庠以首席帝師亦終於「太傅銜的太保」，死後才加封太傅。陳寶琛的壽長，由「太保」而「太傅銜的太保」，由「太傅銜的太保」而實任太傅，於是成功了潘世恩以後，惟一的「活太傅」，照陳康祺的統計推算，他是第六人。

「師」之一字得之甚難，即追贈亦不多見。清代初年，尚偶有之。咸豐的老師杜受田生為太子太傅，追贈太師。《春冰室野乘》說「嘉道以來，漢大臣一人而已。」實則同時之滿大臣亦未見有贈太師者。

「太師」或「太師爺」或「老太師」在戲曲或小說裏，最多。又有蒙古太師太保，專司看守成吉斯汗墳墓。道光八年上諭說此等太師太保虛名由來已久，承辦祭務，既無頂戴錢糧，又不干預公事，尚屬無關緊要，倘有假名妄生事端者，治罪議處。可見太師太保有不堪承教者，而「太傅」不然。於是「太傅」愈顯得高雅了。

重宴瓊林——重宴鹿鳴

「瓊林宴」始於宋太宗太平興國八年，《通鑑》上說：「帝親試禮部貢士於講武殿，始分三甲賜宴於瓊林苑，寵之以詩，遂為定制」，直到清朝，每逢會試之年，照例有個「瓊林宴」。六十年前的老進士亦加入宴會，認新進士為新同年，叫做「重宴瓊林」。鄉試亦有宴，叫做「鹿鳴宴」。「重宴鹿鳴」已經不可多得，因為科名的早發，與壽數之崇高，常常不能兩全。二十歲中舉的人，未必活到八十歲，活到八十的人，又未必不是三十、四十歲上才中舉。所以像王闓運、俞樾、孫家鼐能趕上「鄉舉重逢」，已經夠上特旨褒揚的「藝林盛事」，算國家的一種祥瑞！

俞樾即曲園老人，是道光二十四年甲辰舉人，應當於光緒三十年甲辰重宴鹿鳴，浙江巡撫任道鎔在二十八年七月就代為出奏籲懇恩施。俞老先生，有自紀的文字內說：「古者以鄉飲酒禮賓興賢能而工歌，有鹿鳴、四牡、皇皇者華三篇，是以韓昌黎〈送楊少尹序〉曰：「楊侯始冠舉於鄉，歌鹿鳴而來猶古制也，詩有三篇而止稱鹿鳴者，舉首篇耳。」宋制因之有鹿鳴之宴。蘇東坡有〈鹿鳴宴〉詩，范石湖有〈鹿鳴宴上呈貢士〉詩。士大夫沿襲以為美談。」又說：「舊章請重宴鹿鳴者，皆在鄉試之年。今皆於上一年舉辦，寬之也。本年湘撫俞廙軒中丞於春間即為周樂陳請，各省皆踵而行之，蓋彌寬矣。因思袁隨園有〈預擬鹿宴詩〉，蓋先生乃乾隆三年戊午舉人，卒於嘉慶二年丁巳十一月，使在今日則早已奏請恩施矣。乃與阮文達不得重與瓊林，名臣名士同留缺陷。益嘆吾儕生當今日之為大幸矣。」他還有幾首詩，都是表明難能可貴之意。如第一首：「河清可待意非誣！成例居然得與符。廿六科來同輩幾？麗餘年內故鄉無。大書應附吳張後，小錄休嫌癸甲殊。只抱頻羅菴主恨，當年雙桂一枝枯！」，末句是說他的兄長壬甫癸卯舉人，卻已去世三十年了。第三首：「光陰似駛去悠悠，且借虛名慰白頭。泮水昔年曾再到。——（原註丙申）——月宮此日又重遊。耆儒莫副天言獎。盛事差堪藝苑留。副榜惜無重宴倒，不然三度聽呦呦。」第四首云：「為憫衰羸各競先——（原註今多提前辦理，殆恐風燭殘年，不能久待乎。）——探支秋色一年前。須陀洹得完初果，項曼都曾號斥仙。酒醴賓筵難假借，文章幕府已流傳。明秋我老如猶在，尚擬來賡宵雅篇。」

鄉試尚且提前，以防「不能久待」，這老先生得隴望蜀，另有詩句說：「尚有瓊林一杯酒，春風能否更流連？」，但他是庚戌進士，復再過六、七年到宣統庚戌才趕上瓊林，他實在等不到了。在光緒晏駕以前就去世了。

重宴瓊林，當然更難，因為鄉會試聯捷的亦不多。盼個瓊林已有河清難俟之慨，會試得中，有後於鄉試七、八年、一二十年的，豈不要一百歲乎？所以孫家鼐、張英麟都是八九十歲的人，都沒有趕上瓊林。張之洞十六歲中舉不為不早，可惜年壽止於七十三，差三年不夠「二次鹿鳴」，「二次瓊林」更沒有影兒。陳康祺的書，作於光緒六年庚辰。那時他統計「重宴瓊林者八人。」庚辰以後，有浙江孫鏘鳴一人，道光甲午舉人辛丑進士，光緒甲午鹿鳴再賦，賞三品卿銜，庚子會榜重逢，賞侍郎銜。孫氏以後有崇保甲辰進士，雖然重宴瓊林不久就去世了。陳寶琛的重宴瓊林是民國十七年戊辰，就是國府統一北京的那一年。別人盼「鹿鳴」、盼「瓊林」那樣的煩難。陳老先生卻從容不迫過了「重宴」之年，又加上七年之久，才悠然仙去，真正難得之極！合併計算起來，這位「太傅」是三百年中「重宴瓊林」的總結束。

「太傅」是道光二十八年戊申生的人，十七歲中舉，在同治三年甲子，即是「曾打倒太平天國金陵大捷之年。重宴鹿鳴，在民國十三年甲子，即是馮玉祥倒戈困曹、溥儀出宮之年，他點翰林在同治七年戊辰二十一歲，——「各報所載二十歲、二十八歲都錯了」——即是賽金花的「洪老爺」點狀元之年。那科的進士統叫做「洪鈞榜進士」。正總裁是朱鳳標——謚文端，副總裁是文祥——謚文忠，董恂，繼格。頭場頭題是「畏大人畏聖人之言」，詩題是「千林嫩葉始藏鶯」。

洪鈞榜上的名流——「太傅」的好友寶廷

洪鈞榜進士，出了不少的名人。洪鈞字文卿，吳縣人。以狀元郎而為出洋公使，還帶著美人傅彩雲（賽金花）同去，留下不少的佳話。彩雲現在變成了魏趙靈飛，住在舊京，老境頹唐，被許多名流學者認為「一身史料」，其實這位老佳人有沒有史料？惟有陳太傅知道的最清楚，而太傅卻從來一字不提。

寶廷字竹坡，滿州皇族，是太傅的同年至好。二人做京官，最喜上書言事彈劾大臣，糾舉宮庭的過失，名震一時。與黃體芳、張佩綸、張之洞、吳大澂等並稱為「清流黨」。張之洞的〈抱冰堂記〉有一段說：「庚辰辛巳間，官庶子時有中官率小閹兩人奉旨挑食物八盒賜醇邸，出午門、東左門與護兵口角，遂毀棄食盒，回宮以毆搶告，上震怒，命褫護軍統領職。門兵交刑部，將置重典，樞臣莫能解，刑部不敢訊，乃與陳伯潛學士上疏切論之。護軍統領及門兵遂得免罪，時數日內有兩御史言事瑣屑，不合政體，被責議處，恭邸手張陳兩疏示同列曰『彼等摺真笑柄，若此真可謂奏疏矣！』」清流的風頭，在這段筆記裏可見一班。——（伯潛是「太傅」的字，弢菴是他詩文的別署）。

光緒元年翰林大考，寶廷考得不好，由侍讀降為中允，「太傅」卻是成績甚佳，名在二等。於是飛皇騰達，不到十年就升到內閣學士兼禮部侍郎二品大員。年才三十七歲。二百七十位同年裏面，除了錫珍、寶廷兩個旗人以外，漢人中無人能趕上這位「太傅」。旗籍翰林人少，所以升官照例比漢人快著十倍，能與錫珍、寶廷競走的，只有這位陳寶琛。錫珍字席卿，道光丁未生人，比「太傅」只長一歲。四十歲上就做到吏部尚書，可是做尚書不久就歸了天。壽數還不及「太傅」的一半。

寶廷是常祿的兒子，常祿是道光壬辰進士，滿清宗室，號蓮溪。寶廷字竹坡，號偶齋，四十二歲做到禮部侍郎，因為放福建主考，回京路過浙江，忽然與江山船的船娘發生好感，娶她作妾，這是前清官規所不許的。他只得自行檢舉奏請處分，奉旨革職。詩人們常常吟咏著「宗室八旗名士草，江山九姓美人麻」，「微臣好色成天性，只愛風流不愛官」，亦算名流佳話。寶廷罷官之後，窮愁潦倒，醉死在海王村道旁，年只五十有一。過了十餘年，「太傅」由原籍起用，重到北京，常常想到這位老同年昔日同遊之樂，觸緒生悲，庚戌七月在翠微寺成詩一首「山雲不惱我來遲，急雨迴風與洗悲。破剎傷心公主塔，壞墻掩淚偶齋詩。後生誰識承平事，皓首曾無會合期，三十年前聽琴處，秘魔崖下坐移時。」三十年前是庚辰，正是清流黨發揚蹈厲之時，別有探勝尋幽、壁上留題的韻事。及至舊地重來，偶齋已怛化多年，對景懷人，不免凄然淚下，可見「太傅」篤於友誼，一往情深。

無獨有偶兩般佳話

光緒八年壬午「太傅」與寶廷都放了主考。寶廷放福建正主考，副主考是朱善祥丙子翰林。「太傅」放江西正主考，副主考是黃彞年亦是丙子翰林。寶廷取中的舉人裏有個陳衍，「太傅」取中的舉人裏有個陳三立，後來都做有名的詩人，又都姓陳，這是無獨有偶的巧事。

「太傅」主考事畢，接著就做江西學政。姚元之《竹葉亭雜記》說：「主考接任學政，偶有之，但不多。」而道光壬午科則甚多，內有江西正主考李昉，接任江西學政，傳為佳話。誰知六十年後又有陳寶琛亦是江西，亦是正主考，亦是「主考接學政」，而且都在壬午年，這又是無獨有偶的巧事。

甲申之役——「香濤誤我！」

壬午以至甲申，兩三年中時事紛紜。東有朝鮮內亂，日本交涉。南有越南之爭，中法大戰，清流黨的名流，一齊出馬，擔當國事。西太后一向信任清流，以為坐而言者一定可以起而行的。而且張之洞由閣學簡任封疆以來，政聲卓著，很有作為，於是派鄧承修在總理衙門行走，張佩綸為福建軍務會辦，吳大澂為北洋會辦，陳寶琛為南洋會辦，諸大名士平日本有些「抱負不凡」、「經綸滿腹」，乘此機會，也想「試他一試」，誰知一試之後，成績欠佳。張佩綸在閩，未戰而逃，軍事完全失敗，革職而且充軍。陳寶琛會同兩江總督曾國荃與法使巴德諾議約，意見不一，草草了事，賠款認錯，大傷國體。清廷降旨詰責，二人又互相委過。京官紛紛彈劾，陳寶琛得了降五級的處分。這個觔斗，栽得很重。次年黃體芳又因奏參李鴻章請開去鴻章的海軍差使，清廷說他「莠言亂政」，降二級調用，清流黨的氣運從此衰敗了。但是張之洞在陳寶琛、張佩綸失敗之後，與馮子材、彭玉麐、李秉衡同心努力，敗法兵於諒山，聲威大振，名望更高。許多清流因中法之役而破產，張之洞卻因甲申一戰而成功，相形之下，好像只有張之洞一個人名實相副，能說能行。而且名流一齊動員，是受他的影響，因之清流們對於之洞頗不滿意。今年「太傅」病情加重的原因，是閒中閱覽《中法戰紀》忽然生氣說：「一生沒有缺憾，只甲申之事幾乎身敗名裂！」又連說：「張香濤誤我，張香濤誤我！」，九秩老人是禁不起感情刺激的了。而「太傅」久已躁釋矜平，清心保壽，亦不像個動肝火的，然則他何以忽然舊夢重溫，激起當年的盛氣乎？有人說，這正是大限臨頭的迴光反照。檢點生平，早年、晚年都是「遒然向上」，只有中年一跌，成為「白璧微瑕」，素日自然付之過眼烟雲，但若從自身的格度歷史上，稍為著想，就難免有憧憧幻影，擾擾心頭，所以說是壽終的預兆。看來「太傅」還只是個人中明哲，沒有修到真儒、我佛的境界。否則照佛家說，色相俱空！身名何有？張香濤以甲申成功與自己以甲申失敗，根本不必聯想到一處。若照儒家說，即使聯想到一處的話，亦可以仿照《兒女英雄傳》裏大儒安水心先生對程世兄解釋談爾音一段談話的「假如」之法，作相對觀。假如當初不栽觔頭、不罷官。歸田，不向聽水崖前築廬高隱，養成超妙自然之風度，只怕鋒芒依舊，摧毀更多。然則老境芳甘，未必不是當日迴旋之效果。董恂是「太傅」的座師，亦就是評點《兒女英雄傳》的「還讀我書室主人」，他批安水心那段談話的小註是「人人如此設想，更從何處著些怨尤」，真是一點不錯，由此看來「太傅」不能忘情於白璧，似乎人生哲學還不曾研究徹底。

帝師——「坐公坐處」

「坐公坐處」，是太傅乙卯年題翁文恭遺墨一篇短跋裏的四個字，原文云「此卷前四牋蓋中年作，以下稿本並一札，老筆紛披，憂憤溢於紙墨矣。寶琛以館後進，京居十餘年未獲從公問法。衰暮喪亂，乃坐公坐處時見所手批書，其哀感又當何如耶。」翁同龢是帝師在毓慶宮授光緒讀，陳寶琛亦是帝師在毓慶宮授宣統讀，看他決不用榮寵美談以及一切詞章文飾的字樣，只輕輕的「坐公坐處」四字，就把規隨、企慕、感慨、自負的心情、境地、身分包括無遺，形容周到，是何等自然。我嘗說近百年來的文人只有兩支筆，是豎得直、點得足的。一個是張謇，一個是陳寶琛。張狀元的筆，夭矯不群；陳太傅的筆，玲瓏剔透。此外的文人無論如何典雅工緻，筆管總不能凌空。要凌空而又力透紙背，非有絕高的意境，俯視一切的氣概不可。「太傅」之再起東山，是張之洞的推薦。至於帝師席，則陸潤庠亦曾幫忙。陸潤庠中狀元在同治甲戌，那時「太傅」早已做了翰林編修，派充收卷官，狀元的卷子上有點小毛病，多虧太傅照應改正，才得高據榜頭，所以對於「太傅」非常感激。

「狀元」去世已是民國初年，繼任師傅的有梁鼎芬、朱益藩。陸潤庠的謚法是文端，梁鼎芬的謚法是文忠，現在「太傅」亦予謚文忠，是依梁鼎芬的前例。可是皇帝老師的謚法，向以「正」、「端」兩字為標準，重一點就用「正」字，如嘉慶師朱文正、咸豐師杜文正、同治師李文正、光緒師孫文正，輕一點就用「端」字——如同治師倭文端、宣統師陸文端。再則「莊」、「恭」等字亦偶有之，至於「忠」字，乃「危身奉上」、「險不辭難」之義，常是給予將相勳臣，如胡文忠、李文忠、駱文忠等。至於以「師傅」而謚「忠」，可以說「太傅」的新紀錄。

副都統——武人

「太傅」的歷史，甚為繁複，文職如翰林學政、主考欽差、巡撫學士、侍郎種種頭銜，他都有了。但他的最後一官卻是副都統——武人。

由山西巡撫開缺以侍郎候補，侍郎沒有缺，就補了漢軍正紅旗的副都統。與段祺瑞——鑲黃旗、馮國璋——鑲白旗，並肩而稱都護。都統本是旗人專職，丙午年改官制，不分滿漢，於是許多由部院裁減下來的漢人葛寶華、李殿林、呂海寰、秦綬章、顧璜、張英麟都消納到八旗武衙門裏去。好在正副都統與尚書侍郎品級相同，向來文武可以互相調任（因為旗人都是軍籍，做官不分文武，翰林亦常作將軍都統參贊、領隊大臣。《兒女英雄傳》安龍媒就是由祭酒賞頭等侍衛，放烏里雅蘇台參贊），後葛、李、呂、張諸人仍舊回到尚書侍郎都御史，只賸下顧璜、秦綬章二位文人，又添了一個陳寶琛，直至辛亥革命，不曾改回文職。秦綬章是癸未翰林、甲午大考一等，升任侍講學士直到侍郎。放過主考學政，最擅文名，卻無端歸了武人一流。所以他死後，旁人輓詩有「晚御兜鍪亦大奇」之句。（兜鍪即是帥盔）。殊不知陳太傅亦是個改了武行的文人，按理說他應當一直用獅子補服。（太傅不是實官，文武皆可，年羹堯也是太傅，所以太傅不專屬於文）這是「太傅」小傳裏很奇妙的一頁。

議員——「碩學通儒」——理事

「議員」、「理事」新時代的頭銜，「太傅」亦做過了。庚戌四月清政府開辦資政院，內有一項議員，名為「碩學通儒」。派的是吳士鑑、勞乃宣、章宗元、陳寶琛、沈家本、嚴復、江瀚、喻長霖、沈林一、陶葆廉。後來全院議員分為六股，「太傅」又被推舉為第四股的理事，於是文武新舊、各式頭銜無不齊備，這也是他的歷史很妙的紀錄。

昭雪戊戌冤案

以「太傅」這樣文雅澹靜的人，加入簇新新的議員隊裏，似乎不見得有甚麼表見。然而不然，他有一件很出色的提議，就是「奏請宣布光緒給予楊銳的手詔，並昭雪戊戌冤獄」，提案原文內說：「比年以來，朝野上下汲汲於籌備憲政、促開國會，固由時會所趨，而變法圖強之宗旨，則我德宗景皇帝十數年前實造其端，乃事勢牽阻，使吾仁孝英斷之聖主不能伸其志而永其年，此天下臣民所為慟慕者也。」，這幾句話甚為扼要。因庚子以後，一切維新變法，都離不了戊戌的舊規，可是西后系下的人，偏不承認。二次變法的詔書上還要申說幾句「康逆之變法，乃亂法也，非變法也。」以「亂」字分別「變」字，據說是榮祿幕府樊增祥的筆墨，自此以後，舉辦新政的人們，絕不敢提及「戊戌」二字，「太傅」卻毫不顧忌的一口道破，這是何等堅卓！又說「此詔去年秋間，由楊銳之子楊慶昶呈由都察院恭繳，外間多能傳誦。並聞當時楊銳等覆奏亦復仰贊孝治，謂變法宜有次第，是先帝所以任用諸臣與諸臣所以恪承詔旨者，皆在於妥籌變法之良策，而必以不拂慈意為指歸。於素所規畫者，且不免躊躇審顧，蘄出萬全，豈有感激知遇，而反悖逆自甘，為危害兩宮之舉者？其為取妒貴近致遭誣陷，情迹顯然！」這是對於推翻新政的上諭，所謂「謀圍頤和園挾制皇太后」，加以辨雪。措詞透徹宛轉，結束戊戌一重公案，可以說是資政院開院以後最有聲色的一個提案。

書法

辛亥以後，無疑地「太傅」是一位遺老，遺老中之大元老。他的生活是月支師傅薪俸八百元。但當民國十年左右，清宮經費很窘，欠薪累累，所有宮庭人員與民國部院的災官同一苦況。「太傅」那裏，只供給馬車一輛，別無敬意。但偽國成立以後，雖然「太傅」不在關外供職，而薪水卻是月月寄送「以示尊師重道之至意」，因之「太傅」晚年生活頗為舒適。至於賣字鬻文，不過聊以補助。他的書法，依然保持著雅潔的風格，不像李梅菴、樊樊山之作怪媚俗。字是小歐底子，致力於翁方綱一派。翁方綱是修潔純鍊、結體甚長，陳寶琛亦是如此。不過翁字帶剛性而「太傅」卻加以柔化了。我曾用「天寒翠袖薄，日暮倚修行」兩句，形容「太傅」書之輕側多姿，半夢、寒雲，都甚為贊可。

指天誓日

「太傅」的官階名位如此繁雜優崇，經歷宏富，但他個性實是傾向林泉的。庚戌八月遊戒壇寺的詩，自己表白得十分真摯「澗石誰留題，逼視得二三，（蘇州）與（祭酒），前遊曾並驂。大夢先我醒，笑我還朝簪。我心似潭水，世味孰足貪。卒業幸放歸，聽泉終一菴。二子實聞此，山靈為之監。詩成急寄似，（黃髯）洞庭南。」申說出山不是本意，大有指天誓日之概。「蘇州」是王仁堪，字可莊，福建人，丁丑狀元，官至蘇州知府，即「太傅」之妻弟。祭酒是盛昱，字伯羲，滿州宗室名士，丁丑翰林，官至國子監祭酒。黃髯是黃自元，字堇莢，湖南人，戊辰榜眼，官至寧夏知府。這幾位是太傅的至親好友，所以把一腔心事告於九泉以下的王、盛二公，並且寄給遠在三湘的黃老先生。

筆端清氣

「太傅」的詩文，正如沃丘《名人傳》所說「清簡疎放如魏晉間人，雖早貴負盛名而翛然有雲泉之想」「詩學宋人，時有清氣拂其筆端，故出語皆脫越塵表。」，那是一點也不錯。文學這樣東西是很微妙，亦是很顯白的。做文章的人在寫對象、寫內心，看文章的人於他所寫的內涵以外，更可以看出作者的心情、境地、習慣、修養。即如「太傅」的作品，處處透露著他的個性。高渾澹靜，覺得「此中有人，呼之欲出」。一位端拱莊嚴的老學士，深藏在文字的背影中。

詩的作風

近期的詩人有四陳，一個是「太傅」，一個是「太傅」的門生詩壇老宿——散原老人陳三立，一個是散原的同年陳衍——（太傅的同年寶竹坡的門生），一個是是陳曾壽字仁先，湖北人，癸卯進士，學部郎中，記名御史。

四陳的詩格，「太傅」可占「清寧」二字——音節是清而且越，氣象是寧靜沉雄，不喜用典，善於白描，筆尖如不著紙，而力透紙背，雖然胎息宋人，卻能夠自成一派了。散原的清氣與他老師相彷彿，但以幽深的哲理，寫於尋常事物之中。「窗下見病蠅」、「臥看饑鼠」，「蛛網」、「鷄窠」、「寒螿」、「凍雀」，一切動植飛潛，隨地隨時，拈來即是。尤其小動物，昆蟲之類都做了散原詩料上品。尋幽覓勝，真到家了。比「郊寒島瘦」又來得寒瘦萬分。亦常有清新之句，如「亭角新香醉曉鴉」、「獨騎醜石伴斜陽」，都不失為錦囊佳句。歸總判斷，他的詩格可稱「瘦透」。

陳仁先的作風亦是清華高貴，其穠郁處卻有唐人風味，不是宋派了。如〈落葉〉篇中之「秋魂未冷冬青樹，畫筆空存淺絳山」。〈白秋海棠〉之「風露可添惟素淚，胭脂難畫是秋心」。這絕不是后山、山谷，我以為是溫、李，但他是崇拜韓偓的，曾對瓶荷題冬郎小像云：「為愛冬郎絕妙詞，平生不薄晚唐詩，一枝一影從頭看，正是秋花秋露時。」

陳衍對於詩的研究很下工夫，著有《石遺詩話》，批評當代詩人，頗有見解。他自己的詩亦有些氣力，只是敗筆太多，常 帶江湖氣。袁寒雲曾說他的句子，如「半人燕市醉眠偏」之類，簡直不知如何講法。學宋人最怕學成血脈不靈，此類是也。但是像〈送江杏村歸里〉的「四海爭傳真御史，九重命作老翰林。當誅臣罪非今日，待養親年值萬金。」可稱宏肆堅強，不同凡響，比林琴南又高一頭地了。他的詩話說：「伯嚴論詩最惡俗惡，嘗評某也紗帽氣，某也館閣氣，余謂亦不盡然，即如張廣雅之洞詩，人多譏其念念不忘督部，此正是廣雅長處。詩中節鎮故實亦是廣雅口氣，所謂詩中有人在也。伯嚴不甚喜廣雅詩，故余語以持平之論，人亦有言弢菴詩有館閣氣，余曰弢菴是館閣中人，雖罷官居鄉二十餘年，究與真村夫野老不同。」這些議論都很平實，對於各家詩派閱歷的多，比王揖唐的《今傳是樓詩話》又不同了。

散原反對紗帽氣、館閣氣，不以張之洞為然，當然他老師「太傅」的作品，亦未必合於脾胃，不過敬師心重，不好顯然非薄罷了。他有〈滬上賦呈弢菴閣學師〉一首：「瘴嶠深藏聽水樓，長成松竹數春秋。自凝道氣馴飢鵲，偶式遊車問喘牛。鐙火笙歌千慮迸，陰陽儒墨一尊收。海岵重見緣傳法，瓠落門生亦白頭。」從「饑鵲」、「喘牛」等句，可以看出老師、門生之間的異同來。

「相期無負後凋松」

散原是「太傅」的得意門生，民國二十一年，散原八十歲。老師送門生壽詩有一句「相期無負後凋松」，這是師生二人的場中故事。壬午那年，江西鄉試的題目「歲寒然後知松柏之後凋也」。散原的文章做得入木三分，太傅擊節歎賞，深深印在腦海裏。到了八十高年，身經陵谷海田之變，不覺想起當年的文字因緣，恰似為白頭人寫照，這也是佳話。

「滿腹史才」于式枚

「太傅」的對聯寫作俱佳，而且專揀著有深刻意致的句子，自拓心胸。在第三期本刊已經說過。現在想到他所撰的輓聯亦是高挹群言，卷舒如意。輓張亨嘉：「少壯夢中過，老共朝班還我棄；文章身後在，眼看時局不君悲。」好處亦是筆筆凌空，意味深長。張亨嘉，字燮鈞，太傅的同鄉，癸未翰林官至禮部侍郎、南書房行走，宣統年間去世。又輓梁鼎芬的一聯：「八表何之，魂魄故應依帝所；卌年相愛，衰殘猶及送君歸。」真乃字字圓、聲聲滿，音節氣韻，無不入妙。尤其民國初年輓于式枚的一聯：「滿腹史才甘槁餓，一瞑世事斷知聞。」便與太傅去年自詠的「衰病一身猶史料」同一意義。梁、于都是庚辰翰林，梁以編修官至湖北臬司，于以主事官至禮部侍郎。辛亥年「太傅」放山西巡撫，禮學館的職務，由于氏接任，也是「太傅」的道義之交。

屬稿既竟，聞關外消息贈陳「太師」五千元治喪，未審其詳，諒非無據。「太傅」追晉祇有「太師」矣。杜濱州而後一人也。然吾意陳當仍以「太傅」傳耳。

又頃查張英麟於民十四年（乙丑）得重宴瓊林，加太子太保銜，旋即逝世，壽亦八十八。附誌於此，張之事跡，會當另記。

Do歷史57　PC0545

晚清民國史事與人物

——凌霄漢閣筆記

作　　者／徐彬彬
主　　編／蔡登山
責任編輯／喬齊安
圖文排版／周政緯
封面設計／蔡瑋筠

出版策劃／獨立作家
發 行 人／宋政坤
法律顧問／毛國樑　律師
製作發行／秀威資訊科技股份有限公司
地址：114 台北市內湖區瑞光路76巷65號1樓
電話：+886-2-2796-3638　傳真：+886-2-2796-1377
服務信箱：service@showwe.com.tw
展售門市／國家書店【松江門市】
地址：104 台北市中山區松江路209號1樓
電話：+886-2-2518-0207　傳真：+886-2-2518-0778
網路訂購／秀威網路書店：https://store.showwe.tw
國家網路書店：https://www.govbooks.com.tw

出版日期／2016年1月　BOD一版　**定價**／450元

|獨立|作家|
Independent Author
寫自己的故事，唱自己的歌

晚清民國史事與人物：凌霄漢閣筆記 / 徐彬彬原著；蔡登山主編. -- 一版. -- 臺北市：獨立作家, 2016.01
面；　公分. --(Do歷史)
BOD版
ISBN 978-986-92449-8-5(平裝)

1. 近代史 2. 清史 3. 中華民國史

627.6　　104027750

國家圖書館出版品預行編目

讀者回函卡

感謝您購買本書，為提升服務品質，請填妥以下資料，將讀者回函卡直接寄回或傳真本公司，收到您的寶貴意見後，我們會收藏記錄及檢討，謝謝！

如您需要了解本公司最新出版書目、購書優惠或企劃活動，歡迎您上網查詢或下載相關資料：http:// www.showwe.com.tw

您購買的書名：____________________

出生日期：______年______月______日

學歷：□高中（含）以下　□大專　□研究所（含）以上

職業：□製造業　□金融業　□資訊業　□軍警　□傳播業　□自由業

□服務業　□公務員　□教職　□學生　□家管　□其它_____

購書地點：□網路書店　□實體書店　□書展　□郵購　□贈閱　□其他

您從何得知本書的消息？

□網路書店　□實體書店　□網路搜尋　□電子報　□書訊　□雜誌

□傳播媒體　□親友推薦　□網站推薦　□部落格　□其他________

您對本書的評價：（請填代號　1.非常滿意　2.滿意　3.尚可　4.再改進）

封面設計____　版面編排____　內容____　文／譯筆____　價格____

讀完書後您覺得：

□很有收穫　□有收穫　□收穫不多　□沒收穫

對我們的建議：____________________

請貼
郵票

11466
台北市內湖區瑞光路 76 巷 65 號 1 樓
獨立作家讀者服務部 收

（請沿線對折寄回，謝謝！）

姓　　名：＿＿＿＿＿＿＿＿　年齡：＿＿＿＿　性別：□女　□男

郵遞區號：□□□□□

地　　址：＿＿＿＿＿＿＿＿＿＿＿＿＿＿＿＿＿＿＿＿

聯絡電話：(日)＿＿＿＿＿＿＿＿＿＿(夜)＿＿＿＿＿＿＿＿＿＿

E-mail：＿＿＿＿＿＿＿＿＿＿＿＿＿＿＿＿＿＿＿＿